本书得到国家自然科学基金面上项目（71373038，71273042）、国家自然科学基金青年项目（71003016）、辽宁省高等学校优秀科技人才支持计划（WR2014012）和辽宁省社科规划基金项目（L13DJY064）资助

逻辑平滑转移机制、信贷约束与不确定性
——对中国货币政策的应用

郭　凯　闫　思　闫　瑶　著

LUOJI PINGHUA ZHUANYI JIZHI XINDAI YUESHU YU BUQUEDINGXING

中国社会科学出版社

图书在版编目（CIP）数据

逻辑平滑转移机制、信贷约束与不确定性：对中国货币政策的
应用/郭凯，闫思，闫瑶著．—北京：中国社会科学出版社，2015.12
ISBN 978 - 7 - 5161 - 5956 - 9

Ⅰ.①逻… Ⅱ.①郭… ②闫… ③闫… Ⅲ.①货币政策—研究—中国
Ⅳ.①F822.0

中国版本图书馆 CIP 数据核字（2015）第 075087 号

出 版 人	赵剑英	
责任编辑	卢小生	
特约编辑	林　木	
责任校对	周　昊	
责任印制	王　超	
出　　版	中国社会科学出版社	
社　　址	北京鼓楼西大街甲 158 号	
邮　　编	100720	
网　　址	http：//www.csspw.cn	
发 行 部	010 - 84083685	
门 市 部	010 - 84029450	
经　　销	新华书店及其他书店	
印　　刷	北京明恒达印务有限公司	
装　　订	廊坊市广阳区广增装订厂	
版　　次	2015 年 12 月第 1 版	
印　　次	2015 年 12 月第 1 次印刷	
开　　本	710×1000　1/16	
印　　张	12.75	
插　　页	2	
字　　数	209 千字	
定　　价	48.00 元	

凡购买中国社会科学出版社图书，如有质量问题请与本社营销中心联系调换
电话：010 - 84083683

前　　言

从 1992 年开始，中国货币政策开始侧重运用利率工具对通胀和通缩进行调控，但对通胀和通缩的调节幅度不尽相同。例如：为抑制 1996 年之前的通胀，1995 年央行将金融机构贷款利率提高 0.24%，而对于 2000 年前后的通缩，1998—2002 年央行又连续 5 次降息，1 年期存款利率由 5.67% 降至 1.98%，平均每次降息为 0.738%；2007—2008 年上半年，为抑制经济中出现的流动性过剩和通胀，央行连续 6 次加息，1 年期存款基准利率从 2.52% 上调至 4.14%，累积上调幅度为 1.62%，平均每次升息为 0.27%；随后，为抵制全球性金融危机的冲击，从 2008 年下半年开始，央行又连续 5 次降息，1 年期存款基准利率从 4.14% 下调至 2.25%，累积下调幅度为 1.89%，平均每次降息为 0.38%。这表明，在通胀和高增长时期，中国央行实施从紧货币政策时升息的速度较慢、幅度较小；而在通缩和低增长时期，中国央行实施宽松货币政策时降息的速度较快、幅度较大。这些事实很可能意味着，对于通胀和通缩，中国货币政策的反应呈现出非线性和非对称特征，这也是相关实证文献的一致结论。实证研究还表明，中国货币政策会产生不确定性理性预期均衡，中国 CPI 通胀率在 1992—1996 年和 2005—2008 年均形成了一个"窄尾正驼峰"式的轨迹，这一事实在一定程度上也验证了不确定性的结论。因此，中国货币政策具有非线性、非对称性、不确定性的特征。

中国于 1996 年 1 月建立起全国性的同业拆借市场，同年 5 月，放开同业拆借利率，实现了同业拆借利率市场化。随后，一系列利率逐步放开：短期证券市场、贴现市场在近年来发展迅速，国债利率也基本实现了市场化。同时，贷款通过先实行浮动利率，后逐步调宽浮动幅度的办法，向利率放开过渡。2000 年 9 月，又放开了外币贷款利率和外币大额定期存款利率。2002 年 5 月，全国已经有八家农村信用社开始尝试更大程度上的浮动利率制。从 2004 年以来，中国金融机构更是出现基准利率上浮

30%、30%—50%、50%—100% 甚至 100% 以上的贷款占比。中国"十二五"规划将实现利率全面市场化作为金融改革重点。这自然就引出一个问题,即如何有序稳妥推进中国利率市场化改革。或者说,如何有效避免利率全面放开对中国金融体系乃至整个经济体系造成的负面冲击。利率市场化改革意味着中国宏观调控手段将转向以利率调控为主的管理手段。这表明,解决上述问题的关键是要研究中国利率市场化改革过程中影响中国利率传导的关键因素,以及如何完善中国利率市场化所需的制度基础。

本书正是基于中国货币政策非线性、非对称性、不确定性以及利率市场化过程中的信贷约束的现实背景,在 LRE 模型框架内,进行对中国货币政策规则效应、信贷约束的货币政策传导效应及其不确定性理论分析与实证检验。本书除导言、结论与政策建议外,分五章分别展开论述。第二章采用逆序建模法基于逻辑平滑转移函数构建非线性、非对称理性预期模型。第三章基于 LRE 模型对逻辑平滑转移非线性货币政策规则与不确定性进行理论分析,并给出了逻辑平滑转移的货币政策规则的确定性参数区域与不确定性参数区域。第四章在 LRE 模型框架内,综合运用贝叶斯方法、GMM、SVAR、NLS 以及校准等方法,实证检验逻辑平滑转移的非线性货币政策规则与不确定性,包括分析中国逻辑平滑转移的货币政策规则的非线性与非对称性特征;基于阈值和转移速度,在阈值两侧分别考察不同转移机制下中国逻辑平滑转移的货币政策规则的广义冲击响应路径。第五章对信贷约束对货币政策利率传导效应的不确定性影响进行了理论分析,通过定性比较信贷约束下的信贷传导效应和利率传导效应,以价格调控为主的利率传导效应要优于以数量调控为主的信贷传导效应。第六章从中国货币政策传导机制实际考虑,在 LRE 模型框架内,基于 IS 曲线的 LS 计量模型和 GMM 计量模型,分别实证分析了中国信贷约束的利率传导效应,以及放松信贷约束的货币政策效应。在此基础上,从路径选择和制度建设两个层面提出加快中国利率市场化改革和加强中国利率传导效应的政策建议。

本书特点主要体现在以下两个方面:

(1)在理论方面。本书分别从逻辑平滑转移机制和信贷约束两个视角对货币政策的 LRE 模型分析框架进行完善。首先,本书以逻辑平滑转移的非线性货币政策规则为前提,运用拉格朗日最优化方法,逆序构建逻辑平滑转移的非线性 LRE 模型。这一非线性理性预期模型不仅保证了逻辑平滑转移的非线性、非对称利率规则的最优性，而且能够给出作为货币政策传导机制的菲利普斯曲线的非线性形式，因而能更准确刻画货币政策传导机制和货币政策效果的非线性和非对称性。其次，本书将信贷约束引入作为 LRE 模型约束条件之一的 IS 曲线，进而比较信贷约束下的信贷传导效应和利率传导效应，以及放松信贷约束的货币政策效应。

（2）在实证与模拟方面。本书基于 LRE 模型分别考察逻辑平滑转移机制与信贷约束对中国货币政策的不确定性影响。首先，在 LRE 模型框架内，本书模拟逻辑平滑转移的非线性货币政策规则与确定性参数区域和不确定性参数区域，实证检验中国逻辑平滑转移货币政策规则的非线性与非对称性特征；同时，基于阈值和转移速度，在阈值两侧实证分析不同转移机制下中国逻辑平滑转移的货币政策规则的广义冲击响应路径。其次，本书以金融机构贷款占比比率来刻画信贷约束指标，从而可以基于 LRE 模型的 IS 曲线，实证分析中国信贷约束的利率传导效应，以及放松信贷约束的货币政策效应。

本书框架结构遵循这样一条技术路线展开：理论综述→理论建模→模型求解与分析→模型的经验检验或模拟分析→政策含义。在理论建模部分，本书将逻辑平滑转移机制函数和信贷约束指标引入 LRE 模型框架，对货币政策规则的基准 LRE 模型在非线性、非对称性与信贷约束下进行了改进与完善；在模型求解与分析部分，本书采用的是逆序建模方法、拉格朗日最优化动态规划方法以及最优控制理论；在模型的经验检验与模拟分析部分，本书采用贝叶斯方法、LS、GMM、SVAR、NLS 及校准方法，并使用 Eviews、Matlab 和 Dynare 软件实现参数估计与冲击响应分析。这种结构框架和研究方法力图使本书体现现代经济学的研究规范。

本书仍有诸多不足之处，主要体现在两个方面：

（1）尽管本书分析的逻辑平滑转移的货币政策规则能够反映中国短期名义利率调整的非对称性和非线性特征，但近期相关研究也表明，这种短期名义利率调整的非线性有可能来源于货币政策规则反应系数的时变性，因此，研究时变货币政策规则的均衡确定性与不确定性是我们未来研究工作的重点方向之一。

（2）在基于无信贷约束的 IS 曲线和带信贷约束的 IS 曲线实证研究中国信贷约束的利率传导效应时，所有实证结果的拟合优度和调整拟合优度的值较小，尽管这并不妨碍本书对信贷约束的利率传导效应的分析，但拟合优度值较小意味着，即使添加了信贷约束，IS 曲线仍存在遗漏变量，这些遗漏变量对于中国信贷约束的利率传导效应准确的数量分析和影响因素分析至关重要。因此，对可能产生货币政策不确定性的外生冲击特别是"黑子"冲击的研究也将是我们未来研究工作的重点及方向。另外，本书在结构编排和观点建议方面也难免有不妥之处，我们将在未来的研究工作中深入思考，予以完善和改进。

本书是在近三年来相关课题研究报告基础上修改整理而成的。这些课题包括：国家自然科学基金面上项目"中国通胀预期形成、前瞻性时变货币政策规则与收敛速度：基于适应性学习行为的实证研究与模拟"（项目编号：71373038）；国家自然科学基金面上项目"上市金融机构系统性风险传导与演化机制实证与模拟研究"（项目编号：71273042）；国家自然科学基金青年项目"基于逻辑平滑转移的非线性非对称性货币政策规则的不确定性检验：对中国货币政策的应用"（项目编号：71003016）；教育部人文社科青年项目"基于 Markov 区制转移的中国通胀惯性特征及其货币政策应用"（项目编号：12YJC790169）；辽宁省教育厅人文社会科学重点研究基地专项项目"通胀预期形成、学习效应与区域政策协调：基于辽宁省的实证研究与政策意涵"（项目编号：ZJ2013042）；辽宁省高等学校优秀人才支持计划（WR2014012）"中国通胀预期形成、公众学习行为与可学习预期均衡：基于 LRE 模型的实证研究"。在研究与写作过程中，还得到了教育部、国家自然科学基金委、辽宁省教育厅、中国人民银行沈阳分行等多家单位的资助、协助和支持。此外，东北财经大学金融学院、科研处也给予了关注、理解和帮助，在此一并表示诚挚的谢意。特别感谢东北财经大学金融学院院长邢天才教授，邢院长往返北京数次，一直为本书的出版不辞辛劳地与出版社联系和沟通，我们对此铭感于心。

最后，感谢中国社会科学出版社和卢小生主任，他们严谨高效的工作作风、认真负责的敬业精神以及训练有素的专业技能使本书增色不少，在此深表敬意。

郭　凯
2014 年 5 月于东财师学斋

目　　录

第一章　导言

第一节　研究意义与应用前景

从 1992 年开始，中国货币政策开始侧重利率工具对通胀和通缩的调控，但对通胀和通缩的调节幅度却不尽相同。例如：为抑制 1996 年之前的通胀，1995 年央行将金融机构贷款利率提高 0.24%，而对于 2000 年前后的通缩，1998—2002 年央行又连续 5 次降息，1 年期存款利率由 5.67% 降至 1.98%，平均每次降息为 0.738%；2007—2008 年上半年，为抑制经济中出现的流动性过剩和通胀，央行连续 6 次加息，1 年期存款基准利率从 2.52% 上调至 4.14%，累积上调幅度为 1.62%，平均每次升息为 0.27%；随后，为抵制全球性金融危机的冲击，从 2008 年下半年开始，央行又连续 5 次降息，1 年期存款基准利率从 4.14% 下调至 2.25%，累积下调幅度为 1.89%，平均每次降息为 0.38%。这表明，在通胀和高增长时期，中国央行实施从紧货币政策时升息的速度较慢、幅度较小；而在通缩和低增长时期，中国央行实施宽松货币政策时降息的速度较快、幅度较大。这些事实很可能意味着，对于通胀（高增长）和通缩（低增长），中国货币政策的反应呈现出非线性和非对称的特征，这也是相关实证文献的一致结论。同时，实证研究还表明，中国货币政策会产生不确定性理性预期均衡（谢平和罗雄，2002），中国 CPI 通胀率在 1992—1996 年和 2005—2008 年均形成了一个"窄尾正驼峰"式的轨迹，这一事实在一定程度上也验证了不确定性的结论。因此，中国货币政策具有非线性、非对称性、不确定性的特征。

各国中央银行对宏观经济的分析不再局限于经济建模的数量结果，而更多关注其理论依据与经济解释。动态随机一般均衡模型（简称 DSGE 模型，其近似线性化形式为 LRE 模型）的产生符合这一发展趋势，它不仅是近年来各国中央银行在宏观经济分析和货币政策分析方面日益关注的一个重要研究方向，也成为各国中央银行在经济建模方面的一个新视角。LRE 模型具有传统计量经济模型所不具备的优点，包括显性建模框架、理论严谨性与一致性、微观理论基础与宏观政策分析的完美结合、长短期分析的有机整合等特点；同时计算机速度的提高、数值计算软件的更新以及贝叶斯估计方法的改进使 DSGE 模型在实践中的应用更加便捷和迅速，因而日益受到中央银行的青睐并逐渐改变中央银行建模策略，LRE 模型已经成为或正在成为各国中央银行（如苏格兰银行、加拿大银行、瑞典银行、芬兰银行、西班牙银行、ECB、FRB 等）定量分析的基准模型。从目前 LRE 模型应用来看，发达国家处于前列，发展中国家和新兴市场国家处于起步阶段，对中国而言，LRE 模型的研究刚刚开始，利用贝叶斯估计方法进行参数估计、模型检验，特别是对不确定性的研究和检验则相对滞后。

中国经济在经历了 2008 年的探底之后，从 2008 年年底的谷底开始迅速反弹，但随之而来的是通胀率迅速上升，到 2011 年 3 月，CPI 通胀率达到 6.27%，RPI 通胀率更是达到 6.03%，持续攀升的居民消费价格指数加深了社会公众和理论界对未来通胀持续上升的担忧。为应对不断上涨的通胀率，人民银行不得不采取紧缩的货币政策，并且 2011 年首次将稳定通胀预期、控制通胀率作为货币政策的首要目标，并公布了全年调控通胀率的目标区间。这样，势必要以降低 GDP 增速为代价，因而货币政策陷入两难境地。一个更加尴尬的结果可能是通胀率没有降低而产出缺口下降，意味着通胀率与产出缺口权衡关系的失效，货币政策可能产生经济的不确定性。

中国于 1996 年 1 月建立起全国性的同业拆借市场，同年 5 月，放开同业拆借利率，首先实现了同业拆借利率市场化。随后，一系列利率逐步放开：短期证券市场、贴现市场在近年来发展迅速，国债利率也基本实现了市场化。同时，贷款通过先实行浮动利率，后逐步调宽浮动幅度的办法，向利率放开过渡。2000 年 9 月，又放开了外币贷款利率和外币大额定期存款利率。2002 年 5 月，全国已经有八家农村信用社开始尝试更大程度上的浮动利率制。从 2004 年以来，中国金融机构更是出现基准利率上浮 30%、30%—50%、50%—100% 甚至 100% 以上的贷款占比。中国

"十二五"经济规划更是将实现全面的利率市场化作为下一个五年的金融改革重点。这自然而然就引申出一个重要问题，如何有序稳妥地推进中国利率市场化改革。或者说，如何能够有效避免利率全面放开对中国金融体系乃至整个经济体系造成负面冲击。利率市场化改革意味着中国宏观调控手段将转向以利率调控为主的价格管理手段。这表明，解决上述问题的关键是要研究中国利率市场化改革过程中，影响中国利率传导的关键因素，以及如何充分完善中国利率市场化所需的制度基础。

本书正是基于中国货币政策非线性、非对称性、不确定性以及利率市场化过程中的信贷约束的现实背景，在 LRE 模型框架内，理论分析与实证检验中国逻辑平滑转移的非线性货币政策规则效应、信贷约束的货币政策传导效应及其不确定性。

首先，本书研究针对中国货币政策非线性、非对称性、不确定性的特征背景，以逻辑平滑转移的非线性货币政策规则为前提，运用拉格朗日最优化方法，逆向构建逻辑平滑转移的非线性 LRE 模型。这一模型不仅保证了逻辑平滑转移的非线性、非对称利率规则的最优性，而且能够给出作为货币政策传导机制的菲利普斯曲线的非线性形式，因而更能准确刻画货币政策传导机制和货币政策效果的非线性和非对称性，具有一定的理论意义和现实意义。

其次，针对中国货币政策非线性、非对称性、不确定性的特征背景，本书在 LRE 模型框架内，分析了逻辑平滑转移的非线性货币政策规则与确定性参数区域和不确定性参数区域，在一定程度上给出了货币政策操作规范和风险度量，即人民银行应当怎样调整货币政策行为才能使政策规则参数进入确定性区域以及这种调整成功的概率有多大。进一步地，本书还综合运用贝叶斯方法、GMM、SVAR、NLS 以及校准等方法实证检验了逻辑平滑转移的非线性货币政策规则与不确定性，实证分析中国逻辑平滑转移的货币政策规则的非线性与非对称性特征，还基于阈值和转移速度，在阈值两侧分别考察不同转移机制下中国逻辑平滑转移的货币政策规则的广义冲击响应路径。这对中国货币当局管理通胀预期、降低通胀惯性，实施逻辑平滑转移的非线性货币政策规则，明确货币政策规则的实施效果，以及提高货币政策效果和降低货币政策的不确定性具有重要意义。

最后，从中国货币政策传导机制的实际考虑，在 LRE 模型框架内，进一步实证研究信贷约束与放松信贷约束对货币政策利率传导效应的不确定性影响。这对完善中国货币政策传导机制、提高货币政策效应和有效性以及降低货币政策效应的不确定性具有重要的应用价值。

第二节　国内外研究现状述评

一　非线性货币政策规则与不确定性研究现状述评

自基德兰和普雷斯科特（Kydland and Prescott，1977）与巴罗和戈登（Barro and Gordon，1983）以来，货币经济学家就一直致力于两个问题的研究："为什么货币政策会发生高成本的失效？""如何才能阻止类似于70年代高通货膨胀的再次爆发？"实际上，这两个问题背后所隐含的真实含义是指：中央银行实行怎样的货币政策（这里，货币政策被定义为利率规则）才可以既不会降低产出，又能防止预期通货膨胀的自我实现，即研究利率规则与均衡确定性之间的关系。泰勒（Taylor，1993a，1993b）首先提出了泰勒规则，认为将名义利率作为同期 GDP 缺口和通胀率的线性反应函数可以很好地反映 80 年代中后期美联储（Fed）的政策行为，并由此将货币经济学家研究的焦点从货币供给数量转移到利率规则上面［实际上，货币供给数量和利率规则并不是截然分开的，泰勒（1998）就曾尝试从货币数量方程中直接推导出利率规则］。之后，货币经济学家开始致力于泰勒规则的反应参数的数量研究，这些研究可以归结为两类。第一类是利用结构 VAR 方程直接估计反应参数值，相关文献包括泰勒（1998），布雷顿、莱文、特龙和威廉姆斯（Brayton，Levin，Tryon and Williams，1997），罗特姆伯格和伍德福德（Rotemberg and Woodford，1998）等，他们普遍认为，提高名义利率对通胀率和产出的反应程度会使经济产生令人满意的结果；同时，名义利率对通胀率的反应程度应更为积极，而对产出的反应程度应平缓一些。第二类则是在 DSGE 模型中探讨反应参数的确定性区域、不确定性区域和爆炸性区域，相关文献包括克拉里达、加利和格特勒（Clarida，Gali and Gertler，1997）、克里斯蒂亚诺和古斯特（Christiano and Gust，1999）、比尔·杜波尔（Bill Dupor，2001）等，这些研究的结论可能因具体模型而异，例如，克里拉斯蒂亚诺和古斯特（1999）基于有限参与模型的分析认为，名义利率对通胀的积极反应会产生确定性均衡，消极反应会产生不确定性均衡或者爆炸性均衡，比尔·杜波尔（Bill Dupor，2001）则基于一个内生投资的不完全竞争—黏性价格模型分析认为，名义利率对通胀的积极反应可能产生不确定性均衡。

DSGE 模型不仅具有坚实的微观基础，而且其结构性特征使其能够避免卢卡斯批判（Lucas，1976），因而经济学家们开始纷纷转向 DSGE 模型的研究并着手对其进行计量检验、结构参数估计和脉冲响应分析。对此，理论界一个基准的做法是将 DSGE 模型中最优消费决策 Eulor 方程和垄断竞争厂商均衡定价决策方程进行泰勒展开，取其一阶线性泰勒展开式作为近似方程，并结合线性化的利率规则，从而将 DSGE 模型转化成 LRE 模型（近似线性化的 DSGE 模型）。然而，以利率规则为主导的货币政策 LRE 模型框架很可能存在不确定性理性预期均衡。按照确定性标准（Giannoni and Woodford，2003），一个较优的利率规则必须产生确定性理性预期均衡，然而在经验分析、结构参数估计和脉冲响应分析时，如果真实数据来源于参数不确定性区域，则只对利率规则进行确定性检验或明确排除不确定性均衡的做法可能导致有偏估计，甚至忽视"黑子"冲击的存在，因此还必须进行不确定性检验。

国内外文献关于不确定性检验的研究可以归结为以下四类：

第一类是校准检验，相关文献包括 Roger E. A. Farmer 和 Jang – Ting Guo（1994）、Roberto Perli（1998）、Stephanie Schmitt – Grohe（1997，2000）等。这类研究试图在结构模型中引入"黑子"冲击，以检验"黑子"冲击能在多大程度使模型与真实经济周期吻合，然而他们普遍面临的一个难题是如何识别"黑子"冲击的随机特性。为解决这一问题，文献采用校准方法，即选择"黑子"冲击的方差使其能完全刻画产出的波动。尽管这样做可以阐述不确定性的重要性以及"黑子"冲击的数量影响，但由于将不确定性情形下的产出波动完全归因于"黑子"冲击，因而结论是不可置信的。

第二类是传统的计量检验方法，相关文献包括 Farmer 和 Guo（1995）、Kevin D. Salyer 和 Steven M. Sheffrin（1998）等。这类研究试图从外生基本冲击无法解释的理性预期残差中识别出"黑子"冲击，它相对于校准检验增加了更多的结构方程，检验程序更加烦琐，更重要的是不能有效甄别理性预期残差中被忽略掉的基本冲击和真实的"黑子"冲击。

第三类是似然估计方法，相关文献包括 Eric M. Leeper 和 Christopher

A. Sims（1994）、Jinill Kim（2000）、Peter N. Ireland（2001）、Pau Raba-nal 和 Juan F. Rubio - Ramirez（2003）等。这类研究通常是在一个基准的近似线性化的 DSGE 模型中估计结构参数、估计脉冲响应路径以及寻找均衡确定性与不确定性的证据。例如，彼得 . N. 爱尔兰（Peter N. Ireland，2001）得出了与之前文献相似的结论，并发现了 1979 年之后美国货币政策行为发生变化的显著证据。然而文献估计过程中明确排除了不确定性均衡的可能性，如果数据实际上是由参数不确定性区域生成的，这种将参数估计局限于确定性区域的做法会导致有偏参数估计，如果模型是在整个参数空间上来估计的话，则不会存在这种问题。

第四类是贝叶斯估计方法，相关文献包括 Thomas A. Lubik 和 Frank Schorfheide（2003，2004）、Jesus Fernandez - Villaverde（2009）、刘斌（2008）等。这类研究不事先提出确定性假设或不确定性假设，而是讨论并利用经验证据进行取舍，在基准 LRE 模型中，从整个参数空间上来构造似然函数，利用参数先验分布来计算均衡确定性区域与不确定性区域的后验概率权重，并且能够给出结构参数的贝叶斯无偏估计以及衡量"黑子"冲击对宏观经济变量的影响。

以利率规则为主导的货币政策 LRE 模型框架还存在一个明显的缺陷，即假定货币政策传导机制和货币政策规则是线性化的，线性化的货币政策规则必然是对称的，然而大量经验事实表明，货币当局对通胀（高增长）和通缩（低增长）的反应是非对称的。近年来，国内外金融界开始广泛关注货币政策规则的对称性与非对称性。与之相关的实证研究文献也大量涌现，这些实证研究大多以平滑转移回归（Smooth Transition Regression，STR）模型及其扩展模型为基础展开。STR 模型作为非线性建模理论的一个重要方法，已被广泛应用于宏观经济政策的行为影响研究，并成为行为经济学的重要研究工具。STR 模型专门处理结构变动问题，其重要特点是使一个局部的线性方程从一个极端状态连续平滑地过渡到另一个极端状态，从而克服了传统研究中把经济结构变动和政策转变刻画成由一个线性方程非连续可微转变为另一个线性方程且转折点不可测度的缺陷。例如，Rabanal（2004）和 Assenmacher - Wesche（2006）就曾分别以经济增长率和残差方差作为状态转移变量，使用马尔可夫转移机制模型研究货币政策反应规则的不对称性，但以马尔可夫转移机制模型所描述的货币政策反应规则是依赖不可观测的状态变量，以一定概率在不同机制之间发生结构突变，因而不能描述货币政策反应规则在不同机制之间的平滑转移。

Granger 和 Teräsvirta（1993）将 STR 模型大致分为两类：逻辑平滑转移机制模型（LSTR）和指数平滑转移机制模型（ESTR）。由于非线性经济计量模型参数估计方法的不完备，考虑到 LSTR 模型的逻辑函数是最为简单的平滑转移机制函数以及 Saikkonen 和 Luukkonen（1988）提出的以转移函数的三阶泰勒展开式作为逻辑函数的近似表达式，为提高非线性模型估计和拟合的精度，实证文献大多采用 LSTR 模型研究货币政策反应函数的非对称性，区别主要在于数据和阈值转移变量的选取。例如，Bec 等（2000）使用产出缺口作为阈值转移变量，Kesriyeli 等（2004）以名义利率的一阶差分为阈值转移变量，Martin 和 Milas（2004）采用预期通胀率，Bruggemann 和 Riedel（2008）分别以产出缺口、时间趋势和利率滞后值作为阈值转移变量，等等。国内实证研究也开始注重货币政策反应规则的非线性特征以及利用非线性方法研究货币政策对产出和通胀的非对称反应，代表性文献包括：赵进文和黄彦（2006）、赵进文和闵捷（2005a，2005b）、张屹山和张代强（2008）、彭方平（2007）、欧阳志刚和王世杰（2009）、刘金全（2009），等等。这些实证文献得出的普遍结论是：中国货币政策效果具有明显的非对称性，中国货币政策反应函数具有逻辑函数光滑转移机制特征。

因此，关于货币政策规则不确定性和非线性非对称性的研究至少还存在两方面的缺陷。

第一，非线性非对称性的货币政策规则是一种经验规则，缺乏最优性和微观基础，其所对应的货币政策传导机制也必然是非线性的，这显然与 LRE 模型关于货币政策传导机制和反应规则线性化的假设不相符。因此，从最优性和微观基础的角度出发，应当构建一个包含非线性货币政策规则和非线性传导机制的理性预期模型，特别是与经验反应规则相一致的非线性理性预期模型。于是问题便出来了，如何构建这样一个非线性理性预期模型呢？这样一个非线性理性预期模型又与 LRE 模型在建模方法上有何区别呢？

第二，LRE 模型可能存在不确定性均衡，非线性理性预期模型同样可能存在不确定性均衡，因而必须进行不确定性检验。然而对非线性 LRE 模型，是否存在一种方法可将非线性理性预期模型转变为 VAR 系统？如果可以转变，又将如何进行不确定性检验和冲击响应分析，特别是不对称的冲击响应分析？本书则试图围绕这些问题展开研究，这两方面的缺陷也构成本书研究的理论依据之一。

二 信贷约束、利率传导与不确定性研究现状述评

信贷约束是"金融深化论"相关文献中政府利率约束下的信贷配给，也称为非均衡信贷配给，包括各种信贷控制，即政府规定存贷款利率的上限从而导致超额信贷需求无法被满足的现象。1973 年，麦金农在《经济发展中的货币与资本》中与爱德华·肖在《经济发展中的金融深化》中首先提出来金融深化的概念来衡量一国金融发展水平的标志，他们在分析发展中国家的金融发展与经济增长的关系时，指出发展中国家普遍存在金融抑制现象，导致效率低下的资本密集型投资，因此，政府应实施金融自由化政策，由于金融抑制主要是由政府对名义利率的直接干预从而使实际利率为负所造成的，因此，当一国利率水平及其结构完全由市场供求、风险程度、通货膨胀程度以及经济性质等市场因素共同决定时，即实际利率水平恢复到市场均衡利率水平时，该国便实现了利率市场化，从而也就实现了金融自由化。麦金农和肖主张，政府应当废除一切对名义利率的干预和约束，同时积极抑制通货膨胀，使实际利率通过市场机制作用自动趋于正的均衡水平。斯蒂格利茨和韦斯（Stiglitz and Weiss，1981）认为，由于信贷市场的信息不对称会产生道德风险和逆向选择，因此高利率不能对项目进行有效筛选，金融自由化政策会导致市场失灵，所以实践中的金融自由化政策很难达到预期的政策目标，因而发展中国家应当实施利率约束。但赫尔曼、默多克和斯蒂格利茨（Hellmann，Murdock and Stiglitz，2000）通过研究也发现，在某种程度上，有效的金融监管手段会克服道德风险和逆向选择缺陷，从而利率市场化配合有效的金融监管与利率约束相比较而言，至少是一种不差的价格形成机制。国内研究方面，张小茜、汪炜、史晋川（2007）在动态利率下将企业贷款投资决策构造为一个基于 IRR 的实物期权模型，结果表明，银行实行差异化利率可能导致信贷约束，市场化利率有可能不存在。中国人民银行赣州市中心支行课题组（2006）认为，利率市场化必须注重存款、贷款、民间融资和货币市场的多市场一般均衡，在货币传导依然主要依靠信贷渠道进行的前提下，存贷款利率主要不是对信用风险的反映，而是资金供求的指标，因此，在近期，利率市场化的现实意义在于平衡供求，从长期看，差别化定价才具有现实操作意义。盛天翔、范从来（2012）则研究了价格型货币政策工具

调节信贷规模的平均效用，研究认为，法定存款准备金率、公开市场业务比利率工具更加有效，未来公开市场业务或许成为央行控制信贷供给最重要的工具，准备金工具的效果将会增强，而利率工具依然不适用于调控信贷量。然而，这些文献在研究过程中，侧重于市场化利率或货币政策工具对信贷约束的影响及效用，忽略了信贷约束对市场化利率和货币政策传导机制的影响，忽略了信贷约束对货币政策传导机制中 IS 曲线的产出缺口与名义利率的相关系数的影响，即信贷约束对以 IS 曲线为基础的利率传导机制的影响。然而，在国内外关于信贷约束的利率传导机制的研究文献多集中于利率对于实体经济的传导机制，比如房地产市场、汽车消费市场及企业行为等方面。国内的文献论述包括：徐忠（2002）认为，在解决利率扭曲方面，中国实施了以农信社存贷款利率市场化为突破口的利率市场化改革，但学者们对利率放开的效果存在质疑，利率扭曲导致农业信贷供给不足，简单放开利率约束可能会出现农村信用社将其经营的低效率通过高利率转嫁给农户。叶檀（2008）认为，中国 2008 年前后央行迟迟不加息的做法并没有惠及大部分企业，由于我们采取的信贷约束措施导致越来越多的企业无法从银行贷到款，只能求助于民间借贷市场因此要忍受其高额利率。央行紧缩信贷的办法进一步提升了市场利率上升的预期。也就是说，由于信贷约束导致央行的利率政策对于微观经济主体的传导机制甚微，经济并无好转。齐峰（2012）认为，央行对于存贷款利率的约束，是影响中国信贷传导机制的最主要因素。这使信贷市场上的基准利率被政策主体所左右，直接导致利率信号的"反应功能"失灵，影响了货币政策的传导。也就是说，央行采取的信贷约束使利率传导机制受阻。易宪容（2010）认为，在信贷规模逐渐收紧的情况下，商业银行只能上调个人按揭贷款利率水平而这并不仅是一种信号或示范，上调个人按揭贷款利率，将对 2010 年房地产市场产生巨大的影响。

国外文献论述主要包括：Kyriazidou（2000）考察信贷约束在消费信贷市场的作用，他们建立了一个消费信贷需求的理论模型，并利用美国 1984—1995 年消费支出调查中的汽车消费贷款合约数据进行实证分析。发现在消费信贷存在约束的条件下，高收入家庭的贷款需求对于利率的波动敏感度不强，但对于贷款的到期日敏感度强，而低收入家庭的贷款需求恰恰相反，即对于利率波动的敏感度很强，而到期日的敏感度很弱。这说明了存在信贷约束的消费信贷市场的利率传导机制似乎对于低收入家庭更见成果。安德鲁·科尔曼（Andrew Coleman，2007）研究了信贷约束或约束对于新西兰住房市场的影响，结果说明对于信贷约束的放松并没有造成很大的房价上涨，而是房东对实际利率的敏感性及抵押贷款利率的波动使房价被推高。因此我们可以认为，新西兰的住房信贷约束放松与否并不存在利率的传导机制。诺克（V. Nocke，2009）研究了在投资中可支付利率是如何改变信贷约束公司的内生风险规避程度的，发现在信贷约束条件下，当利率上升时，公司投资可抵押资产的收入敏感度也上升，导致公司风险规避情绪更高，而这种情绪的增加使公司想要从其纵向合作伙伴中获得更大的保险需求，以防止产生更低的抵押资产。安德·佩雷斯（Ander Perez，2012）研究了在信贷约束的情况下，宏观经济对于企业选择投资组合的影响，发现在一个负向和持久的总生产力冲击的条件下，由于企业为了缓解未来的信贷约束，他们就会生产出更多的可抵押商品量。而这就产生了一种来自生产力冲击的短期抑制影响，在短期内，一个变陡峭了的利率期限结构会进一步激励企业转向短期投资，这就扩大了生产力冲击对于企业投资的影响。相比较信贷放松约束时期而言，企业的长期投资和未来产量都被降低了。

本书选择信贷约束对以 IS 曲线为基础的货币政策利率传导机制的影响为突破口，通过引入金融机构贷款占比比率来刻画信贷约束指标，进而研究了信贷约束对利率传导机制的影响，并以此为基础，提出了"应有序推进金融体系改革，逐步放松信贷约束，加强货币市场金融监管与协调"的利率市场化制度建设的政策建议。

第三节　本书结构安排

除导言和结论与政策建议外，本书其余部分安排如下：

第二章基于逻辑平滑转移函数构建一个非线性非对称理性预期模型。这一非线性理性预期模型包括一个二次累加折旧损失目标函数（对央行而言）、线性化的 IS 曲线方程（对消费者而言）、非线性的菲利普斯曲线方程（对垄断竞争厂商而言），以及带逻辑平滑转移函数的非线性货币政策反应规则。这一非线性模型与传统线性模型建模方法的区别之处在于：线性模型采用顺序的建模方法，即目标函数→约束条件→最优化拉格朗日一阶方程→最优解，这一方法在线性化的货币政策规则研究中是可行的，因为对二次损失函数而言，无论约束条件形式如何，但只要是线性的，最优解就是线性的。但对非线性模型而言，顺序建模方法则不可行，因为对二次损失函数而言，只要最优解是非线性的，约束条件就是非线性的，如果最优解的非线性形式发生改变，约束条件的非线性形式也必然改变。恰当的做法是以经验事实为基础，逆向推导出与经验规则一致的约束条件，这就是非线性理性预期模型的逆序建模方法。即目标函数→最优解→最优化拉格朗日一阶方程→约束条件。本章基于逆序建模方法构建逻辑平滑转移的非线性 LRE 模型分五步来进行。最后，本章给出了一个定理，这一定理表明，对于逻辑平滑转移的非线性 LRE 系统，若使最优非线性货币政策规则的形式应与逻辑平滑转移的非线性货币政策规则的形式相一致，则非线性菲利普斯曲线的非线性函数具有指数函数形式。

第三章基于 LRE 模型对逻辑平滑转移的非线性货币政策规则与不确定性进行了理论分析。本章给出逻辑平滑转移的货币政策规则的确定性参数区域与不确定性参数区域。（1）低机制逻辑平滑转移的货币政策规则的参数确定性区域与阈值变量预期通胀率正相关，低机制逻辑平滑转移的货币政策规则的参数不确定性区域与阈值变量预期通胀率负相关。（2）高机制逻辑平滑转移的货币政策规则的参数确定性区域与阈值变量预期通胀率正相关，高机制逻辑平滑转移的货币政策规则的参数不确定性区域与阈值变量预期通胀率负相关。（3）低机制逻辑平滑转移的货币政策规则的参数确定性区域与机制转移速度负相关，低机制逻辑平滑转移的货币政策规则的参数不确定性区域与机制转移速度正相关。（4）高机制逻辑平滑转移的货币政策规则的参数确定性区域与机制转移速度正相关，高机制逻辑平滑转移的货币政策规则的参数不确定性区域与机制转移速度负相关。

第四章在 LRE 模型框架内，综合运用贝叶斯方法、GMM、SVAR、NLS 以及校准等方法实证检验逻辑平滑转移的非线性货币政策规则与不确定性，包括实证分析中国逻辑平滑转移的货币政策规则的非线性与非对称性特征，进一步地，还基于阈值和转移速度，在阈值两侧分别考察不同转移机制下中国逻辑平滑转移的货币政策规则的广义冲击响应路径。对逻辑平滑转移的货币政策规则的 NLS 实证分析结果表明：货币政策规则的反应系数是变化的，反应系数值与预期通胀率、阈值和平滑转移速度相关，这不仅表明逻辑平滑转移的货币政策规则是非线性的，而且反应系数在阈值两侧会有高低之分，因而逻辑平滑转移的货币政策规则阈值两侧也是非对称的。阈值右侧反应系数值大约是阈值左侧反应系数值的两倍，这意味着如果经济体的预期通胀率超过 3.44%，则中央银行应该加倍提高短期名义利率对当期通胀率的反应系数。阈值和转移速度的广义冲击响应路径表明：中国逻辑平滑转移的非线性货币政策规则的不确定性效应受阈值影响较大，而受转移速度影响较小。在高机制状态下，逻辑平滑转移的非线性货币政策规则更易稳定产出缺口，却更易导致通货膨胀的不确定性；在低机制状态下，逻辑平滑转移的非线性货币政策规则不仅有较长的滞后期，而且在滞后一段时期后，容易导致产出缺口的不确定性，但却更易稳定通货膨胀。这就体现了产出缺口与通货膨胀的权衡特征。在以非线性货币政策规则行事的货币政策框架内，货币当局应依据稳定产出缺口和稳定通货膨胀的意愿程度，以管理通胀预期的形式进行合理的阈值管理。如果货币当局更趋向于稳定产出缺口，则应使阈值维持在一个较低水平，以使货币政策处于高机制状态；如果货币当局更趋向于稳定通货膨胀，则应使阈值维持在一个较高的水平，以使货币政策处于低机制状态。

第五章对信贷约束对货币政策利率传导效应的不确定性影响进行了理论分析。信贷约束与货币政策利率传导效应的理论基础是 IS 曲线。信贷传导和利率传导是货币政策传导渠道中最主要的两种传导方式，信贷传导渠道主要包含银行贷款渠道和资产负债表渠道，利率传导渠道则主要体现为利率与投资和产出的负相关关系的 IS 曲线（当然还包括其他渠道，如托宾 Q 值、财富效应传导、汇率传导），通过定性比较信贷约束下的信贷传导效应和利率传导效应，以价格调控为主的利率传导效应要优于以数量调控为主的信贷传导效应。更为主要的是，通过对比带信贷约束的 IS 曲线的相关系数与无信贷管制约束的 IS 曲线相关系数的大小，还可以分析信贷约束对货币政策利率传导效应的不确定性影响。

第六章从中国货币政策传导机制实际考虑，在 LRE 模型框架内，利用中国 2004 年 3 月至 2012 年 4 月的季度经济数据，基于 IS 曲线的 LS 计量模型和 GMM 计量模型分别实证分析了中国信贷约束的利率传导效应，以及放松信贷约束的货币政策效应。通过构建 LS 计量模型和 GMM 计量模型，通过引入金融机构贷款占比比率来刻画信贷管制指标，本书分别在理性通胀预期的基础上，实证分析了中国信贷约束的利率传导效应。金融机构贷款占比比率表明：中国信贷管制程度总体适中；虽然中国金融市场存在一定程度的信贷管制，但信贷管制程度并不太高，信贷占比仍以基准利率贷款占比和基准利率上浮30%以内贷款占比为主，这也就为中国利率市场化提供了一个良好的市场基础。实证分析结论表明：无论是LS计量模型还是GMM计量模型，信贷约束下的产出缺口和短期实际利率仍存在负相关关系；无论是LS计量模型还是GMM计量模型，信贷对货币政策利率传导途径具有负效应，即信贷管制对利率传导效应具有消极影响；尽管信贷约束对货币政策利率传导途径具有负效应，但这种消极影响非常有限，与中国金融机构不同利率下的信贷占比结构是一致的。也就是说，虽然中国金融市场存在一定程度的信贷约束，但信贷约束程度还不太高，从而为中国利率市场化提供了一个良好的市场基础。在此基础上，本书从路径选择和制度建设两个层面提出了加快中国利率市场化改革和加强中国利率传导效应的政策建议。中国利率市场化改革的可行路径为：先外币改革后本币改革，贷款先于存款改革，存款中大额长期先于小额短期改革，逐步建立由市场供求决定的利率形成机制，中央银行调控和引导市场利率，使市场机制在金融资源配置中发挥主导作用。在中国利率市场化的制度建设方面，首先，应逐步建立利率管理的货币政策框架体系，稳定通胀预期。在利率市场化过程中，为加快中国利率市场化改革和加强中国利率传导效应，中央银行应控制和引导通胀预期。控制和引导通胀预期就要逐步建立以利率管理为核心的货币政策框架体系。一是构建以货币政策规则为主的货币政策框架体系。例如，实行泰勒规则、前瞻性货币政策规则，有效引导市场化利率的形成，稳定通货膨胀和产出缺口，进而稳定通胀预期和提高利率传导效应。二是构建以通胀目标为主的货币政策框架体系，通过公开对外宣称通胀目标、加强与公众信息沟通、提高货币政策透明度、提高中央银行的独立性和可信度，来稳定通胀预期和利率传导效应。其次，应有序推进金融体系改革，逐步放松信贷管制，加强货币市场金融监管与协调。

第四节　创新与未来研究方向

本书的创新主要体现在以下几个方面：

（1）以逻辑平滑转移的非线性货币政策规则为前提，运用拉格朗日最优化方法，逆向构建逻辑平滑转移的非线性 LRE 模型。这一非线性理性预期模型不仅保证了逻辑平滑转移的非线性非对称利率规则的最优性，而且能够给出作为货币政策传导机制的菲利普斯曲线的非线性形式，因而更能准确地刻画货币政策传导机制和货币政策效果的非线性和非对称性。

（2）在 LRE 模型框架内，分析了逻辑平滑转移的非线性货币政策规则与确定性参数区域和不确定性参数区域。综合运用贝叶斯方法、GMM、SVAR、NLS 以及校准等方法，实证检验了逻辑平滑转移的非线性货币政策规则与不确定性，包括实证分析中国逻辑平滑转移的货币政策规则的非线性与非对称性特征。进一步，还基于阈值和转移速度，在阈值两侧分别考察不同转移机制下中国逻辑平滑转移的货币政策规则的广义冲击响应路径。

（3）考虑中国货币政策传导机制的实际情形，从信贷约束的角度入手，利用中国 2004 年 3 月至 2012 年 4 月的季度经济数据，基于 IS 曲线的 LS 计量模型和 GMM 计量模型分别实证分析了中国信贷约束的利率传导效应。本书以金融机构贷款占比比率来刻画信贷约束指标，实证结论表明，信贷约束对货币政策利率传导途径具有负效应，即信贷约束对利率传导效应具有消极影响，但这种消极影响非常有限，这表明中国信贷约束程度尚不太高，从而为中国利率市场化提供了一个良好的市场基础。进一步地，本书还考察了放松信贷约束对货币政策效应的不确定性影响。

本书存在的不足之处主要体现在以下两个方面：

（1）逻辑平滑转移的货币政策规则的反应系数是非线性的，反映了中国短期名义利率调整的非对称性和非线性特征。但这种短期名义利率调整的非线性有可能来源于货币政策规则反应系数的时变性。同时，近期研究文献的实证结论也表明，中国货币政策规则具有时变性特征。实际上，如果现实经济运行平稳，且没有出现一定程度的体制转变，那么具有常系数的货币政策反应函数可以在一定程度上解释货币政策对宏观经济变量的反应。反之，即使采用平滑转移函数和区制转移函数，前瞻性货币政策规则的 DSGE 或 LRE 模型框架也无法避免"卢卡斯批判"。而时变货币政策规则却恰恰弥补了这方面的缺陷，既能反映短期名义利率调整的非线性，又能反映 DSGE 或 LRE 模型框架的结构转变，从而避免"卢卡斯批判"。因此，研究时变货币政策规则的均衡确定性与不确定性是我们未来研究工作的重点方向之一。

（2）本书对可能影响 LRE 模型均衡确定性的"黑子"冲击的研究仍显不足。不仅外生的供给、需求和政策冲击能够影响经济稳定，而且"黑子"冲击中，代理人对未来经济状况的乐观或悲观情绪、信念也会造成经济波动。同时，在基于无信贷约束的 IS 曲线和带信贷约束的 IS 曲线实证研究中国信贷约束的利率传导效应时，所有实证结果的拟合优度和调整拟合优度值较小，尽管这并不妨碍本书对信贷约束的利率传导效应的分析，但拟合优度值较小意味着即使添加了信贷约束，IS 曲线仍存在遗漏变量，这些遗漏变量对于中国信贷约束的利率传导效应准确的数量分析和影响因素分析至关重要。显然，本书对外生冲击和信贷约束等系统外冲击的研究并不充分。这些缺陷和不足都是未来研究工作的重点。

第二章 基于逻辑平滑转移机制的
非线性 LRE 模型的构建

第一节 基准线性 LRE 模型

一 目标函数与线性约束条件

货币政策规则研究通常以新凯恩斯主义的动态随机一般均衡（DSGE）模型为分析框架。DSGE 模型不仅具有坚实的微观基础，而且其结构性特征使其能够避免卢卡斯批判（1976），因而经济学家开始纷纷转向 DSGE 模型的研究并着手对其进行计量检验、结构参数估计和脉冲响应分析。对此，理论界一个基准做法是将 DSGE 模型中最优消费决策 Eulor 方程和垄断竞争厂商均衡定价决策方程进行泰勒展开，取其一阶线性泰勒展开式作为近似方程，并结合线性化货币政策规则，从而将 DSGE 模型转化成线性理性预期（LRE）模型（近似线性化的 DSGE 模型）。

基准线性 LRE 模型包括目标函数和约束条件。基准线性 LRE 模型的目标函数为考虑均衡利率的二次随机累加折旧社会损失函数[①]，它具有如下形式：

---

① 传统 LRE 模型的目标函数为不考虑均衡利率的二次随机累加折旧社会损失函数，但据此得出的最优政策规则为目标规则，尽管可以据此对外向公众宣称预期通胀目标，但为实现这一目标，货币当局实际调控的还是短期名义利率。为此，可将目标规则代入包含名义利率的约束方程得到相应的利率规则，但这一利率规则是不稳健的，结果，依据利率规则对名义利率的实际调整值与依据目标规则得出的理想调整值存在显著偏差，因而利率规则在实际中具有"不可操作性"（McCallum，1999）。实际上，名义利率的实际调整值与理想调整值之间的偏差过大会导致名义利率对均衡利率过度偏离，最终导致产出缺口和通胀率的不稳定，因而应将名义利率也作为货币政策的目标变量。

$$L_t = E_{t_0} \sum_{t=t_0}^{+\infty} \beta^{t-t_0} \left[(\pi_t - \pi^*)^2 + \gamma_y (y_t - y^*)^2 + \gamma_i (i_t - i^*)^2 \right] \qquad (2.1)$$

式中，y_t 为实际产出水平偏离均衡产出水平的百分比（即产出缺口），π_t 为通胀率，i_t 为短期名义利率，$y^* (y^* \geq 0)$ 为产出缺口的目标水平，π^* 为通胀率的目标水平且通常简化为 0，i^* 为短期名义利率的均衡值，t_0 为政策决策初始期，参数 γ_y 为货币当局对实际产出偏离其目标水平的意愿程度，参数 γ_i 为货币当局对名义利率偏离其均衡水平的意愿程度，$0 < \beta \leq 1$ 为社会贴现因子。

依据（2.1）式得出的最优利率规则虽然可操作，却是条件承诺的，而不是时间一致的，中央银行最终会偏离当初承诺的规则形式，从而表现出通胀倾向。为使最优利率规则是时间一致性的，Giannoni 和 Woodford（2003a）基于无穷远视角的观点给出了时间一致性标准，这时，（2.1）式可以修正为：

$$L_t = E_{-\infty} \sum_{t=t_0}^{\infty} \beta_0^{t-t_0} \left[(\pi_t - \pi^*)^2 + \gamma_y (y_t - y^*)^2 + \gamma_i (i_t - i^*)^2 \right] \qquad (2.2)$$

然而，（2.2）式建立在（2.1）式之上，因而时间一致的利率规则并非优于条件承诺的利率规则。基于此，艾洪德、郭凯（2007）进一步提出完全时间一致性标准，即在时间一致性标准的基础上规定社会贴现因子等于 1，其所对应的社会损失福利函数具有随机稳态的形式：

$$L_t = (\pi_t - \pi^*)^2 + \gamma_y (y_t - y^*)^2 + \gamma_i (i_t - i^*)^2 \qquad (2.3)$$

（2.3）式即为完全时间一致性标准下基准线性 LRE 模型的目标函数。

基准 LRE 模型的约束条件包含两个基本方程：IS 曲线方程和菲利普斯曲线方程。这两个约束条件分别具有下面的形式：

$$y_t = \varphi_0 (i_t - E_t \pi_{t+1}) + E_t y_{t+1} + \varepsilon_{g,t} \qquad (2.4)$$

$$\pi_t = \lambda y_t + \beta E_t \pi_{t+1} + \varepsilon_{u,t} \qquad (2.5)$$

式中，$\varepsilon_{g,t}$ 和 $\varepsilon_{u,t}$ 均服从白噪声过程。（2.4）式为 IS 曲线方程，它体现了产出缺口与实际利率之间存在负相关的关系；（2.5）式为菲利普斯曲线方程，它体现了产出缺口与通货膨胀率之间存在正相关的关系。显然，（2.4）式和（2.5）式反映了新凯恩斯主义的基本思想，即暂时的名义价格刚性会在短期内引起货币的非中性。

基准线性 LRE 模型具有两个基本特点：一是模型是从基准的新凯恩斯不完全竞争—黏性价格模型中直接推导而来的，它的一个基本思想就是暂时的名义价格刚性会在短期内引起货币的非中性，因而该模型具备新凯恩斯主义特征；二是模型忽略了资本的内生变化且标准化为 1。

（2.4）式是由标准的消费 Eulor 方程对数线性化得来的，它与传统的 IS 曲线方程最大区别在于当期产出不仅取决于利率，而且取决于预期产出，由于消费者具有平滑消费的意愿，因而较高的预期产出会增加当期产出；当期产出与利率之间的负相关系数 φ_0 反映了跨期消费替代的利率弹性，显然，利率弹性变小会弱化当期产出与短期利率之间的负相关关系；由于模型没有投资，因而产出等于消费加上一个外生过程，这一外生过程可以被解释为政府支出变化或偏好变化，这些外生过程对 Eulor 方程的净影响都被包含在需求冲击 $\varepsilon_{g,t}$ 中。（2.5）式是对所有垄断竞争厂商均衡定价决策的对数近似，每一个厂商都面临一条对其差异产品的向下倾斜的需求曲线；产品价格存在卡尔沃（Calvo）黏性（Calvo，1983），即只允许一部分厂商调整其产品价格；产品价格的动态特征体现了通货膨胀与产出的短期权衡关系，相关系数为 λ；生产边际成本的外生移动都被包含在供给冲击 $\varepsilon_{u,t}$ 中。

这样，系统（2.3）式至（2.5）式就构成了完全时间一致性标准下基准线性 LRE 模型基本框架。这一系统的拉格朗日函数为：

$$L = E_{-\infty}\left\{ \frac{1}{2}L_t + \vartheta_{1,t-1}\left[y_{t-1} + \varphi(i_{t-1} - \pi_t) - y_t \right] + \vartheta_{2,t-1}\left[\pi_{t-1} - \lambda y_{t-1} - \beta \pi_t \right] \right.$$

$$\left. + \vartheta_{1,t}\left[y_t + \varphi(i_t - \pi_{t+1}) - y_{t+1} \right] + \vartheta_{2,t}\left[\pi_t - \lambda y_t - \beta \pi_{t+1} \right] \right\} \qquad (2.6)$$

式中，$\vartheta_{1,t-1}$ 和 $\vartheta_{2,t-1}$ 是与 $t-1$ 期经济约束条件相对应的拉格朗日乘子，$\vartheta_{1,t}$ 和 $\vartheta_{2,t}$ 是与 t 期经济约束条件相对应的拉格朗日乘子。（2.6）式的最优化一阶条件是推导基准线性 LRE 模型的完全时间一致性稳健最优货币政策规则的必要条件。

二 最优线性货币政策规则

为求解完全时间一致性系统（2.3）式至（2.5）式的最优解，考察拉格朗日函数（2.6）式，其最优一阶条件为：

$$\frac{\partial L}{\partial \pi_t} = \pi_t - \varphi\vartheta_{1,t-1} + \vartheta_{2,t} - \beta\vartheta_{2,t-1} = 0 \qquad (2.7)$$

$$\frac{\partial L}{\partial y_t} = \gamma_y(y_t - y^*) + \vartheta_{1,t} - \vartheta_{1,t-1} - \lambda\vartheta_{2,t} = 0 \qquad (2.8)$$

$$\frac{\partial L}{\partial i_t} = \gamma_i(i_t - i^*) + \varphi\vartheta_{1,t} = 0 \qquad (2.9)$$

先通过（2.9）式解出 $\vartheta_{1,t}$ 和 $\vartheta_{1,t-1}$ 的值，然后将 $\vartheta_{1,t}$ 和 $\vartheta_{1,t-1}$ 代入（2.8）式解出 $\vartheta_{2,t}$ 和 $\vartheta_{2,t-1}$ 的值，最后将 $\vartheta_{1,t-1}$、$\vartheta_{2,t}$ 和 $\vartheta_{2,t-1}$ 代入（2.7）式，就可以得到相应的货币政策规则。因为 $\gamma_i \neq 0$，因而货币政策规则中名义利率前的系数不等于0。同时，由于约束条件 IS 曲线和菲利普斯曲线均为线性形式，所以，这一货币政策规则也具有下面的线性规则形式：

$$i_t = (1 + \varphi\lambda)i_{t-1} + \beta\Delta i_{t-1} + \frac{\varphi\lambda}{\gamma_i}\pi_t + \frac{\varphi\gamma_y}{\gamma_i}y_t - \frac{\beta\varphi\gamma_y}{\gamma_i}y_{t-1} + \left(\frac{\beta\varphi\gamma_y}{\gamma_i} - \frac{\varphi\gamma_y}{\gamma_i}\right)y^* - \varphi\lambda i^*$$

$$(2.10)$$

规则（2.10）式即为基准线性 LRE 模型的最优货币政策规则。那么这一最优工具规则是否是稳健最优的呢？首先，从完全时间一致性标准来看，在最优货币政策规则（2.10）式下，由于先决变量为 i_{t-2}、i_{t-1} 和 y_{t-1}，因而 π_t、y_t 和 i_t 的均衡路径遵循时间不变线性函数 $x_t = f_x(i_{t-2}, i_{t-1}, y_{t-1}, u_t, g_t)$（$x \in \{\pi, y, i\}$），符合完全时间一致性标准（艾洪德、郭凯，2007）的条件 II；由最优一阶条件（2.7）式至（2.9）式可知，$x_{t_0} = f_x(i_{t_0-2}, i_{t_0-1}, y_{t_0-1}, u_{t_0}, g_{t_0})$，因而 x_t 可以转化成 u_t 和 g_t 的无限阶移动平均过程，这意味着 π_t、y_t 和 i_t 的均衡路径必然满足时间一致性约束条件 $E_{-\infty}E_t x_{t+1} = E_{-\infty}x_{t+1}$，符合完全时间一致性标准的条件 III；同时，最优货币政策规则（2.10）式是由最优一阶条件推导出来的，这表明，在条件（2.4）式和（2.5）式的约束下，它能够最优化随机稳态福利函数（2.3）式，符合完全时间一致性标准的条件 I，因此最优货币政策规则（2.10）式是完全时间一致的。其次，从稳健性标准来看，（2.10）式中内生变量前的系数均不依赖随机扰动项的自回归系数或移动平均系数，这表明规则（2.10）式的形式独立于外生随机扰动的统计特性和分布过程，因此最优货币政策规则（2.10）式是稳健性的。至于最优货币政策规则（2.10）式能否产生确定性的理性预期均衡，本书将在第三章给出证明。

最优线性货币政策规则（2.10）式具有两个典型的最优外在特征。

（1）惯性特征。（经典）泰勒规则是最优非惯性利率规则而非全局最优规则，与之相比较，货币政策规则（2.10）式之所以全局最优，关键在于其具有惯性特征，即名义利率不仅是同期内生变量的同步线性反应函数，而且是其自身滞后值和滞后内生变量的滞后线性反应函数。比较（经典）泰勒规则和货币政策规则（2.10）式可以看出，两个规则在名义利率在对同期产出缺口的反应系数方面是相似的，均大于 0；而在对同期通货膨胀率的反应系数方面是不同的，前者大于 1，后者大于 0，但后者却借助于惯性反应在未来时期得到补偿并有余。对此可以这样理解：（经典）泰勒规则中名义利率对 t 期通货膨胀率的反应仅限于 t 期，而不会延续到 $t+i$（$i>0$）期，当 t 期外生扰动变量为正值时，t 期通货膨胀率上升，t 期名义利率上升，在 $t+1$ 期，外生冲击影响消失，通货膨胀率和名义利率均恢复到稳态水平，在 $t+i$（$i>1$）期，通货膨胀率和名义利率维持其稳态水平不变，因此，（经典）泰勒规则中名义利率的脉冲响应路径是一条类似于相机抉择情形的折线路径①；货币政策规则（2.10）式具有惯性特征，因而名义利率对 t 期通货膨胀率的反应可以延续到 $t+i$（$i>0$）期，当 t 期外生扰动变量为正值时，t 期通货膨胀率上升，t 期名义利率上升，但 t 期名义利率上升幅度（一般而言）低于（经典）泰勒规则的情形，在 $t+1$ 期，因为 t 期名义利率的调整值不足以有效抑制需求或增加供给，因而 $t+1$ 期通货膨胀率继续上升，又因为 t 期名义利率对其滞后值具有正向反应系数，因而 $t+1$ 期名义利率也不断上升，这种响应方式会一直延续下去，一直到 $t+i$（$i>1$）期名义利率的累积调整值足以降低通货膨胀率为止，在 $t+i+1$（$i>1$）期，通货膨胀率开始下降，名义利率也相应下降，从而反向的响应方式出现并持续进行，一直到通货膨胀率和名义利率均恢复至各自的稳态水平为止，因此，货币政策规则（2.10）式中名义利率的冲击响应路径是一条先上升后下降的驼峰式路径，这一特征与经验文献关于利率与非政策经济变量的短期关系的结论是一致的。显然，惯性特征下的冲击响应路径更加吻合经验事实，这表明惯性是衡量货币政策规则是否稳健最优的一个显著的外在特征。或者说，稳健最优货币政策规则一定具有惯性特征。

（2）前瞻性特征或预期特征。在基准线性 LRE 模型中，货币政策传导机制依赖于代表代理人的理性预期行为：首先，代表代理人会通过各种途径对未来信息形成预期，并迅速将这种预期转化为当期消费或投资经济行为，从而使当期通货膨胀率和产出发生变化，这时，预期当期通货膨胀率和产出即将变化，中央银行会依据货币政策规则（2.10）式迅速调整

---

① 实际上，折线式脉冲响应路径可以扩展到所有的非惯性货币政策规则，而恰恰是这一路径特征使非惯性货币政策规则相对于惯性货币政策规则是次优规则。

名义利率，因此，当期经济变量已经蕴含了对未来信息的预期，央行针对当期经济变量的变化调整名义利率，实际上就是对预期未来信息的一种反应。其次，在当期，代表代理人预期到未来时期名义利率的可能变化，会自动调整未来时期的消费或投资经济行为，从而使预期通货膨胀率和产出发生变化，这表明，央行不需要预先调整名义利率，就可以稳定预期目标变量。因此，最优利率规则中没有包含预期项并不意味着预期目标变量对当期名义利率没有任何影响，也不意味着调整当期名义利率对稳定预期目标变量没有任何政策效果。尽管货币政策规则（2.10）式没有包含预期项，但却包含了未决变量，即当期目标变量①，因此，规则（2.10）式仍然属于前瞻性货币政策规则。前瞻性是稳健最优货币政策规则的一个重要的外在特征，它表明，稳健最优货币政策规则的顺利实行，不仅依赖于几个已知的内生经济变量，而且更需要中央银行对当期的经济现状有一个精确的判断，这就要求中央银行必须通过各种途径对可能影响当期经济变量的未来信息准确掌握和预期。

第二节 线性 LRE 模型的延伸

LRE 模型简化了利率规则的分析框架，并且可以使其相对容易地扩展至更为复杂的情形，可以使货币经济学家研究各种约束条件下的最优货币政策，例如利率平滑约束、通胀惯性约束、流动性过剩约束、非线性约束等。在近期的相关文献中，Giannoni 和 Woodford（2003a，2003b）、伍德福德（2003）、埃里克·萨林（Eric Schaling，2004）、赵进文和闵捷（2005a，2005b）、欧阳志刚和王世杰（2009）、刘金全（2009）、艾洪德和郭凯（2010）就在 LRE 模型框架内分析了不同约束条件下的最优货币政策规则。例如，Giannoni 和 Woodford（2003a，2003b）在 LRE 模型框架内探讨了工资增长惯性、利率平滑、政策时滞等约束条件下的最优货币政策规则及其最优外在特征；欧阳志刚、王世杰（2009）则基于逻辑平滑转移函数分析了非线性货币政策规则的非对称效应；艾洪德、郭凯（2010）则在 LRE 模型中引入流动性过剩因子，并给出流动性过剩均衡确

---

① 当期目标变量属于未决变量是由基准线性 LRE 模型的"前瞻性"特征决定的。

定性条件和流动性过剩约束下的最优货币政策规则和非线性冲击响应分析。

一　基于流动性过剩因子的 LRE 模型

艾洪德、郭凯（2010）在基准 LRE 模型中考虑进流动性过剩因子。由于单一工具规则不能缓解或消除流动性过剩，因而损失函数中没有包含流动性过剩，但这并不表明央行没有稳定流动性过剩的意愿，央行可以通过工具规则之外的流动性管理策略实现流动性过剩目标水平，因而，流动性过剩是作为一个纯外生随机变量引入经济约束条件的。设流动性过剩为 l_t，利率期限升水为 Δr_{fs}，产出缺口为 y_t，则当 l_t 上升时，Δr_{fs} 下降；名义短期利率 i_t 每变化一单位所引起的 y_t 的变化下降，即 $\frac{\partial y_t}{\partial i_t} < 0$ 且 $\frac{\partial^2 y_t}{\partial i_t \partial l_t} > 0$。设：

$$\frac{\partial y_t}{\partial i_t} = -\varphi(l_t) \text{ 且} \frac{\partial^2 y_t}{\partial i_t \partial l_t} = \varphi \qquad (2.11)$$

式中，$\varphi(l_t)$ 为流动性过剩 l_t 的递减函数［为简化起见，设 $\varphi(l_t)$ 为流动性过剩 l_t 的递减线性函数］且 $\varphi(l_t) > 0$，$\varphi > 0$。φ 为二阶偏导系数，它刻画了流动性过剩对产出缺口随名义短期利率变化的边际影响。（2.11）式即为流动性过剩经济约束条件。将（2.11）式与（2.4）式结合，则 IS 曲线方程可以重新定义如下：

$$y_t = -(\varphi_0 - \varphi l_t)(i_t - E_t \pi_{t+1}) + E_t y_{t+1} + g_t \qquad (2.12)$$

式中，φ_0 为不存在流动性过剩时 i_t 每变化一单位所引起的 y_t 的变化，g_t 为随机扰动项。

这样，（2.3）式、（2.12）式、（2.5）式就构成了流动性过剩约束下的 LRE 系统。这一线性理性预期系统的拉格朗日函数为：

$$L = E_{-\infty}\left\{ \frac{1}{2}L_t + \vartheta_{1,t-1}[y_{t-1} + (\varphi_0 - \varphi l_{t-1})(i_{t-1} - \pi_t) - y_t] + \vartheta_{2,t-1}[\pi_{t-1} - \lambda y_{t-1} - \beta \pi_t] \right.$$

$$\left. + \vartheta_{1,t}[y_t + (\varphi_0 - \varphi l_t)(i_t - \pi_{t+1}) - y_{t+1}] + \vartheta_{2,t}[\pi_t - \lambda y_t - \beta \pi_{t+1}] \right\} \qquad (2.13)$$

式中，$\vartheta_{1,t-1}$ 和 $\vartheta_{2,t-1}$ 是与 $t-1$ 期经济约束条件相对应的拉格朗日乘子，$\vartheta_{1,t}$ 和 $\vartheta_{2,t}$ 是与 t 期经济约束条件相对应的拉格朗日乘子。由于 $\gamma_i \neq 0$，因而（2.13）式的最优解为：

$$i_t = f^1(l_t)i_{t-1} + f^2(l_t)i_{t-2} + f^3(l_t)\pi_t + f^4(l_t)y_t + f^5(l_t)y_{t-1} \qquad (2.14)$$

式中，$f^1(l_t) = \lambda(\varphi_0 - \varphi l_t) + \beta \dfrac{\varphi_0 - \varphi l_t}{\varphi_0 - \varphi l_{t-1}} + \dfrac{\varphi_0 - \varphi l_t}{\varphi_0 - \varphi l_{t-1}}$，$f^2(l_t) = -\beta$

$\dfrac{\varphi_0 - \varphi l_t}{\varphi_0 - \varphi l_{t-2}}$，$f^3(l_t) = \dfrac{\lambda}{\gamma_i}(\varphi_0 - \varphi l_t)$，$f^4(l_t) = \dfrac{\gamma_y}{\gamma_i}(\varphi_0 - \varphi l_t)$，$f^5(l_t) = -\dfrac{\beta \gamma_y}{\gamma_i}(\varphi_0 -$

$\varphi l_t)$。

对（2.3）式、（2.12）式、（2.5）式而言，当相邻两期的流动性过剩之和服从如下形式的白噪声过程时，系统存在确定性理性预期均衡。（2.14）式为流动性过剩对货币政策规则的反应系数的影响，即短期名义利率对产出缺口和通货膨胀率的反应系数。它们之间的关系为：当流动性过剩为零时，利率规则反应系数保持不变；当流动性过剩满足均衡确定性条件且不超过某一临界水平时，利率规则反应系数与流动性过剩成反比且大于零；当流动性过剩处于临界水平时，利率规则反应系数为零；当流动性过剩不满足确定性条件或超过临界水平时，利率规则反应系数无效，利率规则将产生不确定性理性预期均衡。

二　基于高阶滞后混合菲利普斯曲线的 LRE 模型

艾洪德、郭凯（2012）在基准 LRE 模型中考虑进基于混合预期增广的高阶滞后菲利普斯曲线。在新凯恩斯模型中，适应性预期是混合菲利普斯曲线得以推导的微观基础，因此，混合菲利普斯曲线的函数形式就取决于对适应性预期价格的函数形式的设定。盖利、格特勒（Gali、Gertler，2000）在结构模型框架中认为，适应性预期价格水平取决于通货膨胀率的一阶滞后项，最终推导出来的混合菲利普斯曲线也仅包含通胀率的一阶滞后项。后续研究对此提出了质疑。罗伯茨（Roberts，2001）认为，由于公众预期并非完全理性，菲利普斯曲线中附加理性预期的通胀率总是存在度量误差，因而需引入通胀率的滞后项，为避免非完全理性的误差影响，罗伯茨建议引入通胀率的高阶滞后项。Zhang、Osborn 和 Kim（2008）则进一步从厂商定价角度为菲利普斯曲线中的通胀率的高阶滞后动态特征提供了微观行为基础，认为厂商当期定价的依据并非仅是通胀率的最近滞后项，而是通胀率所有滞后项的加权平均。相关实证研究也考虑了通胀率的高阶滞后特征，如戈登（1998）将通胀率的滞后项阶数设为 24 个季度，杨继生（2009）则依据实证结果，将通胀率的动态滞后调整阶数设为 2 个季度。鉴于此，本书设定混合预期增广的菲利普斯曲线具有如下结构化的高阶滞后形式：

$$\pi_t = \lambda y_t + \beta E_t \pi_{t+1} + \sum_{j=1}^{k} \delta_{b,j} \pi_{t-j} + \varepsilon_{u,t} \qquad (2.15)$$

式中，λ、β、$\delta_{b,j}$ 为结构参数。λ 含义同（2.5）式，反映了菲利普斯曲线的本质。β 值为私人贴现因子，反映了菲利普斯曲线理性预期增广的特点，β 值越大，厂商与公众理性预期和向前看的特征越显著，货币政策的前瞻性应当越强，货币当局越应重视通胀预期管理。$\delta_{b,j}$ 反映了通胀惯性对通胀的影响，因而其值通常也大于零，这也为本书选择通胀率滞后阶数提供了判别标准，即选择滞后阶数 $k = k^*$，且 k^* 满足 $\delta_{b,j} > 0$（$j \leqslant k^*$）同时，$\delta_{b,j} < 0$（$j = k^* + 1$）。$\sum_{j=1}^{k^*} \delta_{b,j}$ 则可以作为通胀惯性的度量指标，$\sum_{j=1}^{k^*} \delta_{b,j}$ 的值越大，通胀惯性越强，厂商与公众适应性预期和向后看的特征越显著，货币政策的时滞效应越强，货币当局应减少货币政策的调整频率，进而将货币政策的重点转向治理通胀惯性方面。例如，增强货币政策的信誉度和透明度。

基于混合预期增广的高阶滞后菲利普斯曲线的 LRE 模型就是在基准 LRE 模型基础上，将（2.5）式替换为（2.15）式，进而给出基于混合菲利普斯曲线的最优货币政策规则。借鉴 Giannoni 和 Woodford（2003b）对 LRE 模型通胀惯性约束条件的设定，本书也相应地对混合菲利普斯曲线（2.15）式作出修正，且具有下面的函数形式：

$$\pi_t - \sum_{j=1}^{k} \alpha_j \pi_{t-j} = \lambda_y y_t + \beta_\pi (E_t \pi_{t+1} - \sum_{j=1}^{k} \alpha_j \pi_{t+1-j}) + \varepsilon_{u,t} \qquad (2.16)$$

式中，参数（λ_y，β_π，α_1，α_2，$\cdots$，α_k）应满足如下 $k+2$ 个方程组：

$\lambda_y = \lambda(1 + \alpha_1 \beta_\pi)$，$\beta_\pi = \beta(1 + \alpha_1 \beta_\pi)$，$\alpha_1 - \alpha_2 \beta_\pi = \delta_{b,1}(1 + \alpha_1 \beta_\pi)$，$\alpha_2 - \alpha_3 \beta_\pi = \delta_{b,2}(1 + \alpha_1 \beta_\pi)$，$\cdots$，$\alpha_{k-1} - \alpha_k \beta_\pi = \delta_{b,k-1}(1 + \alpha_1 \beta_\pi)$，$\alpha_k = \delta_{b,k}$

在完全时间一致性标准下，基于混合预期增广的高阶滞后菲利普斯曲线的 LRE 模型的目标函数具有随机稳态形式：

$$L_t = (\pi_t - \sum_{j=1}^{k} \alpha_j \pi_{t-j})^2 + \gamma_y (y_t - y^*)^2 + \gamma_i (i_t - i^*)^2 \qquad (2.17)$$

LRE 系统（2.17）式、（2.4）式、（2.16）式的最优货币政策规则具有如下线性形式：

$$i_t = \rho_1 i_{t-1} + \rho_2 i_{t-2} + \kappa_1 E_t \pi_{t+1} + \kappa_2 E_t y_{t+1} + \sum_{j=0}^{k} \varphi_{j+1} \pi_{t-j} + \psi_1 y_t + \psi_2 y_{t-1} + \varepsilon_{i,t}$$

(2.18)

式中，ρ_1，ρ_2，κ_1，κ_2，φ_1，…，φ_{k+1}，ψ_1、ψ_2 为反应系数，$\varepsilon_{i,t}$ 为货币政策冲击。

货币政策规则（2.18）式呈现两个显著特点。

（1）前瞻性正向特征。预期通胀率和预期产出缺口均出现在利率反应规则中，且反应系数 κ_1 和 κ_2 均大于零，这意味着预期通胀率或预期产出缺口上升，货币当局应当提高短期名义利率，这反映了货币政策规则的前瞻性特征和理性预期在货币政策传导机制中的关键作用。在高通胀背景下，稳定通胀成为货币政策的重中之重，在混合菲利普斯曲线中，通胀预期上升会使菲利普斯曲线外移，从而降低产出缺口与通胀率的短期权衡的关系，导致货币政策效果下降，因而货币当局应当对通胀预期上升作出正向的反应，也相应提高短期名义利率，同时，为防止通胀预期过高以致自我实现，货币当局还应采取一定措施，例如，增强货币政策操作的透明度、独立性，以及公开承诺通胀率的目标区间，来稳定通胀预期。

（2）通胀惯性负向特征。通胀率的高阶滞后项也出现在利率反应规则中，但当期通胀率反应系数与滞后通胀率反应系数符号不同：当期通胀率的反应系数 $\varphi_1 > 0$，这表明当期通胀率上升，短期名义利率也上升，在高通胀背景下，货币当局为稳定通胀会采用更加积极的政策规则，此时当期通胀率上升，短期名义利率会以更高比例的幅度上升，例如在经典泰勒规则中，当期通胀率上升 1%，短期名义利率上升 1.5%；高阶滞后通胀率的反应系数累积值 $\sum_{j=0}^{k} \varphi_{j+1} < 0$，即通胀惯性抵消了名义利率的上升幅度。这是因为，通胀惯性反映了货币政策时滞性，提高名义利率对通胀的稳定效应需滞后一段时期才能显现，如果货币当局无视通胀惯性的影响，一味提高名义利率来降低高通胀率，则势必导致过于频繁地单向调整名义利率和当期过于紧缩的货币政策，反而不利于通胀的稳定。因此，在高通胀惯性背景下，货币当局应减少货币政策的调整频率，进而将货币政策的重点转向治理通胀惯性方面，如增强货币政策的信誉度、透明度以及降低信息不对称。

第三节　基于逻辑平滑转移机制的
非线性 LRE 模型

一　逻辑平滑转移机制

逻辑平滑转移机制就是在线性货币政策规则内引入一个非线性函数 $G(\lambda, c, s_{t-d})$，其中，$G(\lambda, c, s_{t-d})$ 是值域为 $[0, 1]$ 的有界连续函数，s_{t-d} 为阈值变量或开关状态变量，它既可以是单个的随机变量（如产出缺口或通胀率等政策目标变量），也可以是随机变量或者线性时间趋势等先决变量的一个线性组合，d 为发生机制转移的位置参数，用于确定机制转移发生的位置，λ 为决定机制转移速度的平滑参数，c 为阈值或拐点。平滑转移机制函数的优点就在于它能够刻画货币政策对通胀和产出在两种机制（高机制和低机制）之间的平滑转换行为，中央银行可以依据阈值变量的滞后值（$d > 0$）或预期值（$d \leqslant 0$）在阈值 c 两侧非对称地调整货币政策行为，当 $s_{t-d} < c$ 时，中央银行应降低短期名义利率对通胀率和产出缺口的反应系数（低机制），当 $s_{t-d} > c$ 时，中央银行应提高短期名义利率对通胀率和产出缺口的反应系数（高机制）。

图 2-1 给出了逻辑平滑转移机制函数的模拟曲线，参数赋值采用欧阳志刚、王世杰（2009）的估计数据进行校准。其中，在图 2-1 中，上图的阈值变量为预期通胀率，变化范围为 $[-10\%, 10\%]$，阈值为 3.1%，平滑机制转移速度为 40.38；下图的阈值变量为预期 GDP 增长率，变化范围为 $[-10\%, 10\%]$，阈值为 8.66%，平滑机制转移速度为 86.34。附录 B.1 分别给出了相应的 Matlab 程序编码。

从图 2-1 中的上下图对比可以看出：（1）逻辑平滑转移机制函数值域为 $[0, 1]$，且为有界连续函数；（2）逻辑平滑转移机制函数为非线性函数；（3）如果将状态 0 作为低机制，将状态 1 作为高机制，则逻辑平滑转移机制函数在两种机制之间存在转换行为；（4）逻辑平滑转移机制函数在两种机制之间的转换因阈值和转移速度的不同而呈现出非对称性和快慢特征，无论是以预期通胀率还是以预期 GDP 增长率作为阈值，逻辑平滑转移机制函数在阈值左侧（低机制）和阈值右侧（高机制）是非对称的，逻辑平滑转移机制函数在阈值左侧趋向于低机制，在阈值右侧趋向于高机制。

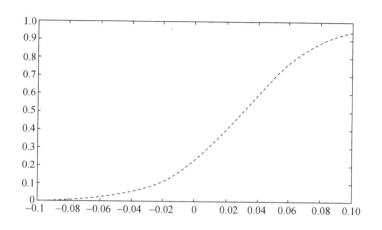

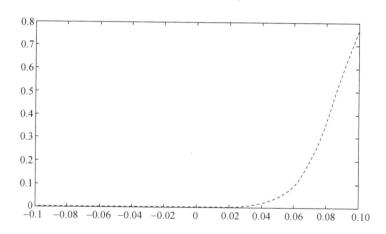

图 2 - 1　逻辑平滑转移机制函数（上图：$c = 3.1\%$，$\lambda = 40.38$，阈值变量为预期通胀率；下图：$c = 8.66\%$，$\lambda = 86.34$，阈值为预期 *GDP* 增长率）

　　如果以逻辑平滑转移机制函数构建货币政策规则，那么货币政策规则必然表现出非线性和非对称性特征。货币政策规则反应系数并非常数，而是介于高机制与低机制之间的一个变化值，在阈值左侧，货币政策规则反应系数趋于低机制（反应系数值较小）；在阈值右侧，货币政策规则反应系数趋于高机制（反应系数值较大），因为在阈值左侧或右侧，短期名义利率对通胀率和产出缺口的反应具有非对称性特征。转移速度刻画了逻辑平滑转移机制函数在两种机制间的转换快慢，显然，转移速度越高，逻辑平滑转移机制函数越陡峭（见图 2-1 中的下图），即从低机制向高机制转换越快；反之，转移速度越低，逻辑平滑转移机制函数越平缓（见图 2-1 中的上图），即从低机制向高机制转换越慢。这反映了货币政策调控的节奏，转移速度越高，当阈值变量从阈值左侧向阈值右侧转变时，货币政策规则反应系数值从低机制向高机制的变化会越显著，因而货币当局应加快货币政策调控的转变，以使货币政策规则反应系数较快地与高机制一致；相反，转移速度越低，当阈值变量从阈值左侧向阈值右侧转变时，货币政策规则反应系数值从低机制向高机制的变化会越缓慢，因而货币当局应延缓货币政策调控的转变，以使货币政策规则反应系数变化更加连贯平缓。

二　基于逻辑平滑转移机制的非线性 LRE 模型的构建——逆序建模法

本书在这一节试图基于逻辑平滑转移函数构建一个非线性非对称理性预期模型。这一非线性理性预期模型包括一个二次累加折旧损失目标函数（对央行而言），线性化的 IS 曲线方程（对消费者而言），非线性的菲利普斯曲线方程（对垄断竞争厂商而言），以及带逻辑平滑转移函数的非线性货币政策反应规则。

这一非线性模型与传统线性模型建模方法区别之处在于：线性模型采用顺序的建模方法，即目标函数→约束条件→最优化拉格朗日一阶方程→最优解，这一方法在线性化的货币政策规则研究中是可行的，因为对二次损失函数而言，无论约束条件形式如何，但只要是线性的，最优解就是线性的。例如，（经典）泰勒规则、基准线性 LRE 模型的最优货币政策规则（2.10）式、基于高阶滞后混合菲利普斯曲线的最优货币政策规则（2.18）式均为线性规则，即使在考虑流动性过剩的情形下，最优货币政策规则（2.14）式具有非线性的形式，但由于流动性过剩因子是作为外生因子引入 LRE 模型的，因而货币政策规则（2.14）式在本质上仍属于线性货币政策规则。

第一节的基准线性 LRE 模型和第二节的线性 LRE 模型延伸的结论表明，线性货币政策规则具有普遍的最优外在特征，即惯性特征和前瞻性特征，其中惯性特征体现了短期名义利率对政策目标变量的滞后值的反应，前瞻性特征体现了短期名义利率对政策目标变量的预期值的反应。即使经验化的线性规则与理论上的线性规则不一致，区别也只限于政策目标变量的滞后值与预期值的选择，但这并不影响从一般意义上对作为传导机制的约束条件的线性形式的设定，从而并不影响约束条件和整个模型对经济的适用性。例如，在考虑流动性过剩因素的 LRE 模型中，由于流动性过剩因子是外生引入的，因而，即使经验化的线性规则与理论上的线性规则（2.14）式不一致，区别也只限于在线性规则（2.14）式的基础上增加或减少通货膨胀和产出缺口的滞后值和预期值，但这样做并不会影响流动性过剩通过利率期限结构对短期名义利率与产出缺口之间关系的影响①，即不会改变形如（2.11）式的设定，因而也就不会影响 IS 曲线（2.12）式的基准设定，只需在（2.12）式的基础上增加或减少通货膨胀和产出缺口的滞后值和预期值就可以改变理论上线性规则（2.14）式的形式，使之与经验化的线性规则形式相一致。在基于高阶滞后混合菲利普斯曲线的 LRE 模型中，货币政策规则（2.18）式显然是线性的，如果在此基础上增加或减少通货膨胀和产出缺口滞后值和预期值，也并不会改变混合预期增广的菲利普斯曲线（2.15）式的基本线性特征，可能的选择是增加菲利普斯曲线（2.15）式的滞后阶数。

对非线性模型而言，顺序建模方法则不可行，因为对二次损失函数而言，只要最优解是非线性的，约束条件就是非线性的；如果最优解的非线性形式发生改变，约束条件的非线性形式也必然改变。以机制转移模型为例，如果经验化的非线性规则与理论上的非线性规则不一致且机制转移函数不同，则作为传导机制约束条件的机制转移函数也必然不同，从而原有的约束条件和整个非线性模型因误定而对经济不适用。

举一个简单的例子就可以更清晰地反映本节在构建非线性理性预期模型的建模思想。不失一般性，假定理论上的线性利率规则具有如下形式：

$$i_t = \rho_1 i_{t-1} + \varphi_1 \pi_{t-1} + \psi_1 y_{t-1} + \varphi_2 \pi_t + \psi_2 y_t + \varphi_3 E_t \pi_{t+1} + \psi_3 E_t y_{t+1} + \varepsilon_{i,t}$$

$$(2.19)$$

式中，y_t 为产出缺口，π_t 为通胀率，i_t 为名义利率，$\varepsilon_{i,t}$ 为货币政策冲击，参数 $\Theta = (\rho_1, \varphi_1, \varphi_2, \varphi_3, \psi_1, \psi_2, \psi_3)$ 为规则反应系数。显然，

---

① 关于流动性过剩如何通过利率期限结构影响短期名义利率与产出缺口的关系的详细理论分析，可以参见艾洪德、郭凯（2010）。

（2.19）式具有最优货币政策规则的惯性特征和前瞻性特征。如果经验化的线性利率规则遵循（纯粹）前瞻性货币政策规则形式，则不需要对原有线性 LRE 模型做出修正，而只需要做出原假设 H_0：$\varphi_1 = 0$，$\psi_1 = 0$ 并检验该原假设即可。也就是说，即使顺序构建的线性理性预期模型与经验事实不一致，模型得出的理论规则也适用于经验分析。

其意义仍然不失一般性，假定理论上的非线性利率规则具有逻辑平滑转移机制的形式：

$$i_t = \rho_1 i_{t-1} + \sum_{i=-1}^{1} \varphi_{i+2} E_t \pi_{t+i} + \sum_{i=-1}^{1} \psi_{i+2} E_t y_{t+i} +$$

$$\left(\rho_1 i_{t-1} + \sum_{i=-1}^{1} \varphi'_{i+2} E_t \pi_{t+i} + \sum_{i=-1}^{1} \psi'_{i+2} E_t y_{t+i} \right) G(\lambda, c, s_{t-d}) + \varepsilon_{i,t}$$

$$(2.20)$$

式中，$G(\lambda, c, s_{t-d})$ 为逻辑平滑转移函数。显然，（2.20）式也具有最优货币政策规则的惯性特征和前瞻性特征。从最优性角度出发，假定与（2.20）式相对应的菲利普斯曲线是一个非线性隐函数，即 $F(S_t, \Theta, G(\cdot)) = 0$，其中 $S_t = S_t(\pi_t, y_t)$。如果经验化的非线性利率规则遵循指数平滑转移机制形式，则无法通过一个简单的原假设删减某些参数使逻辑函数与指数函数达到一致，这时，我们不得不以逻辑平滑的利率规则为基础，从最优性出发，逆向推导出菲利普斯曲线的非线性形式，且 $F(\cdot) = \int_{S_t = S_t(\pi_t, y_t)} \dfrac{\partial F}{\partial S_t} \mathrm{d}S_t$。也就是说，如果顺序构建的非线性理性预期模型与经验事实不一致，则模型得出的理论规则并不适用于经验分析，必须对原有模型做出修正，恰当的做法是以经验事实为基础，逆向推导出与经验规则相一致的约束条件，这就是非线性理性预期模型的逆序建模方法。即目标函数→最优解→最优化拉格朗日一阶方程→约束条件。

本节基于逆序建模方法构建逻辑平滑转移的非线性 LRE 模型可以分五步进行。

第一步，构建目标函数。这里采用艾洪德、郭凯（2007）在完全时间一致性标准上给出的具有随机稳态的形式的社会损失福利函数：

$$L_t = (\pi_t - \pi^*)^2 + \gamma_y (y_t - y^*)^2 + \gamma_i (i_t - i^*)^2 \tag{2.21}$$

式中，y_t 为实际产出水平偏离均衡产出水平的百分比（产出缺口），

π_t 为通胀率，i_t 为短期名义利率，y^*（$y^* \geq 0$）为产出缺口的目标水平，π^* 为通胀率的目标水平，i^* 为短期名义利率的均衡值，参数 γ_y 为货币当局对实际产出偏离其目标水平的意愿程度，参数 γ_i 为货币当局对名义利率偏离其均衡水平的意愿程度。为简化起见，设产出缺口的目标水平、通胀率目标水平和短期名义利率均衡值均为 0。

第二步，设定逻辑平滑转移函数的具体形式。不失一般性，设定逻辑平滑转移函数具有如下函数形式：

$$G(\lambda, c, s_{t-d}) = \frac{1}{1 + \exp(-\lambda(s_{t-d} - c))} \tag{2.22}$$

式中，s_{t-d} 为阈值变量或开关状态变量，d 为发生机制转移的位置参数，用于确定机制转移发生的位置，λ 为决定机制转移速度的平滑参数，c 为阈值或拐点。考虑到实证文献的普遍做法和中国货币政策的实际操作背景[①]，本书选择预期通胀率作为阈值变量，即 $s_{t-d} = \pi_{t-d} = E_t \pi_{t+1}$ 且 $d = -1$，这样做还有其他优点，既可以通过阈值 c 的后验分布给出其 90% 的置信区间作为央行调节通胀率的合理目标区间，又可以使央行对通胀率高于或低于阈值时目标变量对外生冲击不对称的脉冲响应路径有一个准确把握。逻辑平滑转移函数（2.22）式的曲线转移特征和非对称性特征由图2-1给出。

第三步，设定菲利普斯曲线的非线性形式。由于本节构建的逻辑平滑转移的非线性 LRE 模型逆序推导的作为约束条件之一的菲利普斯曲线也具有非线性的形式，因而在将逻辑平滑转移函数在原点位置作近似泰勒展开之前，需首先考察非线性菲利普斯曲线的形式。现有文献关于非线性菲利普斯曲线的形式通常设定为如下形式：

$$\pi_t = E_t \pi_{t+1} + f(y_t) + \varepsilon_{u,t} \tag{2.23}$$

依据 $f(y_t)$ 的函数形式，（2.23）式通常具有如下两个基本形式：

（1）双曲线形式的菲利普斯曲线。典型的双曲线形式的菲利普斯曲线具有如下函数形式：

$$\pi_t = E_t \pi_{t+1} + \alpha \frac{y_t}{1 - \rho y_t} + \varepsilon_{u,t} \tag{2.24}$$

式中，π_t 为 t 期通货膨胀率，y_t 为 t 期产出缺口，参数 $\alpha > 0$ 表示产

① 例如，欧阳志刚、王世杰（2009）认为，中国货币政策对通胀和产出的反应具有非线性和非对称性，且这种非线性转换形式由逻辑平滑转移函数刻画。

出缺口的变动对通货膨胀的影响程度，$\rho > 0$ 表明非线性菲利普斯曲线是凸的。显然，非线性菲利普斯曲线（2.24）式斜率是参数 α 和 ρ 的联合函数，并且随产出缺口 y_t 的上升而严格上升。

在货币当局执行单一通胀目标制下，货币当局的最优货币政策规则为：

$$i_t = g(\pi_t - \pi^*, f(y_t))　\qquad (2.25)$$

可以看出，在菲利普斯曲线是非线性的情形下，最优货币政策规则（2.25）式也是非线性的，且是双曲线函数 $f(y_t)$ 的函数。这表明，短期名义利率的变化与产出缺口和通胀率与其目标值的偏差有关，短期名义利率对产出缺口和通胀率的反应具有非线性和非对称性特点。

（2）二次形式的菲利普斯曲线。埃克里·萨林（2004）给出了一个二次形式的非线性菲利普斯曲线：

$$\pi_t = E_t \pi_{t+1} + \alpha_1 y_t + \frac{\varphi}{2} y_t^2 + \varepsilon_{u,t}　\qquad (2.26)$$

式中，参数 $\alpha_1 > 0$，$\varphi \geq 0$。当 $\varphi > 0$ 时，菲利普斯曲线（2.26）式是非线性单调递增的凸函数；当 $\varphi = 0$ 时，菲利普斯曲线退化为基准 LRE 模型的（2.5）式。

在货币当局执行单一通胀目标制下，货币当局的最优货币政策规则为：

$$i_t = \pi_t - g(\pi_t - \pi^* + f(y_t)) + \beta_1 y_t$$
$$= -\frac{\alpha_1}{\varphi}\left(-1 + \sqrt{1 - \left(\frac{2\varphi(\pi_t - \pi^* + f(y_t))}{\alpha_1^2}\right)}\right) + \beta_1 y_t　\qquad (2.27)$$

可以看出，在菲利普斯曲线是二次函数的情形下，最优货币政策规则（2.27）式也是非线性的，且是二次函数 $f(y_t)$ 的函数。这同样表明，短期名义利率变化与产出缺口和通胀率与其目标值的偏差有关，短期名义利率对产出缺口和通胀率的反应具有非线性和非对称性的特点。埃里克·萨林（2004）证明，当 $\varphi = 0$ 时，最优货币政策规则（2.27）式会退化为线性货币政策规则。也就是说，当菲利普斯曲线是线性形式时，最优货币政策规则也具有线性形式。

由于非线性货币政策规则（2.20）式具有逻辑平滑转移形式，且逻辑平滑转移函数的阈值变量为 $E_t \pi_{t+1}$，同时，菲利普斯曲线的非线性函数 $f(\cdot)$ 可以在原点处作二阶泰勒展开，且二阶泰勒展开式具有形如（2.26）

式的二次形式，因而本节对非线性菲利普斯曲线的形式设定如下：

$$\pi_t = \lambda_1 y_t + \beta E_t \pi_{t+1} + \lambda_1 y_t f(E_t \pi_{t+1}) + \varepsilon_{u,t} \qquad (2.28)$$

式中，λ_1 为产出缺口与通胀率的权衡系数，$f(E_t \pi_{t+1})$ 为预期通胀率的非线性函数且 $f(0) = 0$，即当预期通胀率为 0 时，非线性菲利普斯曲线（2.28）式退化为传统的菲利普斯曲线。本节基于逻辑平滑转移函数构建非线性 LRE 模型的关键就是由非线性货币政策规则（2.20）式逆向推导出 $f(E_t \pi_{t+1})$ 的具体形式，其具体形式由下面的定理 2.1 给出。对线性菲利普斯曲线（2.5）式，产出缺口与通胀率的权衡系数为 λ，而对非线性菲利普斯曲线（2.28）式，产出缺口与通胀率的权衡系数为 $\lambda_1 + \lambda_1 f(\cdot)$。当 $f(\cdot) > 0$ 时，产出缺口对通胀率的影响更显著，货币政策传导机制更有效，因而货币政策有效性上升，不确定性均衡产生的概率下降；当 $f(\cdot) < 0$ 时，产出缺口对通胀率的影响不显著，货币政策传导机制有效性下降，因而货币政策有效性下降，不确定性均衡产生概率上升。

第四步，将逻辑平滑转移函数在原点位置作近似泰勒展开。Dijk、Teräsvirta 和 Franse（2002）在对一个平滑转移 VAR 模型实证分析时，采用的是将指数平滑转移函数或逻辑平滑转移函数在原点进行三阶泰勒展开，并将泰勒展开式作为平滑转移函数的近似式的方法进行的。欧阳志刚、王世杰（2009）在对平滑转移函数的阈值变量和转移位置进行实证分析时，也采用了三阶近似泰勒展开方法。这里，本书主要采用二阶泰勒展开式作为逻辑平滑转移函数的近似式。逻辑平滑转移函数 $G(\lambda, c, E_t \pi_{t+1})$ 的二阶泰勒展开式为：

$$G(\lambda, c, E_t \pi_{t+1}) = G(0) + G'(0) E_t \pi_{t+1} + \frac{1}{2} G''(0) (E_t \pi_{t+1})^2 \qquad (2.29)$$

式中，$G(0) = G(\lambda, c, 0) = \dfrac{1}{1 + \exp(\lambda c)}$，

$G'(0) = \dfrac{\partial G(\lambda, c, 0)}{\partial E_t \pi_{t+1}} = \dfrac{\lambda \exp(\lambda c)}{(1 + \exp(\lambda c))^2}$，

$G''(0) = \dfrac{\partial^2 G(\lambda, c, 0)}{\partial E_t \pi_{t+1}^2} = \dfrac{-\lambda^2 \exp(\lambda c)(1 + \exp(\lambda c)) + 2\lambda^2 \exp(2\lambda c)}{(1 + \exp(\lambda c))^3}$

第五步，引入拉格朗日乘子 ϑ_1 和 ϑ_2，构造拉格朗日函数，推导最优化一阶必要条件和 $f(E_t \pi_{t+1})$ 的非线性函数形式。二次随机稳态目标损失函数（2.21）式、IS 曲线（2.4）式、非线性菲利普斯曲线（2.28）式和带逻辑平滑转移的货币政策规则（2.29）式就构成了基于逻辑平滑转

移的非线性 LRE 模型的基本框架。这里，非线性 LRE 系统（2.21）式、（2.4）式、（2.28）式的最优解即最优非线性货币政策规则的形式应与货币政策规则（2.29）式的形式相一致。将最优非线性货币政策规则的形式与货币政策规则（2.29）式的形式相比较，就可以得到 $f(E_t\,\pi_{t+1})$，进而可以得出 $f(E_t\,\pi_{t+1})$ 的显示解。$f(E_t\,\pi_{t+1})$ 的非线性函数形式由定理 2.1 给出，附录 B.2 给出了定理的详细证明。

定理 2.1　对于形如（2.21）式、（2.4）式、（2.28）式的非线性 LRE 系统，若使最优非线性货币政策规则的形式应与形如（2.29）式的货币政策规则的形式相一致，则非线性菲利普斯曲线的非线性函数 $f(E_t\,\pi_{t+1})$ 具有指数函数形式，且：

$$f(E_t\,\pi_{t+1}) = \left(1 - \frac{\beta}{\lambda_1}\right)\left[\exp\left(\frac{1}{y_t}E_t\,\pi_{t+1}\right) - 1\right] \qquad (2.30)$$

从指数函数（2.30）式可以看出，当预期通胀率为 0 时，即 $E_t\,\pi_{t+1} = 0$，则 $f(E_t\,\pi_{t+1}) = 0$，此时预期通胀率对当期通胀率不产生影响，菲利普斯曲线退化为：

$$\pi_t = \lambda_1 y_t + \varepsilon_{u,t} \qquad (2.31)$$

当预期通胀率大于 0 时，即 $E_t\,\pi_{t+1} > 0$，则 $f(E_t\,\pi_{t+1}) > 0$，此时，产出缺口与通胀率的权衡系数 $\lambda_1 + \lambda_1 f(E_t\,\pi_{t+1}) > \lambda_1$；预期通胀率小于 0 时，即 $E_t\,\pi_{t+1} < 0$，则 $f(E_t\,\pi_{t+1}) < 0$，此时，产出缺口与通胀率的权衡系数 $\lambda_1 + \lambda_1 f(E_t\,\pi_{t+1}) < \lambda_1$。权衡系数变化对菲利普斯曲线显著性的影响要视预期通胀率大小而定，在非线性菲利普斯曲线中，预期通胀率会影响产出缺口与通胀率的权衡系数，但同时预期通胀率还会影响菲利普斯曲线的预期增广程度，对前者而言，预期通胀率的变化与菲利普斯曲线显著性的变化一致；对后者而言，预期通胀率的变化与菲利普斯曲线显著性的变化相反。当预期通胀率大于 0 且处于较低水平时，预期通胀率上升对权衡系数的正向影响足以弥补预期增广对菲利普斯曲线显著性的负向影响，因而产出缺口对通胀率的影响更显著，货币政策传导机制更有效，因而货币政策有效性上升，不确定性均衡产生的概率下降；当预期通胀率处于较高水平时，预期通胀率上升对权衡系数的正向影响不足以弥补预期增广对菲利普斯曲线显著性的负向影响，因而产出缺口对通胀率影响不显著，货币政策传导机制有效性下降，因而货币政策有效性下降，不确定性均衡产生的概率上升。这意味着，在实施逻辑平滑转移的非线性货币政策框架时，货币

当局应保持预期通胀率处于一个较低的正值水平。

进一步地，将指数函数（2.30）式代入菲利普斯曲线（2.28）式可以得到：

$$\pi_t = \lambda_1 y_t + \beta E_t \pi_{t+1} + \lambda_1 \left(1 - \frac{\beta}{\lambda_1}\right)\left[\exp\left(\frac{1}{y_t} E_t \pi_{t+1}\right) - 1\right] y_t + \varepsilon_{u,t} \qquad (2.32)$$

依照上面第四步将逻辑平滑转移函数在原点位置作二阶近似泰勒展开的方法，同样，可以将（2.32）式在原点位置作二阶近似泰勒展开，其近似展开式为：

$$\pi_t = \lambda_1 y_t + (2\beta - \lambda_1) E_t \pi_{t+1} + (\lambda_1 - \beta)\frac{1}{y_t}(E_t \pi_{t+1})^2 + \varepsilon_{u,t} \qquad (2.33)$$

近似展开（2.33）式对于第四章的冲击响应分析至关重要。

附　　录

附录 B.1：Matlab 程序

程序 B.1：逻辑平滑转移函数 LSTR，阈值变量为预期通胀率，阈值为 3.1%，转移速度为 40.38，Matlab 程序编码。

```
m = 40.38;
c = 3.1/100;
x = -10/100: 0.1/100: 10/100;
for i = 1: 1: 201
y (1, i) = (1 + exp (-m * (x (1, i) - c))) ^ (-1)
end
plot (x, y, '--');
clear
```

程序 B.2：逻辑平滑转移函数 LSTR，阈值变量为预期 GDP 增长率，阈值为 8.66%，转移速度为 86.34，Matlab 程序编码。

```
m = 86.34;
c = 8.66/100;
x = -10/100: 0.1/100: 10/100;
for i = 1: 1: 201
```

```
y (1, i) = (1 + exp (-m * (x (1, i) -c))) ^ (-1)
end
plot (x, y, '--');
clear
```

附录 B.2：定理 2.1 证明

定理2.1 对于形如（2.21）式、（2.4）式、（2.28）式的非线性LRE系统，若使最优非线性货币政策规则的形式应与形如（2.29）式的货币政策规则的形式相一致，则非线性菲利普斯曲线的非线性函数 $f(E_t \pi_{t+1})$ 具有指数函数形式：

$$f(E_t \pi_{t+1}) = \left(1 - \frac{\beta}{\lambda_1}\right)\left[\exp\left(\frac{1}{y_t}E_t \pi_{t+1}\right) - 1\right]$$

证明：引入拉格朗日乘子 ϑ_1 和 ϑ_2，则非线性系统（2.21）式、（2.4）式、（2.28）式的拉格朗日函数为：

$$
\begin{aligned}
L = E_{-\infty} \Big\{ &\frac{1}{2}L_t + \vartheta_{1,t-1}\big[-y_{t-1} - \varphi(i_{t-1} - \pi_t) + y_t\big] + \vartheta_{2,t-1} \\
&\big[-\pi_{t-1} + \lambda_1 y_{t-1} + \beta \pi_t + \lambda_1 y_{t-1}f(\pi_t)\big] \\
&+ \vartheta_{1,t}\big[-y_t - \varphi(i_t - \pi_{t+1}) + y_{t+1}\big] + \vartheta_{2,t} \\
&\big[-\pi_t + \lambda_1 y_t + \beta \pi_{t+1} + \lambda_1 y_t f(\pi_{t+1})\big] \Big\}
\end{aligned}
$$

（B.1）

式中，$\vartheta_{1,t-1}$ 和 $\vartheta_{2,t-1}$ 是与 $t-1$ 期 IS 曲线方程和非线性菲利普斯曲线方程相对应的拉格朗日乘子，$\vartheta_{1,t}$ 和 $\vartheta_{2,t}$ 是与 t 期 IS 曲线方程和非线性菲利普斯曲线方程相对应的拉格朗日乘子。（B.1）的最优化一阶条件是推导非线性 LRE 模型的最优货币政策规则的必要条件。

为求解非线性系统（2.21）式、（2.4）式、（2.28）式的最优解，考察拉格朗日函数（B.1）式，其最优一阶条件为：

$$\frac{\partial L}{\partial \pi_t} = \pi_t + \varphi \vartheta_{1,t-1} + (\beta + \lambda_1 y_{t-1}f'(\pi_t))\vartheta_{2,t-1} - \vartheta_{2,t} = 0 \qquad (B.2)$$

$$\frac{\partial L}{\partial y_t} = \gamma_y(y_t - y^*) + \vartheta_{1,t-1} - \vartheta_{1,t} + \lambda_1[1 + f(\pi_{t+1})]\vartheta_{2,t} = 0 \qquad (B.3)$$

$$\frac{\partial L}{\partial i_t} = \gamma_i(i_t - i^*) - \varphi \vartheta_{1,t} = 0 \qquad (B.4)$$

首先，通过（B.4）式解出 $\vartheta_{1,t}$ 和 $\vartheta_{1,t-1}$ 的值：

$$\vartheta_{1,t} = \frac{\gamma_i}{\varphi}(i_t - i^*), \vartheta_{1,t-1} = \frac{\gamma_i}{\varphi}(i_{t-1} - i^*)$$

将 $\vartheta_{1,t}$ 和 $\vartheta_{1,t-1}$ 的值代入（B.3）式可以得到 $\vartheta_{2,t}$ 和 $\vartheta_{2,t-1}$ 的值：

$$\vartheta_{2,t} = \frac{\gamma_y(y_t - y^*) + \gamma_i\varphi^{-1}(i_{t-1} - i^*) - \gamma_i\varphi^{-1}(i_t - i^*)}{\lambda_1[1 + f(\pi_{t+1})]}$$

$$\vartheta_{2,t-1} = \frac{\gamma_y(y_{t-1} - y^*) + \gamma_i\varphi^{-1}(i_{t-2} - i^*) - \gamma_i\varphi^{-1}(i_{t-1} - i^*)}{\lambda_1[1 + f(\pi_t)]}$$

将 $\vartheta_{1,t-1}$、$\vartheta_{2,t}$ 和 $\vartheta_{2,t-1}$ 同时代入（B.2）式可以得到：

$$\pi_t + \gamma_i i_{t-1} + \frac{\beta + \lambda_1 y_{t-1} f'(\pi_t)}{\lambda_1[1 + f(\pi_t)]}[\gamma_y(y_{t-1} - y^*) + \gamma_i\varphi^{-1}(i_{t-2} - i^*) - \gamma_i\varphi^{-1}(i_{t-1} - i^*)]$$

$$- \frac{\gamma_y(y_t - y^*) + \gamma_i\varphi^{-1}(i_{t-1} - i^*) - \gamma_i\varphi^{-1}(i_t - i^*)}{\lambda_1[1 + f(\pi_{t+1})]} = 0 \qquad (B.5)$$

（B.5）式即为非线性货币政策规则的隐含表达式。由于拉格朗日乘子 $\vartheta_{2,t}$ 的分母包含了 $f(\pi_{t+1})$，因而当下式成立时，（B.5）式具有与形如（2.29）式的货币政策规则相一致的非线性形式，即在标准化情形下，有下面微分方程成立：

$$\frac{\beta + \lambda_1 y_{t-1} f'(\pi_t)}{\lambda_1[1 + f(\pi_t)]} = 1 \qquad (B.6)$$

显然，（B.6）式为一元非齐次常微分方程，为求解之，首先将其分离出齐次微分方程，将（B.6）式作如下简化：

$$\lambda_1 y_{t-1} f'(\pi_t) - \lambda_1[1 + f(\pi_t)] = -\beta \qquad (B.7)$$

（B.7）式的齐次微分方程为：

$$\lambda_1 y_{t-1} f'(\pi_t) - \lambda_1[1 + f(\pi_t)] = 0 \qquad (B.8)$$

（B.8）式的解为：$f(\pi_t) = C\exp\left(\frac{1}{y_{t-1}}\pi_t\right) - 1$。进一步，设

$$f(\pi_t) = C(\pi_t)\exp\left(\frac{1}{y_{t-1}}\pi_t\right) - 1 \qquad (B.9)$$

将（B.9）式代入（B.7）式可得关于 $C(\pi_t)$ 的微分方程，解之可得：

$$C(\pi_t) = \frac{\beta}{\lambda_1}\exp\left(-\frac{1}{y_{t-1}}\pi_t\right) + c \qquad (B.10)$$

式中，c 为待定常数。将（B.10）式代入（B.9）式，因为 $f(0) = 0$，可以得出 c 的值为 $1 - \frac{\beta}{\lambda_1}$。将 c 值代入（B.9）式就可以得出非线性菲利普斯曲线的非线性形式，即 $f(\pi_t)$ 具有如下指数函数形式：

$$f(\pi_t) = \left(1 - \frac{\beta}{\lambda_1}\right)\left[\exp\left(\frac{1}{y_{t-1}}\pi_t\right) - 1\right] \tag{B.11}$$

对（B.11）式向前递归一期可得 $f(E_t \pi_{t+1})$ 的指数函数形式，即有：

$$f(E_t \pi_{t+1}) = \left(1 - \frac{\beta}{\lambda_1}\right)\left[\exp\left(\frac{1}{y_t}E_t \pi_{t+1}\right) - 1\right] \tag{B.12}$$

证毕。

第三章　逻辑平滑转移的非线性货币政策规则与不确定性

——基于 LRE 模型的理论分析

第一节　一般均衡模型中的货币政策规则与不确定性

一　利率与非政策经济变量：事实与经验

本节将回顾有关利率与非政策经济变量的一些基本经验事实，这些事实都是通过估计非政策经济变量对利率政策冲击的脉冲响应函数而得出的。揭示利率与非政策经济变量的基本关系不仅能够反映出后者对利率冲击响应的一般趋势，而且可以为货币政策规则理论模型提供检验的依据，从而当经验分析的结果不支持原有的理论时，为如何构造新的货币政策规则理论指明了方向。这里，我们不考虑利率与非政策经济变量的长期关系，这是因为：（1）货币经济学经验文献对二者的长期关系已经进行了广泛的讨论①，并且基本达成了共识：利率与价格水平的相关系数接近于 -1，利率与通货膨胀率、货币供给增长率、产出、消费、投资以及利润的相关系数接近于 0；（2）长期关系仅仅刻画了利率冲击的累积性影响，但却不能反映非政策经济变量对利率冲击的单个脉冲的响应路径，而后者才是货币经济学家更为关心的经验事实。因此，估计非政策经济变量对利率冲击的脉冲响应路径将成为下面讨论重点，这些脉冲响应路径都是依据 VAR 或者结构 VAR 而得出的。

---

① 这些文献包括 Kormendi 和 Meguire（1984）、Geweke（1986）、Barro（1995，1996）、Bullard 和 Keating（1995）、Boschen 和 Mills（1995b）、McCandless 和 Weber（1995）。

　　西姆斯（Sims，1992）利用了 VAR 模型对法国、德国、日本、英国及美国利率和产出的短期关系进行了估计。在他所设定的标准 VAR 模型中，$\overline{Y}_t$ 包括工业生产指数、消费者价格指数、短期市场利率、货币供给、汇率指数和商品价格指数，其中，把短期市场利率放到了第一的位置。西姆斯发现，外生短期利率冲击会引起产出和通货膨胀率的驼峰式移动，高峰期在几个月之后出现，然后又会逐渐向均衡水平收敛。

　　Eichenbaum（1992）使用了不同的货币政策度量方法，分别考察了货币供给（M1）冲击、总准备金冲击和短期利率冲击对短期利率、产出、价格水平的影响。通过建立包含四个变量的 VAR 模型，他发现：货币供给正的冲击会导致联邦基金率上升和产出下降；总准备金的正的冲击会导致联邦基金率上升和产出下降；短期利率的正的冲击会导致产出下降和价格水平（短暂的且不显著的）上升。前两条结论与标准的 IS—LM 模型的结论是相矛盾的，后者认为货币需求与短期利率成反方向变动关系，当货币供给增加时，短期利率应当降低从而货币需求增加才能维持货币市场的均衡，而利率降低又会刺激投资需求的增加，因此产出也会增加。后一条结论关于紧缩的货币政策冲击与价格水平的关系的描述也违背了标准的 IS—LM 模型的结论，Eichenbaum 称之为"价格悖论"。第一个矛盾的原因可能是货币供给变动的流动性效应的存在。价格悖论的原因可能是 $\overline{Y}_t$ 中所包含的非政策变量不足以为货币当局在制定利率政策时提供必要的信息，以至于货币当局没有及时地提高利率来阻止通货膨胀率的上升。解决价格悖论的方法可以是在 $\overline{Y}_t$ 中添加敏感商品价格或者其他资产价格变量，因为这类变量对通货膨胀预期的变化非常敏感，因此，当通货膨胀预期上升时，货币当局能够及时捕捉到这种变化反映在商品价格或者其他资产价格上的信息，从而可以及时地提高利率以阻止通货膨胀预期的自我实现。

　　Bernanke 和 Blinder（1992）与 Bernanke 和 Mihov（1995）则分别对美国 1965—1979 年和 1983—1994 年的月度数据进行了分析，因为在这两段时期内，联邦基金率被公认为是美联储实施货币政策时所采用的主要政策工具。VAR 模型中的 $\overline{Y}_t$ 包含四个变量：对数 CPI，对数 ICI（一致指标指数），对数 M2 和对数 FF（联邦基金率），基金率被排在了最后的位置。结果发现：外生的正的基金率冲击会导致产出和通货膨胀率先是短暂地上升，然后又持续下降，最后恢复到初始均衡水平，从而形成一条驼峰式脉冲响应路径，高峰期在两年以后到达；价格悖论，即价格先是短暂地且不显著地上升，而后又持续下降，最后达到新的均衡水平。

近期的许多结构 VAR 经验文献又将货币供给增长率、消费、投资和利润纳入了非政策经济变量的范围，也都得出了类似的结论。例如，Christiano、Eichenbaum 和 Evans（1997）发现紧缩的利率政策冲击会产生以下几种情况：基金率持续上升一段时间，然后又回落到均衡水平；非借准备金和 M2 的增长率持续下降，总准备金在一个季度之后也开始持续下降，然后又上升到均衡水平；经过两个季度的滞后期，实际 GDP 持续下降，并形成一条驼峰式响应路径；稍微滞后一段时间，敏感商品价格变化指数持续下降，而后又上升到均衡水平；利润持续下降，而后又上升到均衡水平。Christiano、Eichenbaum 和 Evans（1999）则考虑了利率与消费、投资的短期关系，他们发现消费和投资对利率冲击的脉冲响应路径与产出和通货膨胀率的脉冲响应路径是相似的，也都遵循了一条驼峰式响应路径。

从以上讨论可以看出，虽然经验文献所估计的具体的脉冲响应函数依货币政策规则的不同而差异很大，但在利率与非政策经济变量的短期关系方面，经验文献已经基本达成了共识，认为外生的利率政策冲击会导致：短期利率、货币供给增长率、通货膨胀率、产出、消费、投资以及利润形成驼峰式脉冲响应路径，高峰期在滞后几个季度之后才能到达；价格水平初始反应很弱，然后持续偏离原来的均衡水平，并最终达到一个新的均衡水平。

尽管 VAR 和结构 VAR 方法已经成为货币经济学经验文献的主要分析工具，但还是招致许多经济学家的批评。[①] 最突出的问题是，VAR 模型和结构 VAR 模型都是非正式的模型（Walsh，1998）。也就是说，这些模型建立的基础不是经济中代表代理人的个人最优化行为，因而我们无法看到不同的货币政策规则对均衡的不同含义，更无法得出最优的货币政策规则。

二　一般均衡模型中的货币政策规则

运用一般均衡模型来研究货币政策规则的近期货币经济学文献主要包括 Christiano、Eichenbaum 和 Evans（1997）、Rotemberg 和 Woodford

---

①　对 VAR 方法的批评详见 Rudebusch（1997）。

（1998）、B. Dupor（2001）等。这些文献建立的模型形式各异，根据其各自所强调的不同的摩擦，我们可以将这些模型大致上分为三类：（1）有限参与模型（Christiano，Eichenbaum and Evans，1997）①，这类模型从家庭的角度考虑，强调了家庭在面临货币政策冲击时不能迅速调整其货币持有量；（2）黏性价格模型（Rotemberg and Woodford，1998），这类模型从厂商的角度考虑，强调了厂商在面临货币政策冲击时不能迅速调整其产品价格；（3）考虑投资的不完全竞争—黏性价格模型（B. Dupor，2001），这类模型类似于黏性价格模型，也是从厂商的角度考虑，但不同的是，它强调了厂商投资决策的重要性。

　　如果说 IS—LM 模型、理性预期模型分别是 20 世纪 60 年代和七八十年代的主导者，那么，在进入 90 年代以后，模型建立的主流便转到以个人最优化行为为出发点的方向上来了。正是在这样的背景下，有限参与模型、黏性价格模型和考虑投资的不完全竞争—黏性价格模型才得以形成并逐渐发展起来。这三个基本模型都是从经济中有代表性的代理人的个人最优化行为出发，都试图将模型的分析建立在坚固的微观基础之上。

　　有限参与模型假定经济中有代表性的代理人由最终产品厂商、中间产品厂商、金融中介、家庭和货币当局构成；交易市场由最终产品市场、中间产品市场、要素市场和金融市场构成，其中，最终产品市场、要素市场和金融市场是完全竞争的，中间产品市场是垄断竞争的；在要素市场，工资被预先支付，在金融市场，家庭在知道利率冲击之前就已经确定存入金融中介的存款数额；最终产品是中间产品的一个连续统一体，而中间产品的生产技术满足柯布—道格拉斯生产函数形式。在均衡时，最终产品厂商的利润最大化行为意味着存在一个最终产品价格和中间产品价格的 Eulor 方程。这一方程表明，最终厂商对中间产品的需求是其价格的递减函数，是最终产品产出的递增函数；假定总资本存货恒定且标准化为 1，则中间产品厂商遵循的均衡等价原则为利润加成的定价规则；金融市场完全竞争意味着金融中介在均衡时必须服从贷款供给量与需求量相等的信贷市场出清条件；家庭的最优化行为意味着存在一个均衡劳动供给方程和存款 Eulor 方程，后者表明期初一单位存款所带给家庭的预期负效用等于该存款在期末的利息所带来的预期正效用的折现值。假定货币当局实行的是外生

---

　　①　有限参与的假设首先是由卢卡斯（1990）提出来的。

货币冲击规则，则它和相应的最优化条件与市场出清条件便构成了有限参与模型的外生政策均衡。

黏性价格模型是在有限参与模型基础上并考虑到产品市场摩擦而建立起来的，因此，它与有限参与模型在假设方面存在两点根本的区别：第一，有限参与模型假定厂商（中间产品厂商）制定产品价格的行为是在利率冲击之后发生的，因而价格是弹性变化的，而黏性价格模型则假定厂商在知道利率冲击之前就已经制定了产品的价格，因而价格制定是一种预期行为。第二，有限参与模型假定家庭是有限参与金融市场的，即家庭存入金融中介的存款额是在利率冲击之前制定的，而黏性价格模型则假定家庭的存款额是在利率冲击之后制定的。因此，假设的不同会导致两个模型中中间产品厂商和家庭所面对的最优化问题也不尽相同。

有限参与模型和黏性价格模型都假定资本存货水平不变且恒等于1，这意味着投资水平为0。那么，在进行货币政策分析时，这种忽略投资的做法是否合适呢？McCallum 和 Nelson（1997）对此的解释是："资本存货的运动与总产出和总消费的运动在周期频率上有着很微弱的联系，这主要是因为典型的年度投资相对于现存的资本存货来说是非常小的。"但是，这种解释忽略了两个重要的基本事实：第一，投资是 GDP 的重要组成部分；第二，季度投资的波动幅度比总产出和总消费的波动幅度强烈（例如，美国战后季度投资波动幅度要比总消费的波动幅度强出 4 倍还多）。正是基于这样的考虑，第三类模型考虑了厂商的投资决策。具体的做法是在新凯恩斯不完全竞争—黏性价格模型中引入一个标准的新古典资本积累方程，同时假定厂商在投资时，无调整成本、不可逆性以及信贷约束。分别给定家庭和厂商的终身效用函数和瞬时生产函数、厂商面临的需求函数、资本运动方程以及非资本财富运动方程。利用均衡时的市场出清条件、最优化条件、消费与通货膨胀率的 Euler 方程、资本与政府债券之间的无套利条件以及资本与劳动的均衡关系，假定货币当局在制定货币政策时遵循的是内生货币政策规则，则可以求出均衡解以及脉冲响应函数。

那么，如何对三类模型进行评价呢？一种直接而有效的方法就是比较三类模型预测结果与现实数据的相合性。以第一部分所述的利率与非政策经济变量的经验事实为参照系，如果模型预测的结果与经验事实越接近。也就是说，模型的预测性越好，那么该模型就是较为合理的模型。但是，这种评价暗含的一个前提就是均衡是确定性的。如果假定的内生货币政策规则会导致均衡的不确定性，那么一定会存在一条脉冲响应路径与 VAR 或结构 VAR 所估计的脉冲响应路径完全一致，因此，每一个模型预测的结果都会与经验事实完全吻合，这时上述用以评价模型的方法就会失效。为克服这种方法的缺陷，Christiano、Eichenbaum 和 Evans（1997）提出了一种"有限信息模型诊断策略"①，他们证明：在这样一个策略中，不确定的内生货币政策均衡可以用不同的确定的外生货币政策均衡来表示。这一结论具有非常重要的意义，因为它可以将不确定的均衡转化成确定的均衡来比较，从而在上述模型评价方法与模型均衡的确定性之间成功地架起了一座桥梁。具体来说，有限参与模型和黏性价格模型运用的是"有限信息模型诊断策略"，即比较外生政策均衡的结果与经验事实的相合性；而考虑投资的不完全竞争—黏性价格模型则比较的是内生政策均衡的结果与经验事实的相合性。之所以如此，是因为前两个模型都引入了金融中介，这就使货币供给增长率与利率之间建立起直接的联系，从而外生政策均衡与内生政策均衡之间可以相互转化；而在第三个模型中，金融中介的缺失使外生均衡与内生均衡相互转化的链条中断，但是由于消极的利率政策意味着均衡的唯一性，因此，可以直接设定货币当局遵循的是内生货币政策规则，而不需要把内生货币政策规则转化成外生货币冲击规则（将内生均衡转化成外生均衡）再进行比较。②

在有限参与模型和黏性价格模型中，假定货币当局遵循的外生货币冲击规则具有一阶自回归过程。③ 对有限参与模型的定量模拟结果表明，紧缩的货币政策冲击会导致产出、价格水平和利润下降，利率上升；价格水平比产出的初始反应程度剧烈。第二条结论似乎与经验事实有些出入，后者认为价格水平对利率冲击的初始脉冲响应很弱。通过给出不同劳动供给弹性和不同利润加成比例所对应的产出、价格水平、利润和利率的初始脉

---

① 有限信息的含义是：作为理论模型参照系的经验脉冲响应路径是经济变量对一种冲击的脉冲响应路径。这种冲击必须满足两个性质：（1）不同的模型预测的脉冲响应路径不同；（2）我们必须知道经济变量对这种冲击的实际脉冲响应路径。

② 当然，在有限参与模型和黏性价格模型中，如果消极的内生货币政策规则意味着均衡是确定性的，那么，我们也无须将内生政策均衡转化成外生政策均衡再进行比较。但实际上，消极的利率政策往往会导致这两个模型的均衡是不确定的，这时，"有限信息诊断策略"便成为检验模型正确与否的一种行之有效的方法。

③ Christiano、Eichenbaum 和 Evans（1997）讨论了分别以 MB、M1 和 M2 作为货币供给的外生货币冲击规则。利用结构 VAR 方法，他们证明：MB 和 M1 的货币供给增长率服从 MA（2）过程，M2 的货币供给增长率服从 AR(1) 过程。

冲响应，结果表明，价格水平初始脉冲响应的剧烈程度可以通过提高劳动供给弹性和利润加成比例而得到降低。因此，在较高的劳动供给弹性或者较高的利润加成比例的条件下，有限参与模型定量模拟的脉冲响应路径基本吻合经验的脉冲响应路径。对黏性价格模型定量模拟的结果表明，紧缩的货币政策冲击会导致产出和利率下降，利润上升；价格水平初始不反应。尽管从第二条结论来看，黏性价格模型要略微强于有限参与模型（在较高劳动供给弹性或较高利润加成比例的条件下，有限参与模型模拟的价格水平初始反应也很弱），但是，由于第一条结论极不符合经验估计的脉冲响应路径。[①] 因此，从总体上看，黏性价格模型要弱于有限参与模型。

实际上，仅仅以与经验事实的相合性来判别一个模型的好坏有失客观，有限参与模型与黏性价格模型分别强调了不同的摩擦，如果后者模拟的脉冲响应路径跟经验事实不符合，那么，很有可能是现实经济中尚未出现这类摩擦，或者是这类摩擦的效应相对于其他摩擦的效应较弱，这时，我们就不能判定强调这类摩擦的做法就是错误的，从这个意义上说，有限参与模型和黏性价格模型都是非常片面的。但是，如果我们不能确切地知晓摩擦的种类和不同摩擦的效应强弱，那么，上述判别标准就是一种无奈的选择，起码就过去的事实而言，它保证了有限参与模型的解释力要强于黏性价格模型。

最后，考察考虑投资的不完全竞争—黏性价格模型。假定货币当局实行消极的利率政策。定量模拟结果表明：通货膨胀率始终在其稳态水平之上运行；价格水平持续上升，最终达到一个相对于初始稳态水平更高的均衡水平；消费和投资形成了一条近似驼峰式的脉冲响应路径；利润下降，而后逐渐恢复到初始稳态水平；产出上升，而后逐渐恢复到初始稳态水平。

很显然，定量模拟的产出、消费、投资、价格水平和通货膨胀率的脉冲响应路径与经验估计的脉冲响应路径有很大出入，后者认为正的利率冲击会导致产出、消费、投资和通货膨胀率产生先下降后上升的驼峰式移动，而价格水平则持续下降，并最终达到一个相对于初始稳态水平更低的

---

① Christiano、Eichenbaum 和 Evans（1997）证明：改变家庭效用函数的具体形式可以扭转利率下降的结论，但是会强化利润上升的效应。

均衡水平，因此，在对历史事实的解释力方面，这一模型远不及前两个模型。① 但是，这并不意味着该模型就是毫无价值的，至少它的一些观点是非常吸引人的。首先，这一模型考虑了厂商的投资决策，强调了厂商投资信心的重要性。如果厂商对投资前景预期非常乐观，即使发生了利率冲击，厂商也丝毫不会减弱投资的热情，因而投资、产出增加，而如果厂商对投资前景预期非常悲观，那么，即使利率下降，厂商也不会增加投资，因而投资、产出减少。其次，这一模型认为家庭消费的提高或者降低对于厂商投资信心的恢复起了关键性的作用。该论点不仅表明了提高消费会提高投资和产出，而且为各个时期货币政策的实施指明了方向，即在通货膨胀时期抑制消费，在通货紧缩时期提高消费。最后，这一模型引入了标准的新古典投资技术，结果完全扭转了基准的新凯恩斯不完全竞争—黏性价格模型的结论，从而极大地丰富了货币政策规则理论方面的学术成果。

三　货币政策规则与均衡不确定性

自基德兰和普雷斯科特（1977）与巴罗和戈登（1983）以来，货币经济学家就一直致力于两个问题的研究：“为什么货币政策会发生高成本的失效？”“如何才能阻止类似于 70 年代高通货膨胀的再次爆发？”实际上，这两个问题背后隐含的真实含义是指：中央银行实行怎样的货币政策（这里，货币政策被定义为货币政策规则）才可以既不会降低产出又能防止预期通货膨胀的自我实现，即研究货币政策规则与均衡的确定性之间的关系。

理论上看，均衡的确定性包含三个方面内容：确定性、不确定性和爆炸性。确定性均衡是指均衡是鞍点稳定的，即从给定的初始点出发，存在唯一的均衡路径使其渐进收敛于稳态，在这种均衡中，自我实现的通货膨胀阶段不会出现；不确定性均衡是指均衡是稳定的，即从任意的初始点出发，都会存在一条均衡路径使其渐进收敛于稳态，这时，就有可能出现自

---

① 正如前面在比较有限参与模型和黏性价格模型时所评价的那样，我们并不能仅仅凭借与经验事实的相合性而对三个基本模型在正确与错误之间作出任何判断。这好比要求我们在凯恩斯主义模型与货币主义模型之间作出判断一样，我们并不能因为凯恩思主义在 70 年代“大通胀”时期的失效而抹杀了它在 30 年代“大萧条”时期所作出的贡献，从而断定凯恩斯主义的模型是错误的，也不能因为崇拜理性预期学派所展现出来的美妙的逻辑形式而断定货币主义的模型就是正确的。因此，在这里，我们的目的不是要对利率理论模型作出价值判断，而是要在对现有利率理论文献进行综述的基础上，总结在过去几年的发展过程中利率理论方面的新的洞见、新的发现和新的不足，并探索以后的发展方向。

我实现的通货膨胀阶段；爆炸性均衡是指均衡是不稳定的，在这种均衡中，任意的一次（需求、供给或者利率）冲击都会使经济永远偏离其初始稳态位置，这时，就有可能爆发恶性的通货膨胀。如果货币政策的最终目标是稳定经济，特别是稳定通货膨胀，那么，中央银行所遵循的货币政策规则就必须保证均衡是确定性的。于是，接下来，很自然的一个问题便是：对于给定的货币政策规则，如何来确定均衡的确定性呢？

泰勒规则是货币政策规则中最重要的一类形式，它们的共同特点就是将利率看作是其滞后值、产出及其滞后值和通货膨胀率及其滞后值的线性反应函数，具体地表现为如下三种类型：

$$R_t = R^f + \rho R_{t-1} + \alpha(\pi_t - \pi^*) + \beta y_t \tag{3.1}$$

$$R_t = R^f + \rho R_{t-1} + \alpha(\tilde{\pi}_{t-1} - \pi^*) + \beta y_{t-1} \tag{3.2}$$

$$R_t = R^f + \rho R_{t-1} + \alpha(E_t \pi_{t+1} - \pi^*) + \beta E_t y_{t+1} \tag{3.3}$$

式中，R_t 是名义利率，R^f 是目标名义利率，π_t 是通货膨胀率，π^* 是目标通货膨胀率，y_t 是实际 GDP 偏离其均衡趋势的百分比。

（3.1）式代表了一般的泰勒规则（GT 规则）。这一规则是由泰勒（1993a）首先提出来的，泰勒证明：当 $\rho = 0$、$\alpha = 1.5$、$\beta = 0.5$ 时，GT 规则能够很好地反映 80 年代中期以后美联储的政策行为，并由此将货币经济学研究的焦点从货币供给数量转移到货币政策规则上面。[①] 后来，泰勒（1998）又分别估计了 1960 年 1 月至 1979 年 4 月和 1987 年 1 月至 1997 年 3 月两段时期的 GT 规则，结果发现：在布雷顿森林体系时期，$\alpha = 0.813$，$\beta = 0.252$，而在后布雷顿森林体系时期，$\alpha = 1.533$，$\beta = 0.765$，因而泰勒认为，提高利率对通货膨胀率和产出的反应程度会使经济产生令人满意的结果。同时，Brayton、Levin、Tryon 和 Williams（1997）也对 GT 规则提出了修正，认为将 β 值设成 1 才是合理的。同样是致力于 GT 规则的研究，罗特姆伯格和伍德福德（1998）则运用结构 VAR 的方法和"长期乘数"的概念，将试验期选定在 1980 年 1 月至 1995 年 2 月，滞后三期，结果得出了一个长期的 GT 规则，估计的结果为：$\alpha = 2.13$，$\beta = 0.47$，显然，在他们看来，利率对通货膨胀率的反应程度应当更为积极，而对产出的反应程度应当平缓一些。

---

① 实际上，货币供给数量和货币政策规则之间并不是截然分开的。泰勒（1998）证明：货币政策规则可以直接由货币数量方程推导出来。

（3.2）式代表滞后的泰勒规则（LT 规则）。这一规则与 GT 规则在形式上极为相似，它表明货币当局在制定货币政策规则时存在信息滞后。如果信息滞后是一个客观存在的事实，那么，泰勒规则表现为 LT 规则是无可厚非的；但如果信息滞后仅仅是出于假设，那么，LT 规则的合理性就可能遭到质疑，这时又如何来鉴别 GT 规则和 LT 规则呢？在实际操作过程中，通常的做法是将 GT 规则和 LT 规则放到一个关系式中，然后构造零假设 H_0，通过检验零假设的显著性水平来拒绝和接受 H_0，从而可以确定泰勒规则是表现为 GT 规则还是表现为 LT 规则。

（3.3）式代表理性预期的泰勒规则（CGG 规则）。这一规则与上面的 GT 规则和 LT 规则有着本质的不同，后者假定预期是适应性的，但适应性预期的假设招致了许多经济学家特别是卢卡斯的批评，以至于后续文献在研究 GT 规则和 LT 规则时，大多将试验期选定在货币政策体制不变或者变化不显著的年代。正是由于这个原因，克拉里达、加利和格特勒（1998）首先提出了 CGG 规则，并将这一规则纳入 IS—LM 模型的黏性价格和理性预期版本的分析框架之内，结果认为，如果 $\alpha < 1$，那么预期通货膨胀就能自我实现，同时产出会提高，这个结论与克里斯蒂亚诺和古斯特（1999）基于有限参与模型所得出的结论有些差异，后者认为，如果 $\alpha < 1$，那么预期通货膨胀也能自我实现，但产出会降低。

泰勒规则的提出，其作用不仅仅在于成功地将货币经济学家的注意力吸引到货币政策规则研究上，也不仅仅在于促使经验文献估计方法的推陈出新（如结构 VAR 方法的出现），更重要的是，它将利率与产出和通货膨胀率内生联系在一起，这就使货币经济学家可以在一般均衡模型的分析框架中探讨确定性均衡、不确定性均衡和爆炸性均衡出现的货币政策规则参数区域，从而将货币政策规则的研究方法纳入到主流经济学的研究方法范畴之内。

以有限参与模型和考虑投资的不完全竞争—黏性价格模型为例。对有限参与模型而言，首先考虑 GT 规则。当 $\rho = 0$ 时，对于 $\beta = 0$，确定性要求 $\alpha \geq \gamma$，其中 γ 稍稍低于 1；当 $\rho = 0.5$ 时，对于 $\beta = 0$，确定性要求 $\alpha \geq \gamma$，其中 γ 稍稍低于 0.5；当 $\rho = 1.5$ 时，对于 $\beta = 0$，确定性要求 $\alpha \geq 0$。给定 ρ 和 α 的值，当 β 值提高时，均衡或者进入爆炸性区域，或者进入不确定性区域。其次考虑 LT 规则。LT 规则的参数区域与 GT 规则的参数区域具有大体相似的特点，但随着 ρ 值的提高，前者的确定性区域扩大得更为明显。最后考虑 CGG 规则。当 ρ 和 α 的值一定时，随着 β 值的提高，均衡进入不确定性区域和爆炸性区域的可能性也不断增加，这一结论与克拉里达、加利和格特勒（1997）基于 IS—LM 模型所得出的结论截然不同，后者认为提高 β 值会提高均衡进入确定性区域的可能性。这是因为，在有限参与模型中，较高的预期通货膨胀会提高名义利率，利率的提高又会导致产出减少，按照 CGG 规则，产出减少会促使中央银行降低利率（因为 $\beta > 0$），从而抵消了利率上升的政策效果，因此，β 值越大，产出减少引起利率下降的幅度越大，预期通货膨胀转化成实际通货膨胀的可能性也就越大。而在 IS—LM 模型中，较高的预期通货膨胀会降低实际利率，利率的降低又会刺激投资需求增加，从而导致产出增加，产出增加会促使中央银行提高利率，这时就有可能割断预期通货膨胀向实际通货膨胀转化的链条，因此 β 值越大，利率上升的幅度就越大，预期通货膨胀自我实现的可能性也就越小。通过对以上三类泰勒规则的分析，可以得出：（1）提高利率对通货膨胀（或预期通货膨胀）的反应程度（即提高 α 值）会提高确定性均衡出现的可能性；（2）提高利率对产出的反应程度（即提高 β 值）会提高不确定性均衡和爆炸性均衡出现的可能性。

对考虑投资的不完全竞争—黏性价格模型而言，基准的不完全竞争—黏性价格模型认为：积极的货币政策规则会产生局部唯一均衡（确定性均衡），而消极的货币政策规则则会导致不确定性均衡或者爆炸性均衡。假定资本存量水平恒定且标准化为 1，那么上述结论是显而易见的。如果家庭在第 t 期具有较高的通货膨胀预期，在消极的货币政策规则下（这意味着货币当局会降低实际利率），家庭就会降低意愿储蓄和提高意愿消费，这样厂商就会提高产品价格，从而使得家庭的通货膨胀预期变为现实。然而投资技术的引入完全扭转了基准模型的结论：消极的货币政策规则会产生局部唯一均衡，而积极的货币政策规则则意味着不确定性均衡或者爆炸性均衡。如果存在一"太阳黑子"使家庭在第 t 期形成较高的通货膨胀预期，在积极的利率政策下（这意味着货币当局会提高政府债券的实际收益率），资本租金率就会相应提高，这又会导致厂商提高资本边际产品（或者说，提高劳动在总产出中的比重）或者降低利润加成比例，从而使家庭的通货膨胀预期变为现实。对此可以得出两个重要结论。第一个结论：当货币当局实行消极的货币政策规则时，均衡是确定性的。第二个结论：当货币当局实行积极的利率政策时，均衡或者是不确定性的，或者是爆炸性的。设想短期内所有的家庭—厂商都拥有资本和瞬时通货膨胀预期，给定积极的利率政策，他们会预期货币当局为响应较高的通货膨胀而提高实际利率，从而会提高资本租金率，而较高的资本成本又会使利润加成比例降低到稳态以下，结果，诱使家庭—厂商提高价格，这就使期初的瞬时通货膨胀预期变为现实。实际上，家庭—厂商不仅对期初的通货膨胀有任意的、自我实现的预期，而且对期初的消费也同样有任意的、自我实现的预期。因此，如果实际利率对利润加成的负面效应足够强，那么积极的利率政策将会导致二变量微分系统的二维均衡不确定性，从而导致三变量微分系统的一维均衡不确定性。

货币经济学家对于货币政策规则参数区域的讨论的初衷是要在不同的货币政策规则之间作出比较，进而寻求一种能为货币当局实际操作的最优货币政策规则，因为在他们看来，产生确定性均衡的货币政策规则要优于产生不确定性均衡的货币政策规则。然而，正如我们在上面所看到的，最终的讨论结果并不尽如人意，甚至连货币经济学家们自己也感到非常困惑。

首先，相同的货币政策规则在不同的模型中会产生不同的经济效果，从而导致了模型的非稳健性。在有限参与模型和基准的不完全竞争—黏性价格模型中，利率对通货膨胀的积极反应（$\alpha > 1$）会产生确定性均衡，消极反应（$\alpha < 1$）会产生不确定性均衡或者爆炸性均衡，并且提高 β 值会提高均衡进入不确定性区域或者爆炸性区域的可能性；而在考虑投资的不完全竞争—黏性价格模型中，只有当 $\beta > 0$ 时，该模型和有限参与模型才会取得基本一致的结论，而当 $\beta = 0$ 时则会得出截然相反的结论。另外，提高 β 值会提高均衡进入确定性区域或者不确定性区域的可能性，特别地，当 $\alpha > 1$ 时，提高 β 值会产生好的经济效果。显然，仅仅通过不同模型间的横向比较，我们无法作出货币政策规则优劣的判断，因为基于一个模型所作出的选择往往在另外一个模型中是错误的。非稳健性已经日益成为利率模型发展和货币政策规则实际应用的一道障碍，它不仅在不同的货币政策规则理论模型中制造了一条难以逾越的鸿沟，从而使不同建模思想处于高度离散的状态空间中，而且在选择不同的货币政策规则建议时，使中央银行陷于无所适从的境地，因此，模型的非稳健性已经越来越引起货币经济学家们的重视［如克拉里达、加利和格特勒（1998）就曾讨论过货币政策规则理论模型的非稳健性问题］，并将成为以后的货币经济学文献所重点讨论和解决的问题。

其次，不同的货币政策规则在同一个模型中会产生确定性均衡，从而依照确定性均衡优于不确定性均衡的原则，我们无法判断最优的货币政策规则。一个解决办法就是在货币政策规则的确定性参数区域内，模拟不同的参数取值所对应的通货膨胀和产出的脉冲响应路径，这时，最优货币政策规则的参数值就是波动幅度最小的脉冲响应路径所对应的参数取值。尽管这种方法可以近似地求出最优货币政策规则，但是它本质上仍然是一种定量模拟的方法，并没有改变货币政策规则仅仅是出于一种偏好的设定的性质。也就是说，最优货币政策规则的形式取决于我们在模型开始时所设定的货币政策规则形式，如果设定的货币政策规则的形式是错误的，那么显然，最优货币政策规则的形式也是错误的，因此基于这种方法所求得的最优货币政策规则并不是科学的，至少其中带有个人的主观意味。

第二节　一般 LRE 模型的均衡确定性与不确定性

我们这一节的目的是要推导出货币政策规则产生确定性理性预期均衡的条件，这里所说的确定性理性预期均衡是指具有如下两个特性的理性预期均衡：（1）均衡是唯一的，由于任意两条均衡路径不可能相交，因而均衡路径也是唯一的；（2）外生随机扰动的有界变化只能引起内生目标变量的有界波动。第一个特性消除了均衡不确定性的可能，不确定性意味着多重均衡，包括占优均衡、次优均衡甚至占劣均衡，从任意的初始点出发，可能存在一条均衡路径渐进收敛于次优均衡或占劣均衡，这两种均衡都不是我们希望出现的（因为这两种均衡都包含自我实现的通货膨胀阶段），因此不确定性理性预期均衡不纳入最优货币政策规则的考虑范围之内。第二个特性消除了均衡爆炸性的可能，爆炸性意味着外生随机扰动的微小变化会引起内生目标变量对其目标水平的无限偏离，导致社会损失目标函数值趋于无穷大，因此爆炸性理性预期均衡也不予考虑。

一个经济系统的均衡确定性的判定有很多现成的理论可以应用。例如，对于一个连续时间系统而言，其最优化条件可以写成线性微分方程组的形式，这时可以应用微分系统的稳定性理论，通过分析系数矩阵的特征根的正负来判定均衡的确定性；对于一个离散时间系统而言，其最优化条件可以写成差分方程组的形式，这时可以应用差分系统的稳定性理论，通过分析构造矩阵的特征根与单位圆之间的关系来判定均衡的确定性。[①] 然而对于这里研究的线性理性预期系统而言，尽管其最优化条件和约束条件可以写成差分系统的形式，但由于其中包含预期算子，因此不能直接应用普通差分系统的稳定性理论。当然，对于较少阶数的预期差分系统而言，可以仿照前面的做法，先利用最小状态变量法和待定系数法求出预期差分系统的解，然后再判定解的确定性，但当阶数变得较大时，这种方法就显得非常复杂，不再适用。于是我们猜想，既然最小状态变量法可以去掉预期算子，那么，是否可以利用最小状态变量法直接将带预期算子的差分系统转化成不带预期算子的差分系统呢？如果猜想成立，就可以利用普通差分系统的稳定性理论来分析预期差分系统的均衡的确定性了。因此接下来，我们将分两个方面依次展开讨论。首先，猜想的证明放在第一小节来进行；其次，第二小节将在第一小节猜想成立的基础上，给出最优货币政策规则的确定性标准。

一　最小状态变量法（MSV）与一般 LRE 模型

最小状态变量系统的特征值集合 $\{\lambda \mid \lambda = \lambda_i , i = 1, 2, \cdots \}$ 是无预期算子的差分系统的特征值集合 $\{\mu \mid \mu = \mu_i , i = 1, 2, \cdots \}$ 的子集。这一猜想由下面的定理 3.1 给出，它表明，如果猜想成立，则一般 LRE 系统一定可以转换为不带预期算子的差分系统。定理 1.1 更加重要的作用是为分析一般 LRE 系统的确定性问题提供了一种相对简化的方法，按照这一定理，不需要预先通过求解由最小状态变量方程、预期差分方程和待定系数方程组成的联立方程组求得最小状态变量系数的值，再求出最小状态变量方程的特征值 λ_i，最后依据 λ_i 是否全部落在单位圆之内来判定原系统的确定性特征，而是可以直接去掉预期算子，通过分析不带预期算子的差分系统的特征值来解决。

定理 3.1 假定 z_t 是由未决内生变量组成的 $M \times 1$ 阶向量，Z_t 是由先决

---

① 　关于微分系统稳定性的讨论可以参见蒋中一（1999），关于差分系统稳定性的讨论可以参见詹姆斯·D. 汉密尔顿（1999）。

内生变量组成的 $K \times 1$ 阶向量，u_t 是由外生变量组成的 $N \times 1$ 阶向量，且 z_t、Z_t 和 u_t 满足如下形式的一般 LRE 系统：

$$\tilde{A}E_t z_{t+1} = A_{21} Z_t + A_{22} z_t + C_2 u_t \tag{3.4}$$

式中，A_{21} 为 $M \times K$ 矩阵，$\tilde{A}$ 和 A_{22} 为 $M \times M$ 方阵，C_2 为 $M \times N$ 矩阵。如果 Z_t 中所有元素组成的集合等于最小状态变量集，则一定存在 $(K+M) \times 1$ 阶向量 ξ_t、$(K+M) \times (K+M)$ 方阵 $\tilde{I}$ 和 A 以及 $(K+M) \times N$ 矩阵 C，使系统 (3.4) 式的确定性可以通过下面的系统判定：

$$\tilde{I}\xi_{t+1} = A\xi_t + Cu_t \tag{3.5}$$

我们称系统 (3.5) 式为不带预期算子的差分系统。

二 一般 LRE 模型的均衡确定性标准

本小节讨论形如 (3.4) 式的差分系统的确定性准则，为使该系统能包含一般化的最优货币政策规则形式，我们还需要在 (3.5) 式的基础上增加外生的名义利率变量 i_t 及其滞后值和常数向量 a，即有：

$$\tilde{I}\xi_{t+1} = A\xi_t + B^1 i_t + B^2 I_t + Cu_t + C^1 a \tag{3.6}$$

式中，i_t 为标量，I_t 为 $k \times 1$ 阶向量且 $I_t = (i_{t-1}, i_{t-2}, \cdots, i_{t-k})$，$a$ 为 $n \times 1$ 阶向量，B^1 为 $(K+M) \times 1$ 阶向量，B^2 为 $(K+M) \times k$ 矩阵，C^1 为 $(K+M) \times n$ 矩阵，且 $B^1 = (O \quad B_2^1)'$，$B^2 = (O \quad B_2^2)'$，$C^1 = (O \quad C_2^1)'$，B_2^1 为 $M \times 1$ 阶向量，B_2^2 为 $M \times k$ 矩阵，C_2^1 为 $M \times n$ 矩阵。由此可见，一般化的最优货币政策规则可以表示成：

$$B_2^1 i_t + B_2^2 I_t + A_{21} Z_t + A_{22} z_t - \tilde{A}E_t z_{t+1} + C_2 u_t = -C_2^1 a \tag{3.7}$$

显然，最优货币政策规则的形式取决于系数矩阵是否可逆以及系数矩阵是否为"零矩阵"。

下面给出系统 (3.6) 式的确定性判定定理（或称为确定性标准）。

定理 3.2 （确定性标准）给定系统 (3.6) 式和系数矩阵，设 A 相对于 $\tilde{I}$ 的特征根为 μ_i ($i = 1, 2, \cdots, K+M$)，则：(1) 当 $|\mu_i| < 1$ 的个数等于先决内生变量的个数时，系统 (2.13) 式是确定性的；(2) 当 $|\mu_i| < 1$ 的个数大于先决内生变量的个数时，系统 (2.13) 式是不确定性的；(3) 当 $|\mu_i| < 1$ 的个数小于先决内生变量的个数时，系统 (2.13) 式是爆炸性的或者无解。

实际上，定理 3.2 是评价最优货币政策规则的确定性标准，它使我们

对确定性问题的分析过程更加简便和直接，而不再需要借助最小状态变量法和待定系数法这些辅助工具。那么，这是否意味着最小状态变量法和待定系数法对最优货币政策规则问题毫无意义呢？答案显然是否定的。首先，从内生目标变量对外生冲击的最优脉冲响应路径来看，我们必须通过MSV 和 UC 才能求解出内生目标变量的最优均衡路径；其次，即使从确定性的角度出发，利用定理 3.2 来判定预期差分系统的确定性也必须以MSV 和 UC 为前提。也就是说，定理 3.1 和定理 3.2 暗含了这样一个共同的假定，即最小状态变量方程和待定系数方程是成立的；最后，从特征值与先决变量之间的关系发现，定理 3.2 与 MSV 和 UC 有异曲同工之处：最小状态变量系统的确定性要求其全部特征值 λ 的绝对值小于 1，而 λ 的个数又等于最小状态变量即先决变量的个数，因此，最小状态变量系统的确定性准则为 $|\lambda| < 1$ 的个数等于先决变量的个数，又因为最小状态变量系统的特征值集合 $\{\lambda | \lambda = \lambda_i, i = 1, 2, \cdots\}$ 是无预期算子的差分系统的特征值集合 $\{\mu | \mu = \mu_i, i = 1, 2, \cdots\}$ 的子集，这表明，MSV 和 UC 框架下的预期差分系统的确定性准则为 $|\lambda| < 1$ 的个数等于先决变量的个数，以特征值 μ 来表述，则 $|\mu| < 1$ 的个数等于先决变量的个数（若 $|\mu| < 1$ 的个数的不等于先决变量的个数，由定理 3.2，预期差分系统是不确定性的或爆炸性的），所以，特征值集合 $\{\lambda | \lambda = \lambda_i, i = 1, 2, \cdots\}$ 与特征值集合 $\{\mu | \mu = \mu_i, |\mu_i| < 1, i = 1, 2, \cdots\}$ 是相等的关系。因此，定理 3.2 与 MSV 和 UC 在对预期差分系统的确定性判定方面是等价的，只是前者更易于应用，后者更适合于解决内生目标变量的最优均衡路径问题。

三 不确定性检验方法

由于各种冲击的存在，经济中的模型存在不确定性。对于不确定性的检验大致可以分为四类：第一，校准检验；第二，传统检验方法；第三，似然估计方法；第四，贝叶斯估计法。

近年来，动态随机一般均衡模型（DSGE 模型）在用于研究计量经济分析方面得到越来越多的重视。该模型在不确定环境下对居民、厂商、金融机构、企业及对外部门等经济主体的行为决策，以及行为方程中所依赖的结构性参数，各经济冲击的设定和识别进行了详细的描述。为了解决这些模型并能灵活地控制它，我们经常使用 LRE 模型逼近 DSGE 模型，但是，一般来说，LRE 模型有多重均衡，即通常所指的不确定性。不确定性通常是由两个方面决定的：一个方面是基础性的冲击，尽管一个系统是由多重因素决定的，但来自基础冲击如技术冲击及货币政策变动的冲击都会对一个系统的不确定性产生影响；另一方面来自"黑子"冲击，"黑子"的冲击能够产生在不确定条件下产出的波动，进而带来商业周期的波动，而这种波动在确定的条件下是不会出现的。在经典的凯恩斯货币DSGE模型中，表明货币政策在存在不确定的"黑子"冲击的条件下，社会福利会增加。货币政策的制定者在确定名义利率时，保证名义利率的上升幅度大于通货膨胀的幅度，否则实际利率会下降，那么其政策结果将会存在很大的不确定性。DSGE模型最大的性质就是不确定性，对于不确定性的分析我们通常喜欢用多重分析方法，这种方法的优点在于在不确定性环境下估计新增参数对模型的作用，以及"黑子"冲击和基础性冲击在政策中的重要性。目前，国内外文献关于不确定性检验的研究可以归结为四类：

第一类是校准检验，相关文献包括 Roger E. A. Farmer 和 Jang – Ting Guo（1994）、Roberto Perli（1998）、Stephanie Schmitt – Grohe（1997，2000）等。这类研究试图在结构模型中引入"黑子"冲击，以检验"黑子"冲击能在多大程度上使模型与真实经济周期相吻合，然而他们普遍面临的一个难题是如何来识别"黑子"冲击的随机特性。为解决这一问题，文献采用校准方法，即选择"黑子"冲击的方差使其能完全刻画产出的波动。尽管这样做可以阐述不确定性的重要性以及"黑子"冲击的数量影响，但由于将不确定性情形下的产出波动完全归因于"黑子"冲击，因而结论是不可置信的。

第二类是传统的计量检验方法，相关文献包括 Farmer 和 Guo（1995）、Kevin D. Salyer 和 Steven M. Sheffrin（1998）等。这类研究试图从外生基本冲击无法解释的理性预期残差中识别出"黑子"冲击，它相对于校准检验增加了更多的结构方程，检验程序更加烦琐，更重要的是不能有效甄别理性预期残差中被忽略掉的基本冲击和真实的"黑子"冲击。

第三类是似然估计方法（likelihood），相关文献包括 Eric M. Leeper 和 Christopher A. Sims（1994）、Jinill Kim（2000）、Peter N. Ireland（2001）、Pau Rabanal 和 Juan F. Rubio – Ramirez（2003）等。这类研究通常是在一个基准的近似线性化 DSGE 模型中估计结构参数、估计脉冲响应路径以及寻找均衡确定性与不确定性的证据。例如，Peter N. Ireland（2001）就得出了与之前文献相似的结论并发现了 1979 年之后美国货币政策行为发生变化的显著证据。然而文献估计过程中明确排除了不确定性均衡的可能性，如果数据实际上是由参数不确定性区域生成的，这种将参数估计局限于确定性区域的做法会导致有偏参数估计，如果模型是在整个参数空间上来估计的话，则不会存在这种问题。

第四类是贝叶斯估计方法，相关文献包括 Thomas A. Lubik 和 Frank Schorfheide（2003，2004）、Jesus Fernandez - Villaverde（2009）、刘斌（2008）等。这类研究不事先提出确定性假设或不确定性假设，而是不加偏颇地进行讨论并利用经验证据进行取舍，在基准 LRE 模型中，从整个参数空间上来构造似然函数，利用参数先验分布来计算均衡确定性区域与不确定性区域的后验概率权重，并且能够给出结构参数的贝叶斯无偏估计以及衡量"黑子"冲击对宏观经济变量的影响。

首先，有一组数据 $y^T \equiv \{y_t\}_{t=1}^T \in R^{N \times T}$，从贝叶斯的角度讲数据都是给定的，大部分使用贝叶斯方法文章里都没有对这些数据做过多的考虑。其次，有一个由经济理论或者其他推理产生的模型。该模型用下标 i 表示，且该模型只是模型空间 M 中模型之一，故 $i \in M$。模型是由三个部分组成的。（1）参数集 $\Theta_i \in R^{k_i}$，包含了一个模型中的方程参数所有的可取值。但也存在一些限制，包括来自统计中的限制，像参数必须是正的。还有来自经济推理过程中的限制，如通常在跨时期选择的问题上绑定一些贴现因子以保证总的效应的准确。（2）构造似然函数 $p(y^T|\theta,i)$：$R^{N \times T} \times \Theta_i \to R^+$，从中得知一些参数取值的概率，出于统计考虑或者仅仅为了满足均衡条件的需要，这个似然函数其实就是模型参数的经济约束。（3）赋予先验分布 $\pi(\theta|i)$：$\Theta_i \to R^+$，是参数 θ 在空间 Θ 值的一个概率分布。贝叶斯理论中参数的后验分布可以表示为：

$$\pi(\theta|y^T,i) = \frac{p(y^T|\theta,i)\ \pi(\theta|i)}{\int p(y^T|\theta,i)\ \pi(\theta|i)d\theta} \tag{3.8}$$

从（3.8）式中可以得出如何应用参数先验分布来得到参数后验估计值。

贝叶斯定理就是一个处理信息的最优法则，它并没有添加无关信息，无论是大样本还是小样本中都用了数据中最有效数据信息。在贝叶斯的理论中对于任意的模型只需要考虑到似然函数中参数的先验分布，通过先验分布获得后验分布，无须使用其他工具。得到后验分布后，就可以像点估计或模型比较那样通过一个方程来估计。贝叶斯定理在解决不完全信息下的贝叶斯纳什均衡和时间序列均衡中有至关重要的地位，但是，经常会出现这种情况，就是一些经济学家表面上使用贝叶斯的方法去解决实际问题时，实际上却在使用传统的计量方法，这种逻辑上的矛盾证明了贝叶斯方法的精髓不仅仅是表面上的先验和后验的简单转化而已。对这个问题最好的说明也就是贝叶斯方法最令人满意的地方是它满足了似然规则的构造，即样本中所有信息都包含在似然函数中。当然，贝叶斯的优点不仅仅限于此。一方面，先验分布为经济学家提供了灵活的方法，可以将经济信仰作为欲处理信息的样本信息，许多经济学者从多年的经验或者经济直觉中提出大部分行为参数的合理值，而且对这些合理值有相当固定的信仰。另一方面，贝叶斯方法具有小样本性质，如初始样本信息的充分利用是很有必要的，在模型需要大量参数估计时，经济数据可能并不是非常充分的，不可能得到所需的所有信息，在较低的数据参数比中，参数估计的真实性会受到怀疑，而贝叶斯方法却很好地解决了这一问题。在现实经济数据相对于研究严重不足的情况下，如果充分利用先样本信息的重要性质就会省去很多麻烦的推测及冗长的计算。如果使用传统的方法将社会上所有相关变量都计算出来估计要花大量的时间，而且结果也可能因为考虑的不全而受到影响，所以在用于政策分析的方面贝叶斯工具发挥着重要作用。

贝叶斯方法在 DSGE 模型中有广泛的应用，在 DSGE 模型中，经济中的经济主体，如家庭、厂商、政府及国外部门，他们的经济行为目标都是利益最大化，但是经济行为中又充满了如偏好、生产力、技术、财政政策等不确定的冲击，这就使模型有了"随机"的因素，然而随着时间的推移经济主体会对这些冲击做出反应并采取出应对措施，就使模型是"随时变动"的，最后，经济学家都会将目光放在对最终结果的研究，家庭的一阶条件，企业的一阶条件，政府的决策和模型提出的总变量，最终会使经济是"一般均衡"的。

首先，需要为 DSGE 模型构建一个似然函数，通过似然函数来估计基本冲击和"黑子"冲击的传播，对于似然方程中的参数估计使用贝叶斯方法，与传统方法不同的是，贝叶斯方法并不直接研究是否与所给的数据与确定的均衡方程相吻合，贝叶斯方法为基于所给的数据为参数提供了确定性与不确定性的概率权重，这个概率为估计和预测冲击的传播提供了依据。初始似然函数的参数是通过所给数据的先验分布得出的，最终方程的参数值源于数据的后验分布，由于样本的似然函数方程是扁平的，先验密度保持不变，因此这个后验密度是联系先验密度与样本值的重要部分，对于似然函数的建立，通过对 DSGE 模型中各经济主体的分析，找到均衡所需的所有变量，得到总需求方程与总供给方程。

Lubik 和 Schorfheide（2004）给出了一个不确定性检验的贝叶斯方法，并将这一方法应用于基准的 LRE 模型。这一方法的基本思想是：不事先提出确定性假设或不确定性假设，而是不加偏颇地进行讨论并利用经验证据进行取舍，从整个参数空间上来构造似然函数，确定性样本的自协方差较小，因而其对应的确定性似然函数的值较大，不确定性似然函数的值较小；不确定性样本的自协方差较大，因而其对应的确定性似然函数的值较小，不确定性似然函数的值较大；在参数的确定性区域，无论确定性样本或不确定性样本，似然函数不以参数 θ 的变化而变化，因而似然函数是常数。

大致而言，可分为四步进行：首先，基于样本观察值 $S_T = (\xi_1, \cdots, \xi_T)$ 构造条件似然函数 $L(\theta|S_T)$，并做出原假设 H_0，H_0：样本观察值 S_T 是确定性样本。其次，赋予参数 θ 先验分布，在分布函数内对参数 θ 取值，依据不同取值分别计算条件似然函数 $L(\theta|S_T)$ 的值，当原假设 H_0 为真时，较大且趋于常数的似然函数对应的参数 θ 空间为参数确定性区域 Θ^D，较小似然函数所对应的参数 θ 空间为参数不确定性区域 Θ^I。再次，依据贝叶斯定理，由条件似然函数 $L(\theta|S_T)$ 和参数 θ 先验概率计算参数 θ 的条件后验概率 $p(\theta|S_T)$，由条件后验概率 $p(\theta|S_T)$ 分别计算不确定性参数区域的后验概率 $P(I)$ 和确定性参数区域的后验概率 $P(D)$。最后，由 $P(I)$ 和 $P(D)$ 计算后验概率比，如果后验概率比支持原假设，则接受 Θ^D 为参数 θ 的确定性区域，如果后验概率比拒绝原假设，则接受 Θ^I 为参数 θ 的确定性区域。

Lubik 和 Schorfheide（2004）给出了一个单一 LRE 模型的例子。本书依据上述四个步骤，采用 MatlabR2010a 软件编程，分别计算出单一 LRE 模型的确定性样本和不确定性样本的对数似然值和边缘后验概率密度。附录图 C – 1 给出了单一 LRE 模型的确定性样本和不确定性样本的对数似然值，图 C – 2 给出了单一 LRE 模型的确定性样本和不确定性样本的后验概率密度，附录 C.2 则分别给出了图 C – 1 和图 C – 2 相对应的 Matlab 程序编码。从图 C – 1 可以看出：左图来自确定性样本，其对应的确定性似然函数的值较大（处于水平位置，位于上方），不确定性似然函数的值较小；右图来自不确定性样本，其对应的确定性似然函数的值较小（处于水平位置，位于下方），不确定性似然函数的值较大。从图 C－1 可以看出：左图来自确定性样本，其对应的确定性参数区域的后验概率密度值（横轴大于 1 的面积）显著大于不确定性参数区域的后验概率密度值（横轴小于 1 的面积），后验概率比支持 LRE 模型位于确定性参数区域；右图来自不确定性样本，其对应的确定性参数区域的后验概率密度值（横轴大于 1 的面积）显著小于不确定性参数区域的后验概率密度值（横轴小于 1 的面积），后验概率比支持 LRE 模型位于不确定性参数区域。

四　不确定性检验与"黑子"冲击

Cass 和 Shell （1983）、Shell （1977） 最早提出了"太阳黑子"均衡，认为虽然经济中有代表性的代理人依赖相同的状态，如偏好、禀赋、技术等，但不同的纯外生信念、情绪使这些状态获得不同配置，由于这些纯外生的信念、情绪可能与经济本身无关（故称为"太阳黑子"），因而一旦发生"黑子"冲击，纯外生信念、情绪变化就会改变先前的状态配置，进而使整个系统进入一种新的均衡，即系统存在多重均衡。在多重均衡下，经济系统本身没有一种机制使得代理人选择其中某一特定的均衡作为经济系统的唯一均衡，因此，经济可以在不同的均衡路径之间跳跃，从而产生内生波动。这表明，不仅外生的供给、需求和政策冲击能够影响经济稳定，而且"黑子"冲击即代理人对未来经济状况的乐观或悲观情绪、信念也会造成经济波动。

对于"黑子"均衡引发的不确定性及其检验，本节只进行理论层面的研究。研究的基础是 Lubik 和 Schorfheide （2003） 在 LRE 中对黑子均衡的分离。对于一般 LRE 模型，无论是线性 LRE 模型（如混合菲利普斯曲线的 LRE 模型）还是非线性 LRE 模型（如逻辑平滑转移的 LRE 模型），都可以转化成如下 VAR 系统：

$$C_0 \xi_t = C_1 \xi_{t-1} + \Gamma \varepsilon_t \qquad (3.9)$$

式中，C_0、C_1 和 Γ 为系数矩阵，ξ_t 为内生经济变量组成的向量，可以是产出缺口、通货膨胀率、短期名义利率的当期值、预期值和滞后值，ε_t 为需求冲击、供给冲击和货币政策冲击构成的向量。例如，对于二阶滞后混合菲利普斯曲线的 LRE 模型 （2.4） 式、 （2.15） 式和 （2.18） 式，系数矩阵分别为：

$$
\text{其中，} \xi_t = \begin{pmatrix} y_t \\ \pi_t \\ \pi_{t-1} \\ i_t \\ i_{t-1} \\ y_{t+1} \\ \pi_{t+1} \end{pmatrix}, \xi_{t-1} = \begin{pmatrix} y_{t-1} \\ \pi_{t-1} \\ \pi_{t-2} \\ i_{t-1} \\ i_{t-2} \\ y_t \\ \pi_t \end{pmatrix}, \varepsilon_t = \begin{pmatrix} 0 \\ 0 \\ 0 \\ \varepsilon_{i,t} \\ 0 \\ \varepsilon_{g,t} \\ \varepsilon_{u,t} \end{pmatrix}, \Gamma = I
$$

$$
C_0 = \begin{pmatrix}
1 & 0 & 0 & 0 & 0 & 0 & 0 \\
0 & 1 & 0 & 0 & 0 & 0 & 0 \\
0 & 0 & 1 & 0 & 0 & 0 & 0 \\
0 & 0 & 0 & 1 & 0 & -\kappa_2 & -\kappa_1 \\
0 & 0 & 0 & 0 & 1 & 0 & 0 \\
1 & 0 & 0 & -\varphi_0 & 0 & -1 & \varphi_0 \\
-\lambda & 1 & 0 & 0 & 0 & 0 & -\beta
\end{pmatrix}
$$

$$
C_1 = \begin{pmatrix}
0 & 0 & 0 & 0 & 0 & 1 & 0 \\
0 & 0 & 0 & 0 & 0 & 0 & 1 \\
0 & 1 & 0 & 0 & 0 & 0 & 0 \\
\psi_2 & \varphi_2 & \varphi_3 & \rho_1 & \rho_2 & \psi_1 & \varphi_1 \\
0 & 0 & 0 & 1 & 0 & 0 & 0 \\
0 & 0 & 0 & 0 & 0 & 0 & 0 \\
0 & \delta_{b,1} & \delta_{b,2} & 0 & 0 & 0 & 0
\end{pmatrix}
$$

对于 VAR 系统（3.9）式的确定性问题，一种方法是萨金特—华莱士的确定性定理，本章第二节已将其转化为 LRE 系统的确定性定理 3.2。LRE 系统的确定性定理 3.2 对于解决 VAR 系统（3.9）式的确定性问题无疑是恰当的，但问题是，一般 LRE 模型转化成 VAR 系统（3.9）式是否是合适的呢？本质上，VAR 系统（3.9）式隐含了一个内在假定，即完全理性预期假设。完全理性预期假设代理人对真实经济结构完全认知，能够获取决策所需的无限量信息，并拥有强大的信息处理能力，因而能形成与真实经济相一致的无偏估计结果，反映了代理人"向前看"的行为特征。因此，理性预期假设更具有宏观可行性，在有关 DSGE 和 LRE 模型研究的实际文献中，理性预期通常被表述为经济变量的条件期望值。例如，在以货币政策规则为主导的 LRE 模型框架中，预期增广的菲利普斯曲线是刻画货币政策传导机制的重要经济约束条件之一，其中，作为增广项的通胀预期在理性约束下的表达式为 $E_t\pi_{t+1}$，即代理人能够以 t 期完全信息为基础对 $t+1$ 期的通胀率作出无偏一致估计，相关文献在实证研究过程中则直接设定 $E_t\pi_{t+1}=\pi_{t+1}$。然而，这种对理性预期做简单数学处理的普遍做法，使理性预期相对于其他预期形成方式成为一种更强的假设（Evan and Honkapohia，1999），反而降低了理性预期假设的微观合理性。理性预期假设在微观基础上是否合理，关键的问题在于代表性代理人能否完全认知真实经济结构、能否获取完全信息以及能否拥有强大的信息处理能力，否则，理性预期假设便不具有有说服力的微观基础。或者可以这样理解，代表性代理人的认知过程、信息收集过程和处理过程是微观原因，是动态的，而理性预期是宏观结果，是静态的。即使代理人对真实经济结构的初始认知有限、信息收集能力有限、信息处理能力有限，只要代理人遵循一定的学习过程，在充分长的期限范围内，最终会趋近于理性预期。代理人对理性预期的学习行为考虑了个体的认知条件和认知能力，将西蒙等 20 世纪 50 年代提出的及 Sargent（1993）讨论的"有限理性"概念具体化。对学习行为的合理刻画，可以深入考察"有限理性"向"完全理性"的动态演变过程，从而揭示出理性预期的实质是代理人有意识地调控自身行为以实现预定目标的过程（Aumann，1997）。

　　如果经济变量的条件期望值与真实值不一致，即 $\pi_{t+1}-E_t\pi_{t+1}\neq0$ 或 $y_{t+1}-E_t y_{t+1}\neq0$，这意味着对经济变量的预期存在误差。设预期误差项为 η_t，则 η_t 可能源于两部分：一部分是基本冲击项 ε_t，包括需求冲击，供给冲击，和货币政策冲击，另一部分源于黑子冲击 ζ_t，包括对权益者情绪等的冲击，这些冲击在 LRE 系统的确定性定理 3.2 中是不能予以解释的。进一步，在 VAR 系统（3.9）式中考虑进预期误差项，则有：

$$C_0\xi_t=C_1\xi_{t-1}+\Gamma\varepsilon_t+\Phi\eta_t \qquad (3.10)$$

　　将系数矩阵 C_0 和 C_1 进行 QZ 分解，则 $C_0=Q'\Lambda Z'$，$C_1=Q'\Omega Z'$，且 Λ 和 Ω 均为上三角矩阵。设 $\omega_t=Z'\xi_t$，则系统（3.10）式可以转化为：

$$\omega_t=\Lambda^{-1}\Omega\omega_{t-1}+\Lambda^{-1}Q(\Gamma\varepsilon_t+\Phi\eta_t) \qquad (3.11)$$

　　将 ω_t 的特征根排序，特征根的绝对值 <1 的排为一组 ω_{1t}，特征根的绝对值 >1 的排为一组 ω_{2t}，其排列分组与 Λ 和 Ω 的分组一致，且相应的 $Q=[Q_1]'$。因此，若系统（3.10）式是稳定的（非爆炸性的），则 $\omega_{2t}=$

0，此时有：

$$Q_2 \Gamma \varepsilon_t + Q_2 \Phi \eta_t = 0 \qquad (3.12)$$

（3.12）式意味着 η_t 可表示成 ε_t 的形式。按照西姆（2000）的观点，只有当（3.12）式中方程的个数小于等于预期误差向量的个数时，（3.12）式才有解。设 η_t 的元素个数为 k，$Q_2 \Pi$ 的行为 m，即当 $k \geqslant m$ 时，（3.12）式有解。特别的，当 $k = m$ 时，（3.12）式有唯一解，此时 VAR 系统（3.10）式是确定性的；当 $k > m$ 时，（3.12）式有无穷多个解，此时 VAR 系统（3.10）式是不确定性的。这一观点与第二章第二节中一般 LRE 系统的确定性判别标准是一致的。但 Lubik 和 Schorfheide（2003）认为，当 $k < m$ 时，如果将预期误差项 η_t 表示成基本冲击 ε_t 和黑子冲击 ζ_t 的函数，则会增加方程（3.12）式中 k 的数量，即在（3.12）式中引入黑子冲击后，（3.12）式在 $k < m$ 的情形下也仍然有解。

考虑到基本冲击 ε_t 和黑子冲击 ζ_t 不相关，Lubik 和 Schorfheide（2003）给出了预期误差项 η_t 的一个基本表达式：

$$\eta_t = \eta_1(\varepsilon_t) + \eta_2(\zeta_t) \qquad (3.13)$$

式中，$\eta_1(\varepsilon_t)$ 表示基本冲击组合，$\eta_2(\zeta_t)$ 表示黑子冲击组合。将（3.13）式代入（3.12）式，则当黑子冲击 ζ_t 为 0 时，（3.12）式退化为：

$$Q_2 \Gamma \varepsilon_t + Q_2 \Phi \eta_1(\varepsilon_t) = 0 \qquad (3.14)$$

将（3.11）式代入（3.10）式，则当基本冲击 ε_t 为 0 时，（3.12）式退化为：

$$Q_2 \Phi \eta_2(\zeta_t) = 0 \qquad (3.15)$$

显然，（3.14）式和（3.15）式分别构成基本冲击组合 $\eta_1(\varepsilon_t)$ 和黑子冲击组合 $\eta_2(\zeta_t)$ 的方程式。利用 $Q_2 \Phi$ 的奇异值分解公式 $Q_2 \Phi = [U_1 U_2] \begin{pmatrix} D_{11} \\ 0 \end{pmatrix} \begin{bmatrix} V'_1 \\ V'_2 \end{bmatrix}$，其中，$D_{11}$ 为对角矩阵，$U = [U_1 U_2]$、$V = [V_1 V_2]$ 为正交矩阵，则当 $\eta_1(\varepsilon_t)$ 与 $\eta_2(e_t)$ 正交时，

$$\eta_t = -V_1 D_{11}^{-1} U'_1 Q_2 \Gamma \varepsilon_t + V_2 M_2 \zeta_t \qquad (3.16)$$

当 η_1（ε_t）与 η_2（e_t）不正交时，

$$\eta_t = [-V_1 D_{11}^{-1} U'_1 Q_2 \Gamma + V_2 M_1] \varepsilon_t + V_2 M_2 \zeta_t \qquad (3.17)$$

这样，就可以利用（3.16）式和（3.17）式将预期误差项 η_t 表示为基本冲击 ε_t 和黑子冲击 ζ_t 的线性函数。这里，M_1 和 M_2 是待定系数，由

于 M_1 和 M_2 是不确定性的，因而，对于不同的 M_1 和 M_2，系统（3.10）式存在不同的理性预期均衡，这表明，黑子冲击会导致 LRE 系统产生不确定性理性预期均衡。

第三节　逻辑平滑转移的非线性货币政策规则的参数确定性区域与不确定性区域

第二章第三节给出了逆序构建的逻辑平滑转移的非线性 LRE 模型，其中，不失一般性，逻辑平滑转移的非线性货币政策规则具有如下形式：

$$i_t = \rho_1 i_{t-1} + \sum_{i=-1}^{1} \varphi_{i+2} E_t \pi_{t+i} + \sum_{i=-1}^{1} \psi_{i+2} E_t y_{t+i} + (\rho_1 i_{t-1} + \sum_{i=-1}^{1} \varphi'_{i+2} E_t \pi_{t+i} +$$

$$\sum_{i=-1}^{1} \psi'_{i+2} E_t y_{t+i}) G(\lambda, c, s_{t-d}) + \varepsilon_{i,t} \tag{3.18}$$

式中，$G(\lambda, c, s_{t-d})$ 为逻辑平滑转移函数，s_{t-d} 选择预期通胀率作为阈值变量或开关状态变量，λ 为决定机制转移速度的平滑参数，c 为阈值或拐点。逻辑平滑转移机制函数的优点就在于它能够刻画货币政策对通胀和产出在两种机制（高机制和低机制）之间的平滑转换行为，中央银行可以依据阈值变量的滞后值（$d > 0$）或预期值（$d \leqslant 0$）在阈值 c 两侧非对称地调整货币政策行为，当 $s_{t-d} < c$ 时，中央银行应降低短期名义利率应对通胀率和产出缺口的反应系数（低机制），当 $s_{t-d} > c$ 时，中央银行应提高短期名义利率对通胀率和产出缺口的反应系数（高机制）。

对于 LRE 系统而言，理性预期均衡解可能出现三种情形：（1）鞍点路径不存在，即系统存在理性预期均衡；（2）存在唯一的稳定解，即解是确定性的，此时系统存在确定性理性预期均衡；（3）多重稳定解存在，即解是不确定性的，系统存在不确定性理性预期均衡。现有文献研究表明，例如克拉里达、加利和格特勒（1997），克里斯蒂亚诺和古斯特（1999），谢平、罗雄（2002）等，当经济体发生通货膨胀时，如果中央银行提高实际利率，即短期名义利率对当期通胀率的反应系数大于 1，则 LRE 模型有唯一稳定解，否则有多重稳定解。在 LRE 模型中，如果短期名义利率对当期通胀率的反应系数大于 1，则称货币政策为积极的货币政策；反之，则称货币政策为消极的货币政策。当然，加入额外的内生经济变量也可能得出相反的结论。例如，比尔·杜波尔（2001）基于一个内生投资的不完全竞争—黏性价格模型的分析认为，短期名义利率对通胀的积极反应可能会产生不确定性均衡。

对逻辑平滑转移的非线性货币政策规则（3.18）式，短期名义利率对当期通货膨胀的反应系数为 $\varphi_2 + \varphi'_2 G(\cdot)$。当 $\varphi_2 + \varphi'_2 G(\cdot) > 1$ 时，非线性货币政策规则（3.18）式是积极的货币政策，能够产生确定性理性预期均衡；当 $\varphi_2 + \varphi'_2 G(\cdot) < 1$ 时，非线性货币政策规则（3.18）式是消极的货币政策，能够产生不确定性理性预期均衡。因此，反应系数 $\varphi_2 + \varphi'_2 G(\cdot)$ 大于1或小于1决定了非线性货币政策规则（3.18）式的参数 (φ_2, φ'_2) 的确定性区域和不确定性区域。由于非线性货币政策规则（3.18）式是带逻辑平滑转移机制的，因而 (φ_2, φ'_2) 的确定性区域和不确定性区域又取决于逻辑平滑转移速度和转移机制，其中转移机制的高低又取决于预期通胀率与阈值 c 之间的关系。因此，对参数 (φ_2, φ'_2) 的确定性区域和不确定性区域的分析就分为四种情形：（1）低机制逻辑平滑转移的货币政策规则的参数确定性区域与不确定性区域；（2）高机制逻辑平滑转移的货币政策规则的参数确定性区域与不确定性区域；（3）不同转移速度下低机制逻辑平滑转移的货币政策规则的参数确定性区域与不确定性区域；（4）不同转移速度下低机制逻辑平滑转移的货币政策规则的参数确定性区域与不确定性区域。

图 3-1 给出了低机制逻辑平滑转移的货币政策规则的参数确定性区域与不确定性区域。附录程序 C.4 至附录程序 C.6 分别给出相应的 Matlab 程序编码。在图 3-1 中，阴影部分为不确定性参数区域，非阴影部分为确定性参数区域，逻辑平滑转移函数 $G(\lambda, c, s_{t-d})$ 的参数赋值采用欧阳志刚、王世杰（2009）的估计数据进行校准，阈值为 3.1%，平滑机制转移速度为 40.38，阈值变量预期通胀率的值均小于阈值，因而属于低机制，图 3-1 中上、中、下图的预期通胀率分别取值为 2%、0%、-10%。从图 3-1 中可以看出，随着阈值变量预期通胀率的上升，不确定性参数区域的范围逐渐下降，确定性参数区域的范围逐渐增加。这意味着，低机制逻辑平滑转移货币政策规则的参数确定性区域与阈值变量预期通胀率正相关，低机制逻辑平滑转移的货币政策规则的参数不确定性区域与阈值变量预期通胀率负相关。

图 3-2 给出了高机制逻辑平滑转移的货币政策规则的参数确定性区域

与不确定性区域。附录程序 C.7 至附录程序 C.9 分别给出了相应的 Matlab 程序编码。在图 3-2 中，阴影部分为不确定性参数区域，非阴影部分为确定性参数区域，逻辑平滑转移函数 $G(\lambda, c, s_{t-d})$ 的参数赋值采用欧阳志刚、王世杰（2009）的估计数据进行校准，阈值为 3.1%，平滑机制转移速度为 40.38，阈值变量预期通胀率的值均大于阈值，因而属于高机制，上、中、下图的预期通胀率分别取值为 4%、6%、10%。从图 3-2 中可以看出，随着阈值变量预期通胀率的上升，不确定性参数区域的范围逐渐下降，确定性参数区域的范围逐渐增加。这意味着，高机制逻辑平滑转移的货币政策规则的参数确定性区域与阈值变量预期通胀率正相关，高机制逻辑平滑转移的货币政策规则的参数不确定性区域与阈值变量预期通胀率负相关。

图 3-3 给出了不同转移速度下低机制逻辑平滑转移的货币政策规则的参数确定性区域与不确定性区域。附录程序 C.10 至附录程序 C.12 分别给出了相应的 Matlab 程序编码。在图 3-3 中，阴影部分为不确定性参数区域，非阴影部分为确定性参数区域，逻辑平滑转移函数 $G(\lambda, c, s_{t-d})$ 的参数赋值采用欧阳志刚、王世杰（2009）的估计数据进行校准，阈值为 3.1%，阈值变量预期通胀率为 2%，因而属于低机制，上、中、下图的机制转移速度分别取值为 0、50、100。从图 3-3 可以看出，随着机制转移速度增加，不确定性参数区域的范围逐渐上升，确定性参数区域的范围逐渐下降。这意味着，低机制逻辑平滑转移的货币政策规则的参数确定性区域与机制转移速度负相关，低机制逻辑平滑转移的货币政策规则的参数不确定性区域与机制转移速度正相关。

图 3-4 给出了不同转移速度下高机制逻辑平滑转移的货币政策规则的参数确定性区域与不确定性区域。附录程序 C.13 至附录程序 C.15 分别给出了相应的 Matlab 程序编码。在图 3-4 中，阴影部分为不确定性参数区域，非阴影部分为确定性参数区域，逻辑平滑转移函数 $G(\lambda, c, s_{t-d})$ 的参数赋值采用欧阳志刚、王世杰（2009）的估计数据进行校准，阈值为 3.1%，阈值变量预期通胀率为 4%，因而属于高机制，图 3-4 中上、中、下图的机制转移速度分别取值为 0、50、100。从图 3-4 中可以看出，随着机制转移速度增加，不确定性参数区域的范围逐渐下降，确定性参数区域的范围逐渐上升。这意味着，高机制逻辑平滑转移货币政策规则的参数确定性区域与机制转移速度正相关，高机制逻辑平滑转移的货币政策规则的参数不确定性区域与机制转移速度负相关。

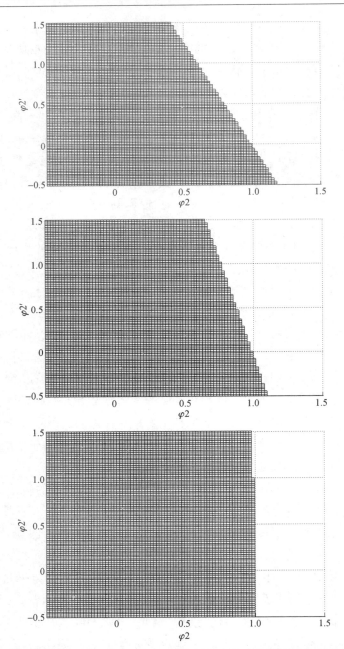

图 3-1 低机制逻辑平滑转移的货币政策规则的参数确定性区域与不确定性区域
（阴影部分为不确定性参数区域，非阴影部分为确定性参数区域）

　　上图：$c = 3.1\%$，$\lambda = 40.38$，预期通胀率为 2%；中图：$c = 3.1\%$，$\lambda = 40.38$，预期通胀率为 0；下图：$c = 3.1\%$，$\lambda = 40.38$，预期通胀率为 -10%。

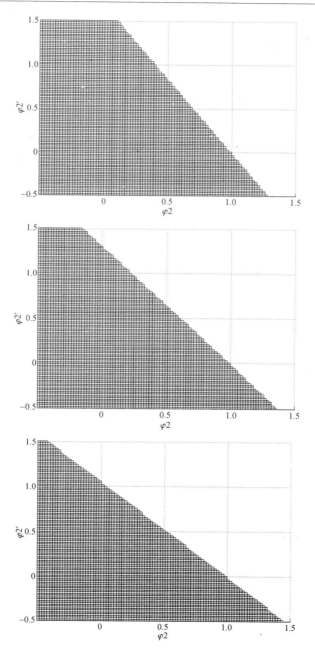

图 3 - 2　高机制逻辑平滑转移的货币政策规则的参数确定性区域与不确定性区域

（阴影部分为不确定性参数区域，非阴影部分为确定性参数区域）

上图：$c = 3.1\%$，$\lambda = 40.38$，预期通胀率为4%；中图：$c = 3.1\%$，$\lambda = 40.38$，预期通胀率为6%；下图：$c = 3.1\%$，$\lambda = 40.38$，预期通胀率为10%。

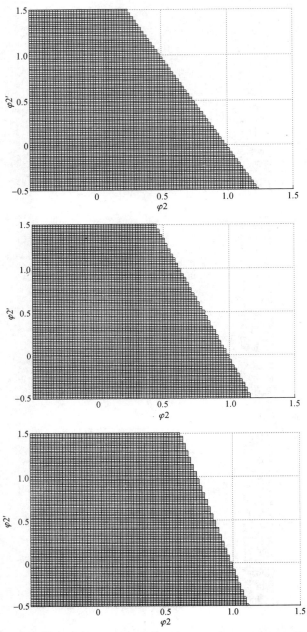

图 3 - 3　不同转移速度下低机制逻辑平滑转移的货币政策规则的参数确定性区域与

不确定性区域（阴影部分为不确定性参数区域，非阴影部分为确定性参数区域）

　　上图：$c = 3.1\%$，$\lambda = 0$，预期通胀率为2%；中图：$c = 3.1\%$，$\lambda = 50$，预期通胀率为2%；下图：$c = 3.1\%$，$\lambda = 100$，预期通胀率为2%。

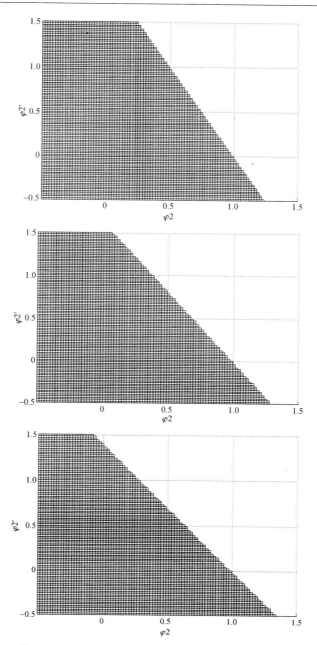

**图3－4 不同转移速度下高机制逻辑平滑转移的货币政策规则的参数确定性区域
与不确定性区域（阴影部分为不确定性参数区域，非阴影部分为确定性参数区域）**

上图：$c = 3.1\%$，$\lambda = 0$，预期通胀率为4%；中图：$c = 3.1\%$，$\lambda = 50$，预期通胀率为4%；下图：$c = 3.1\%$，$\lambda = 100$，预期通胀率为4%。

附　　录

附录 C.1　单一 LRE 模型的对数似然值和边缘后验概率密度

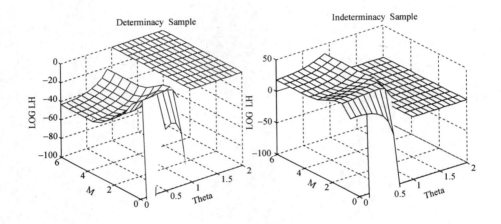

图 C-1　单一 LRE 模型的确定性样本和不确定性样本的对数似然值

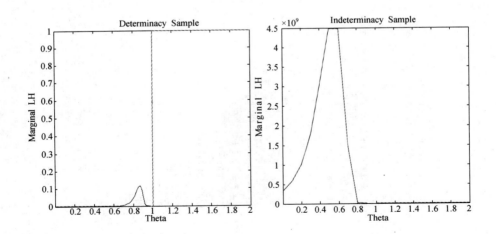

图 C-2　单一 LRE 模型的确定性样本和不确定性样本的后验概率密度

附录 C. 2：Matlab 程序

程序 C. 1：单一 LRE 模型的确定性样本下参数 θ 和 M 的联合后验概率密度的对数值或对数似然值（见图 C-1 中左图，Matlab 程序编码）。

Determinacy1. m

```
i = 0.8
M = 2
for m = 1: 30
    for n = 1: 30
        if n > m
            a(m, n) = i^(n - m) * (M - i^2) * (M - 1)
        elseif n < m
            a(m, n) = i^(m - n) * (M - i^2) * (M - 1)
        else
            a(m, n) = M^2 - 2 * M * i^2 + i^2
        end
    end
end
b = zeros(1, 30)
YI = mvnrnd(b, a/(1 - i^2), 1)
YD = normrnd(0, 1, 1, 30)
T = 30
LD = (2 * pi)^(- T/2) * exp(-1/2 * YD * YD'). * ones(11, 11)
ld = log(LD. /LD)
for i = 0: 0.1: 1
    for M = 0: 0.6: 6
        for m = 1: 30
            for n = 1: 30
                if n > m
                    a(m, n) = i^(n - m) * (M - i^2) * (M - 1)
                elseif n < m
                    a(m, n) = i^(m - n) * (M - i^2) * (M - 1)
```

```
        else
            a(m, n) = M^2 - 2 * M * i^2 + i^2
        end
      end
    end
    for N = 1: 11
```

$$LI(M+1+(N-1)*0.4, 1+i*10) = (2*pi)^{(-T/2)} * \det(a/(1-i^2))^{(-1/2)} * \exp(-1/2 * YD * \text{inv}(a/(1-i^2)) * YD')$$

```
    end
  end
end
li = log(LI. /LD)
[x, y] = meshgrid(0: 0.1: 1, 0: 0.6: 6)
mesh(x, y, li)
hold on
[x, y] = meshgrid(1: 0.1: 2, 0: 0.6: 6)
mesh(x, y, ld)
clear
```

程序 C.2：单一 LRE 模型的不确定性样本下参数 θ 和 M 的联合后验概率密度的对数值或对数似然值（见图 C-1 中右图，Matlab 程序编码）。

Indeterminacy1. m

```
i = 0.8
M = 2
for m = 1: 30
  for n = 1: 30
    if n > m
      a(m, n) = i^(n-m) * (M - i^2) * (M - 1)
    elseif n < m
      a(m, n) = i^(m-n) * (M - i^2) * (M - 1)
    else
```

```
                a(m, n) = M^2 - 2 * M * i^2 + i^2
            end
        end
    end
    b = zeros(1, 30)
    YI = mvnrnd(b, a/(1 - i^2), 1)
    YD = normrnd(0, 1, 1, 30)
    T = 30
    LD = (2 * pi)^( - T/2) * exp( -1/2 * YI * YI'). * ones(11, 11)
    for i = 0: 0.1: 1
        for M = 0: 0.6: 6
         for m = 1: 30
          for n = 1: 30
            if n > m
                a(m, n) = i^(n - m) * (M - i^2) * (M - 1)
            elseif n < m
                a(m, n) = i^(m - n) * (M - i^2) * (M - 1)
            else
                a(m, n) = M^2 - 2 * M * i^2 + i^2
            end
          end
         end
         or N = 1: 11


    LI(M + 1 + (N - 1) * 0.4, 1 + i * 10) = (2 * pi)^( - T/2) * det(a/abs
(1 - i^2))^( -1/2) * exp( -1/2 * YI * inv(a/abs(1 - i^2)) * YI')
        end
    end
    end
    ld = log(LD. /LD)
    li = log(LI. /LD)
    [x, y] = meshgrid(0: 0.1: 1, 0: 0.6: 6)
```

```
mesh(x, y, li)
hold on
[x, y] = meshgrid(1: 0.1: 2, 0: 0.6: 6)
mesh(x, y, ld)
clear
```

程序 C. 3：单一 LRE 模型的确定性样本下参数 θ 的边缘后验概率密度（见图 C - 2，Matlab 程序编码）。

Determinacy2. m

```
i = 0.8
M = 2
for m = 1: 30
    for n = 1: 30
        if n > m
            a(m, n) = i^(n - m) * (M - i^2) * (M - 1)
        elseif n < m
            a(m, n) = i^(m - n) * (M - i^2) * (M - 1)
        else
            a(m, n) = M^2 - 2 * M * i^2 + i^2
        end
    end
end
b = zeros(1, 30)
YI = mvnrnd(b, a/(1 - i^2), 1)
YD = normrnd(0, 1, [1 30])
T = 30
LD = (2 * pi)^(-T/2) * exp(-1/2 * YD * YD'). * ones(1, 11)
ld = LD. /LD
M = 2
for i = 0: 0.1: 1
    for m = 1: 30
        for n = 1: 30
```

```
if n > m
    a(m, n) = [i^(n - m) * (M - i^2) * (M - 1)]
elseif n < m
    a(m, n) = [i^(m - n) * (M - i^2) * (M - 1)]
else
    a(m, n) = [M^2 - 2 * M * i^2 + i^2]
end
    end
end
LI(1, 1 + i * 10) = (2 * pi)^(-T/2) * det(a)^(-1/2) * exp(-1/2 * YD * inv(a) * YD')
end
li = LI. /LD
x = 0: 0.1: 1
plot(x, li)
hold on
x = 1: 0.1: 2
plot(x, ld)
hold on
x = 1
y = 0: 0.00001: 1
plot(x, y)
clear
```

附录 C.3：Matlab 程序

程序 C.4：低机制逻辑平滑转移的货币政策规则的参数确定性区域与不确定性区域，阈值变量为预期通胀率，预期通胀率为 2%，阈值为 3.1%，转移速度为 40.38，Matlab 程序编码。

```
[m, n] = meshgrid(linspace(-0.5, 1.5), linspace(-0.5, 1.5));
z = m + n/(1 + exp(-40.38 * (0.02 - 3.1/100)))
z(z > 1) = nan;
mesh(m, n, z)
xlabel('m'); ylabel('n');
```

```
view(2)
colormap([0 0 0])
clear
```

程序 C.5：低机制逻辑平滑转移的货币政策规则的参数确定性区域与不确定性区域，阈值变量为预期通胀率，预期通胀率为 0，阈值为 3.1%，转移速度为 40.38，Matlab 程序编码。

```
[m, n] = meshgrid(linspace( -0.5, 1.5), linspace( -0.5, 1.5));
z = m + n/(1 + exp( -40.38 * (0 -3.1/100)))
z(z > 1) = nan;
mesh(m, n, z)
xlabel('m'); ylabel('n');
view(2)
colormap([0 0 0])
clear
```

程序 C.6：低机制逻辑平滑转移的货币政策规则的参数确定性区域与不确定性区域，阈值变量为预期通胀率，预期通胀率为 -10%，阈值为 3.1%，转移速度为 40.38，Matlab 程序编码。

```
[m, n] = meshgrid(linspace( -0.5, 1.5), linspace( -0.5, 1.5));
z = m + n/(1 + exp( -40.38 * ( -0.1 -3.1/100)))
z(z > 1) = nan;
mesh(m, n, z)
xlabel('m'); ylabel('n');
view(2)
colormap([0 0 0])
clear
```

程序 C.7：高机制逻辑平滑转移的货币政策规则的参数确定性区域与不确定性区域，阈值变量为预期通胀率，预期通胀率为 4%，阈值为 3.1%，转移速度为 40.38，Matlab 程序编码。

```
[m, n] = meshgrid(linspace( -0.5, 1.5), linspace( -0.5, 1.5));
z = m + n/(1 + exp( -40.38 * (0.04 -3.1/100)))
z(z > 1) = nan;
mesh(m, n, z)
```

```
xlabel('m'); ylabel('n');
view(2)
colormap([0 0 0])
clear
```

程序 C.8：高机制逻辑平滑转移的货币政策规则的参数确定性区域与不确定性区域，阈值变量为预期通胀率，预期通胀率为 6%，阈值为3.1%，转移速度为 40.38，Matlab 程序编码。

```
[m, n] = meshgrid(linspace(-0.5, 1.5), linspace(-0.5, 1.5));
z = m + n/(1 + exp(-40.38 * (0.06 - 3.1/100)))
z(z > 1) = nan;
mesh(m, n, z)
xlabel('m'); ylabel('n');
view(2)
colormap([0 0 0])
clear
```

程序 C.9：高机制逻辑平滑转移的货币政策规则的参数确定性区域与不确定性区域，阈值变量为预期通胀率，预期通胀率为 10%，阈值为3.1%，转移速度为 40.38，Matlab 程序编码。

```
[m, n] = meshgrid(linspace(-0.5, 1.5), linspace(-0.5, 1.5));
z = m + n/(1 + exp(-40.38 * (0.1 - 3.1/100)))
z(z > 1) = nan;
mesh(m, n, z)
xlabel('m'); ylabel('n');
view(2)
colormap([0 0 0])
clear
```

程序 C.10：不同转移速度下低机制逻辑平滑转移的货币政策规则的参数确定性区域与不确定性区域，阈值变量为预期通胀率，预期通胀率为2%，阈值为3.1%，转移速度为 0，Matlab 程序编码。

```
[m, n] = meshgrid(linspace(-0.5, 1.5), linspace(-0.5, 1.5));
z = m + n/(1 + exp(-0 * (0.02 - 3.1/100)))
z(z > 1) = nan;
```

```
mesh(m, n, z)
xlabel('m'); ylabel('n');
view(2)
colormap([0 0 0])
clear
```

程序 C.11：不同转移速度下低机制逻辑平滑转移的货币政策规则的参数确定性区域与不确定性区域，阈值变量为预期通胀率，预期通胀率为2%，阈值为3.1%，转移速度为50，Matlab 程序编码。

```
[m, n] = meshgrid(linspace(-0.5, 1.5), linspace(-0.5, 1.5));
z = m + n/(1 + exp(-50 * (0.02 - 3.1/100)))
z(z > 1) = nan;
mesh(m, n, z)
xlabel('m'); ylabel('n');
view(2)
colormap([0 0 0])
clear
```

程序 C.12：不同转移速度下低机制逻辑平滑转移的货币政策规则的参数确定性区域与不确定性区域，阈值变量为预期通胀率，预期通胀率为2%，阈值为3.1%，转移速度为100，Matlab 程序编码。

```
[m, n] = meshgrid(linspace(-0.5, 1.5), linspace(-0.5, 1.5));
z = m + n/(1 + exp(-100 * (0.02 - 3.1/100)))
z(z > 1) = nan;
mesh(m, n, z)
xlabel('m'); ylabel('n');
view(2)
colormap([0 0 0])
clear
```

程序 C.13：不同转移速度下高机制逻辑平滑转移的货币政策规则的参数确定性区域与不确定性区域，阈值变量为预期通胀率，预期通胀率为4%，阈值为3.1%，转移速度为0，Matlab 程序编码。

```
[m, n] = meshgrid(linspace(-0.5, 1.5), linspace(-0.5, 1.5));
z = m + n/(1 + exp(-0 * (0.04 - 3.1/100)))
```

```
z(z>1) = nan;
mesh(m, n, z)
xlabel('m'); ylabel('n');
view(2)
colormap([0 0 0])
clear
```

程序 C. 14：不同转移速度下高机制逻辑平滑转移的货币政策规则的参数确定性区域与不确定性区域，阈值变量为预期通胀率，预期通胀率为 4%，阈值为 3.1%，转移速度为 50，Matlab 程序编码。

```
[m, n] = meshgrid(linspace(-0.5, 1.5), linspace(-0.5, 1.5));
z = m + n/(1 + exp(-50 * (0.04 - 3.1/100)))
z(z>1) = nan;
mesh(m, n, z)
xlabel('m'); ylabel('n');
view(2)
colormap([0 0 0])
clear
```

程序 C. 15：不同转移速度下高机制逻辑平滑转移的货币政策规则的参数确定性区域与不确定性区域，阈值变量为预期通胀率，预期通胀率为 4%，阈值为 3.1%，转移速度为 100，Matlab 程序编码。

```
[m, n] = meshgrid(linspace(-0.5, 1.5), linspace(-0.5, 1.5));
z = m + n/(1 + exp(-100 * (0.04 - 3.1/100)))
z(z>1) = nan;
mesh(m, n, z)
xlabel('m'); ylabel('n');
view(2)
colormap([0 0 0])
clear
```

第四章　逻辑平滑转移的非线性货币政策规则与不确定性
——基于 LRE 模型的实证分析

第一节　非线性货币政策的计量检验

尽管线性货币政策规则被不断扩展与完善，但其适用性一直备受质疑。近年来，不断有学者发现，如果坚持模型的线性假设，货币政策规则很可能无法准确地反映实际的货币政策操作行为，更一般的政策规则可能是非线性的。例如，泰勒（1999）对美国自金本位时期以来的货币政策进行了系统的研究，其结果显示，不同历史时期泰勒规则的反应系数变化很大；Dolado（2002）等对德国、法国、西班牙和美国的数据进行了实证分析，结果表明除了美国之外，其他国家的利率路径都具有一定的非线性。

货币政策规则非线性研究的主要差异体现在模型结构转换变量的选择和阈值的确定上。结构转换变量是指导致非线性模型发生结构性变化的指标变量，对它的选择基本缘于研究者的经验，分为外生和内生两类。外生结构转换变量是结构转换变量不作为解释变量体现于模型内，例如，Judd 和 Rudebusch（1998）、克拉里达等（2000）认为，美联储的货币政策反应函数随联储主席的变更而不同，联储主席是货币政策反应函数发生结构变化的指标变量。内生结构转换变量是结构转换变量作为解释变量体现于模型内，由于这种对结构转换变量的处理方法更能体现"让数据说话"的严谨性，因此在研究应用中更加广泛。例如，Rabanal（2004）以经济增长率作为转移变量，Kim 等（2005）以经济周期作为转移变量，Assenmacher Wesche（2006）以残差方差作为转移变量，Bec 等（2000）以产出缺口为转移变量，Kesriyeli 等（2004）以利率的一阶差分为转移变量，张代强、张屺山（2008）以利率为转移变量，Bruggemann 和 Riedel（2008）分别以产出缺口、时间趋势和利率滞后值作为阈值转移变量，等等。

在阈值确定方面，研究者选择的方法众多，大致也可分为外生和内生两类。外生阈值即研究者依赖人为的经验确定阈值，内生阈值是借助一定的计量方法估计出阈值。外生阈值研究通常采用分段样本方法和分位数回归方法。例如，Judd 和 Rudebusch（1998）、克拉里达等（2000）使用分段样本的研究表明，美联储的货币政策反应函数随联储主席的变更而不同，其中，格林斯潘时期的利率政策对预期通胀的反应更加敏感；张代强、张屺山（2008）利用分位数回归方法对前瞻性利率规则实证检验发现预期货币供给增长率反应系数随着利率由条件分布的低端向高端变动而呈现单向递增的变化趋势，而预期通胀和预期产出缺口的反应系数变化趋势分别呈现先增后减和先减后增的变化趋势。但由于外生阈值会减少每次估计的样本容量，从而降低估计的自由度和估计的精度，因此，研究者更多地开始转向内生阈值研究，即机制转移模型。

机制转移模型的基本思想是：在某一制度条件下，数据生成过程是不随时间变化的，但在不同制度下则具有不同的行为特征。机制转移模型是通过将因变量描述成在每一制度下为线性运动，而不同的机制下具有不同线性运动的分段线性为特征的非线性数据生成过程。在机制转移模型中，机制是不可观察的，且机制转移不是由单个的决定事件造成的。这些不可观察的机制被假设是由一个外生或内生的随机过程所掌握，且认为过去所发生的机制转移被认为会在未来以同样的方式发生。根据机制转移过程的限制条件所作的假设不同，可将机制转移模型主要分为马尔可夫转移模型、门限自回归模型和平滑转移回归（STR）模型三类。

在众多机制转移模型中，马尔可夫机制转移模型的应用比较广泛。马尔可夫模型描述的是货币政策反应函数依赖某一内生状态变量以一定概率在不同机制之间发生结构突变的情况。例如，Rabanal（2004）使用马尔可夫机制转移模型，以经济增长率作为状态转移变量，发现美联储的货币政策反应函数具有非对称性，美联储在经济繁荣期更关注通货膨胀，在经济衰退期更关注经济增长；Assenmacher Wesche（2006）使用马尔可夫机制转移模型，以残差方差作为状态转移变量，分别研究了美国、英国、法国、意大利和德国的货币政策反应函数，发现上述国家货币政策反应函数可以划分为高通胀机制和低通胀机制，在低通胀机制中注重对产出的反应，在高通胀机制中注重对通胀的反应。门限回归模型也是一类常用的机制转移模型，它通过对门限变量的设置，将线形模型调整为依赖门限值分阶段状态变化的非线性模型。例如，张屹山、张代强（2008）利用门限回归模型从市场利率和约束利率两方面对利率进行了实证研究。欧阳志刚（2009）通过针对非平稳数据的两机制向量误差校正模型（VECM）模型，检验了央行对利率调节及利率对宏观经济调节的动态非线性特征。

但由于马尔可夫转移模型中状态变量不可知或无法观测，因而对变量所处状态的推断，需要很多信息，信息失真和推断过程的复杂就可能导致结论不准确，而且，马尔可夫转移模型只能确定变量处在某个状态的概率，却不能刻画变量在不同状态间的转移过程。而门限自回归模型虽然能够刻画变量在不同状态间的转移过程，但转移机制却是离散的。而近期计量经济学所发展的平滑转移回归模型，通过引入有界、连续的开关函数，有效描述了货币政策反应函数在不同机制之间的平滑转换状态，成为研究非线性非对称货币政策反应规则的有效方法。例如，Bec 等（2000）使用逻辑平滑转移机制（LSTR）模型，以产出缺口为阈值变量研究表明，美国、法国、德国的货币政策反应函数在经济繁荣阶段和经济萧条阶段具有显著的非对称性；Kesriyeli 等（2004）利用 LSTR 模型，以利率的一阶差分作为阈值变量，发现美国、英国、德国的货币政策对产出和通胀具有显著的非对称性反应；Cukierman 和 Muscatelli（2000）使用 HTSTR 模型对G7 国家的利率行为进行了实证研究，结果发现，美国扩张谨慎需求占优势，而英国货币政策的价格平稳谨慎需求占优势，两个国家利率路径均有明显的非线性特征；Bruggemann 和 Riedel（2008）分别以产出缺口、时间趋势和利率滞后值作为阈值变量，使用 LSTR 模型估计英国的货币政策反应函数，发现在经济繁荣时期，央行货币政策主要对通货膨胀作出反应，在经济紧缩期则主要对产出缺口作出反应。

近期，国内学者对货币政策规则对中国货币政策的应用也展开深入研究。谢平、罗雄（2002）首次使用 GMM 方法估计了中国前瞻性货币政策反应函数，此后，许多学者在该领域进行了有益的研究。在线性方法的研究下，卞志村（2006）使用 GMM 和协整方法对泰勒规则在中国的适用性进行检验，认为泰勒规则虽然可以描述中国银行间同业拆借利率的走势，但这一规则是不稳定的；张屹山、张代强（2007）将滞后货币增长率引入前瞻性反应函数中，发现该反应函数能够较好描述同业拆借利率、存贷款利率和两者利差的走势。近期文献则侧重非线性货币政策规则对中国货币政策的应用及实证检验方面，国内学者着重从非线性产生机制、形成机理、非线性货币政策规则非对称效应及非线性模型构建与检验等几个方面展开研究。

在非线性产生机制方面，江梅华（2011）首先从菲利普斯曲线机制进行了研究，利用平滑迁移模型（STAR）对中国的新凯恩斯菲利普斯曲线进行了经验分析，检验结果表明中国存在显著的非线性特征的菲利普斯曲线形式。黄启才（2011）则在非线性特征菲利普斯曲线的基础上进行了进一步的研究，认为与传统的L—Q货币政策分析框架相比，在经济结构模型中引入非线性菲利普斯曲线后，即使央行采用对称的二次损失函数形式，在最终得到的最优货币政策规则中，短期名义利率对通货膨胀率与产出缺口的反应也是非线性和非对称的。

在非线性货币政策反应规则形成机理方面，王亮（2011）从菲利普斯曲线非线性和央行损失函数非对称性两个视角论证了非线性泰勒规则的形成机理，结论表明，无论菲利普斯曲线是上凸还是下凹，都意味着通货膨胀与产出缺口之间存在非对称性，这会导致货币政策规则的非线性，央行损失函数的非对称性是导致货币政策规则非线性的另一个原因。

在货币政策非对称效应方面，刘金全（2002）通过对货币政策状态扩张性和紧缩性的度量，检验发现在中国经济运行当中，紧缩性货币政策对于经济的减速作用大于扩张性货币政策对于经济的加速作用，从而从货币政策本身的角度说明了其非线性特征；同样从货币政策本身出发，赵进文、闵捷（2005a，2005b）使用LSTR模型发现了中国货币政策操作效果表现出明显的非对称性，具有很强的非线性特征，并进而测定了货币政策操作拐点与开关函数。赵进文、黄彦（2006）以非线性二次福利函数的方式给定目标函数，测定中国非线性利率反应规则，发现在1993—2005年间，央行存在非对称性政策偏好，货币政策规则具有显著的非线性特征；刘明（2006）基于宏观数据和阈值模型研究表明，中国货币政策信用传导渠道存在阈值效应；彭方平（2007）应用非线性光滑转换面板数据模型，从微观层面对中国货币政策传导的非线性效应进行了实证研究，发现中国货币政策对公司的投资传导具有显著的非线性效应，中国货币政策在总体上具有微观有效性。郑挺国、刘金全（2008）使用平滑迁移向量误差修正（STVECM）模型，发现中国货币对产出的非对称影响依赖于经济周期的高速增长和低速增长阶段、货币供给的高速增长和低速增长阶段以及通货膨胀率的加速和减速阶段；曹小衡、张敬庭等（2008）把总供给、总需求和非对称性结合起来，在弹性价格假设下构建了一个 AS—AD 模型，然后使用 LSTVAR 模型的脉冲响应分析表明货币政策在方向上和经济周期上都存在非线性。

在非线性模型构建及检验方面，张代强、张屹山（2008）和张屹山、张代强（2008）根据新凯恩斯模型和货币需求方程，通过理论分析得到了包含货币因素的最优利率规则，并先后利用分位数回归方法和门限回归方法对利率规则的非线性进行了实证研究，发现在货币供给高增长时期的反应系数大于货币供给低增长时期的反应系数。彭方平、吴强、展凯（2008）则是结合了具体实务来论证货币政策非线性，应用 STVAR 模型对中国信贷周期变化与货币政策效果的非对称性进行研究。结果表明，信贷紧缩状态时的货币政策的产出效益比信贷扩张状态更显著；刘金全等（2009）利用平滑迁移向量自回归（LSTVAR）模型检验了中国货币政策作用机制的非对称效应，结果表明，中国实际产出和通货膨胀对货币冲击的动态反应随着冲击方向、规模以及经济周期阶段的变化而改变，货币政策对实际产出和价格水平的作用具有非对称性；徐亚平（2009）借助门限自回归模型，对 1996 年 1 月至 2008 年 6 月中国货币政策非线性反应函数进行的实证研究结果表明，中国货币政策的反应函数是非线性的，即面对经济运行的不同状况，中央银行对通货膨胀和产出偏差反应系数的大小是不断变化的，并且货币政策目标的侧重点也会根据经济运行态势的变化而相应地进行调整，即在低通货膨胀状态下，货币政策更侧重于促进经济增长，但在温和以及较高通货膨胀状态下，货币政策会侧重于防止通胀；欧阳志刚（2009）使用阈值协整模型对开放经济中的货币政策反应函数的研究表明，央行对利率的调节是非线性，且随着货币政策松紧的变换而变化。

第二节　逻辑平滑转移的货币政策规则的非线性与非对称性

通胀预期是公众对通胀未来变化的事前估计，其稳定与否可能导致宏观经济的大稳健或高通胀。从货币政策角度而言，通胀预期会影响货币当局稳定价格的能力，会影响前瞻性货币政策（比如前瞻性货币政策规则、通胀目标制）的有效性，对通胀预期的预测、管理和承诺还会影响货币当局与公众之间的信息沟通。然而公众的通胀预期并非一成不变的，这从中国政府历年公布的通胀目标中可见一斑。2000—2012 年，中国政府各年工作报告公布的 CPI 通胀率目标分别为：4%、1%—2%、0—1%、1%、3%—4%、4%、3%、3%、4.8%、4%、3%、4%、3%。显然，近期公布的通胀目标较高，这也表明从 2006 年开始，中国公众的通胀预期居高不下。人民银行在近期也开始加强通胀调控，特别是在 2011 年和 2012 年，着重强调通胀调控和通胀预期管理。

在通胀预期管理过程中，货币当局主要调控货币政策工具，突出地表现为遵循前瞻性货币政策规则调控短期名义利率。以近期中国央行为例，2007—2008 年上半年，为抑制经济中出现的流动性过剩和通胀，央行连续 6 次加息，1 年期存款基准利率从 2.52% 上调至 4.14%，累积上调幅度为 1.62%，平均每次升息为 0.27%；随后，为抵御全球性金融危机的冲击，从 2008 年下半年开始，央行又连续 5 次降息，1 年期存款基准利率从 4.14% 下调至 2.25%，累积下调幅度为 1.89%，平均每次降息为 0.38%。这表明，中国短期名义利率调整具有非对称性和非线性特征。理论上通常采用平滑转移函数（如 LSTR 和 ESTR）和区制转移函数（如 Markov 过程）来研究前瞻性货币政策规则的非线性特征。

本书在第二章采用逆向建模法构建了一个逻辑平滑转移的非线性 LRE 模型，即先设定一个一般化的逻辑平滑转移的非线性货币政策规则，然后逆向推导与非线性货币政策规则形式相一致的最优货币政策规则的非线性菲利普斯曲线。本节首先对逻辑平滑转移的非线性货币政策规则进行实证检验，下一节则利用 SVAR 模型对逻辑平滑转移的 LRE 模型与货币政策规则的不确定性进行实证检验与冲击响应分析。本节估计的逻辑平滑转移的非线性货币政策规则具有如下一般形式：

$$i_t = i^* + \rho_1 i_{t-1} + \rho_2 i_{t-2} + \sum_{i=-1}^{1} \varphi_{i+2} E_t \pi_{t+i} + \sum_{i=-1}^{1} \psi_{i+2} E_t y_{t+i} + (i^* + \rho_1 i_{t-1} +$$

$$\rho_2 i_{t-2} + \sum_{i=-1}^{1} \varphi_{i+2} E_t \pi_{t+i} + \sum_{i=-1}^{1} \psi_{i+2} E_t y_{t+i}) \frac{1}{1 + \exp(-\lambda(E_t \pi_{t+1} - c))} +$$

$$\varepsilon_{i,t}$$

(4.1)

其中，各个参数的含义与第二章一致。

一 计量模型设定：非线性最小二乘回归（NLS）

在对依据经济理论设定经济变量间的关系进行计量分析时，最小二乘回归（LS）是最直接也是最简单的估计方法。由于最小二乘回归须满足古典线性回归模型的基本假定，如随机误差项同方差、解释变量不存在共线性、解释变量与误差项不相关（不存在遗漏变量）、误差项不存在序列相关等假设，因而发展出许多更复杂技术的计量方法，如广义矩估计（GMM）。本书对逻辑平滑转移的非线性货币政策规则（4.1）式采用非线性最小二乘回归方法（NLS）进行估计。NLS 估计要求模型参数具有初始值，参数初始值的设定与真实值越接近越好，本章采用最小二乘回归估计值作为（4.1）式的 NLS 估计的参数初始值。同时，本书设定最大迭代次数为 500 次，收敛阈值为 0.0001。实证检验结果表明，（4.1）式的 NLS 估计在 1 次迭代之后就趋于收敛。

二 变量与数据

本节实证分析涉及的变量包括 GDP 缺口、通胀率和短期名义利率。本节选择 2000 年 1 月至 2011 年 3 月共 47 个季度数据作为样本量，数据来源于中经网统计数据库。

（一）GDP 缺口

对 GDP 缺口的估计始于奥肯（Okun，1962），目前理论界常用方法主要有两类：一类是柯布—道格拉斯生产函数法（McCallum and Nelson，1999），另一类是对实际产出的时间序列进行分解（McCallum，2000），包括线性趋势、HP 滤波、卡尔曼滤波（单变量与多变量状态空间）。国内学者则大多采用线性趋势估计方法（谢平、罗雄，2002；刘斌、张怀清，2001），本节主要采用加入虚拟变量的线性趋势方法，以平滑 GDP 的季节波动。

季度 GDP 为当季发生数，为了消除通胀影响，将名义季度 GDP 转化为实际值，以 CPI 为基础的实际季度 GDP = 名义季度 GDP/（1 + CPI）。同时，为避免出现季节影响，采用最新的 X - 12 方法对 GDP 进行季节性调整。GDP 的被调整实际 GDP 序列和不规则实际 GDP 序列的谱图显示，在季节频率垂线和贸易日频率垂线上均未观测到谱峰，这表明 GDP 的季节调整都是充分的。

在构建线性趋势模型估计潜在 GDP 时，主要考虑三点：

（1）考虑到实际 GDP 表现出较强的季度波动特点，用线性估计时，须加入三个虚拟变量（谢平、罗雄，2002）。

$$D_1 = \begin{cases} 1 & \text{第一季度} \\ 0 & \text{其他} \end{cases}, \quad D_2 = \begin{cases} 1 & \text{第二季度} \\ 0 & \text{其他} \end{cases}, \quad D_3 = \begin{cases} 1 & \text{第三季度} \\ 0 & \text{其他} \end{cases}$$

（2）因变量选择实际 GDP 的对数值，这样可以直接将残差项作为 GDP 缺口的一致估计值。

（3）实际 GDP 和潜在 GDP 可能是非平稳序列，实证检验表明线性趋势模型存在 AR（1）序列相关[①]，在回归元严格外生的假定下，还需要对原模型进行校正，校正模型的参数估计采用可行广义最小二乘法（FGLS）进行估计，校正步骤依据郭凯、孙音（2012）的设定。

（二）通货膨胀率

通胀率的衡量通常有两种方法，即消费者价格指数（CPI）和商品零售价格指数（RPI），两者最主要的区别是消费者价格指数将服务价格计算在内。在 2000 年之前，中国官方只公布 CPI 和 RPI 的月度与年度同比数据，月度环比数据不可得，从 2000 年开始，国家信息中心经济预测部发布《中国数据分析》，开始公布 2000 年 1 月以来的 CPI 和 RPI 的环比数据。本节选择 CPI 作为通货膨胀率的衡量指标，由于本节得到的 CPI 数据是月度数据，在计算中通过三项移动平均求出季度 CPI 数据，然后利用公式（季度 CPI − 1）×100% 即可求出季度 CPI 通胀率。

（三）通胀预期

预期在宏观经济学中的重要性早在凯恩斯的《通论》中就得到充分强调，在 20 世纪五六十年代，预期概念被众多经济学家广泛引入宏观经济领域中的消费、投资、货币需求和通胀分析中。初期的预期概念侧重于适应性预期，这既不符合主流宏观经济模型的"向前看"的特征，又无法对代表性代理人如何形成适应性预期作出经济解释，以及对适应性预期的形成模式进行建模，因而缺乏宏观可行性和微观合理性。在此背景下，理性预期理论应运而生。Muth（1961）最早正式提出了理性预期概念并将其公式化和应用于蛛网模型分析。理性预期理论在宏观经济分析中的广泛应用则归功于卢卡斯（1972）和萨根特（Sargent，1973）的创新性工作。

---

① 对 GDP 的线性趋势模型的残差进行 Breusch – Godfrey 序列相关检验，结果，F 统计量和 LM 统计量的 p 值均为零。

适应性预期以历史信息为基础，反映了代理人"向后看"的行为特征；理性预期则假设代理人对真实经济结构完全认知，能够获取决策所需的无限量的信息，并拥有强大的信息处理能力，因而能形成与真实经济相一致的无偏估计结果，反映了代理人"向前看"的行为特征。因此，理性预期假设更具有宏观可行性，在有关货币政策研究的实际文献中，理性预期通常被表述为经济变量的条件期望值。例如，在货币政策传导机制的研究框架中，附加预期的菲利普斯曲线是刻画货币政策传导机制的重要经济约束条件之一，其中，作为增广项的通胀预期在理性约束下的表达式为 $E_t \pi_{t+1}$，即代理人能够以 t 期完全信息为基础对 $t+1$ 期的通胀率作出无偏一致估计，相关文献在实证研究过程中则直接设定 $E_t \pi_{t+1} = \pi_{t+1}$。

因此，遵循相关文献的做法，本节在实证分析过程中，直接将下一期的通胀率作为理性通胀预期的测度。附录表 D.1 给出了理性通胀预期的具体估计值，显然，理性预期通胀率实际上是 CPI 通胀率向前平移了一个季度，这意味着，当 CPI 通胀率处于上升趋势时，理性预期通胀率大于 CPI 通胀率，当 CPI 通胀率处于下降趋势时，理性预期通胀率小于 CPI 通胀率。也就是说，理性预期通胀率先于 CPI 通胀率变化而变化，这反映了理性预期假设下公众向前看的特征。

（四）短期名义利率

市场利率是整个利率体系的形成基础，它可作为中央银行制定基准利率的价格信号和参照系数。在发达市场经济国家，由于国债发行制度灵活、国债二级市场活跃以及货币当局较大规模的公开市场操作，国债利率成为金融市场的基础利率。虽然中国国债市场经过改革，发行机制逐步市场化，二级市场得到一定的发展，但由于总体规模小，还不足以引导市场利率。而中国同业拆借市场从 1984 年建立以后得到了长足发展，因而同业拆借市场能够迅速反映货币市场的资金供求状况，同业拆借利率可以作为金融市场的市场利率的代理变量。本节借鉴国际上通行的以金融机构间同业拆借资金价格作为一国金融市场基准利率或国际金融市场基准利率的做法，例如，美国、英国金融市场基准利率分别为美国联邦基金利率和 LIBOR，中国香港金融市场基准利率一个重要参考标准为 HIBOR（中国香港同业拆借利率），采用上海同业拆借利率作为名义利率衡量指标。本节采用 2001 年 1 月至 2011 年 3 月的 7 天同业拆借加权平均利率作为市场化利率。

三　NLS 参数估计与计量结果分析

本节对逻辑平滑转移的非线性货币政策规则模型（4.1）式的参数估计分三步进行：

第一步：确定阈值区间。考虑到 2000—2012 年中国政府各年工作报告公布的 CPI 通胀率目标为 0—5% 的目标区间，本书在最小目标和最大目标的基础上分别减少 1% 和增加 1%，即本书给出阈值的可能区间为 −1%—6%。

第二步：确定最优阈值。在阈值区间内，首先，按照从小到大的顺序以 1% 的步长依次取值，并针对每一个阈值取值对（4.1）式进行 NLS 估计，分别得到拟合优度、调整的拟合优度、残差平方和、对数似然值、AIC 值和 SC 值。如果后一阈值相对于前一阈值的拟合优度、调整的拟合优度、对数似然值较小，且残差平方和、AIC 值、SC 值较大，则可以确定最优阈值的 1% 的区间范围。其次，在最优阈值的 1% 的区间范围内，按照从小到大的顺序以 0.1% 的步长依次取值，并针对每一个阈值取值对（4.1）式进行 NLS 估计，分别得到拟合优度、调整的拟合优度、残差平方和、对数似然值、AIC 值和 SC 值。如果后一阈值相对于前一阈值的拟合优度、调整的拟合优度、对数似然值较小，且残差平方和、AIC 值、SC 值较大，则可以确定最优阈值的 0.1% 的区间范围。最后，在最优阈值的 0.1% 的区间范围内，按照从小到大的顺序以 0.01% 的步长依次取值，并针对每一个阈值取值对（4.1）式进行 NLS 估计，分别得到拟合优度、调整的拟合优度、残差平方和、对数似然值、AIC 值和 SC 值。选择拟合优度、调整的拟合优度、对数似然值最大，且残差平方和、AIC 值、SC 值最小所对应的阈值为最优阈值。

第三步：将最优阈值代入（4.1）式，采用 NLS 非线性方法进行估计。

表 4-1 给出了不同阈值 c 的逻辑平滑转移的非线性货币政策规则的 NLS 回归结果。回归结果表明，当 $c = 3.44\%$ 时，（4.1）式回归的拟合优度、调整的拟合优度、对数似然值最大，且残差平方和、AIC 值、SC 值最小。

表 4-2 给出了阈值为 3.44% 时的逻辑平滑转移非线性货币政策规则（4.1）式参数的 NLS 估计值。图 4-1 给出了短期名义利率的真实值和逻辑平滑转移的非线性货币政策规则（4.1）式的规则值。显然，货币政策

规则的反应系数是变化的，反应系数值与预期通胀率、阈值和平滑转移速度相关，这不仅表明了逻辑平滑转移的货币政策规则是非线性的，而且反应系数在阈值两侧会有高低之分，因而逻辑平滑转移的货币政策规则阈值两侧也是非对称的。

表 4 - 1　逻辑平滑转移的非线性货币政策规则的不同阈值 c 的 NLS 回归结果
（阈值变量为 $E_t \pi_{t+1}$）

阈值（c）	R^2	调整的 R^2	残差平方和（SSR）	对数似然值	AIC	SC
- 1%	0.828240	0.782774	0.000324	197.5723	- 8.526013	- 8.120515
0	0.829081	0.783838	0.000323	197.6803	- 8.530921	- 8.125424
1%	0.830077	0.785098	0.000321	197.8089	- 8.536767	- 8.131269
2%	0.831401	0.786772	0.000318	197.9810	- 8.544590	- 8.139092
3%	0.833191	0.789036	0.000315	197.2158	- 8.555261	- 8.149764
3.25%	0.833536	0.789472	0.000314	198.2613	- 8.557333	- 8.151835
3.3%	0.833580	0.789528	0.000314	198.2671	- 8.557597	- 8.152099
3.4%	0.833632	0.789593	0.000314	198.2740	- 8.557907	- 8.152410
3.41%	0.833634	0.789596	0.000314	198.2742	- 8.557920	- 8.152422
3.42%	0.833636	0.789598	0.000314	198.2744	- 8.557929	- 8.152432
3.43%	0.833636	0.789599	0.000314	198.2746	- 8.557935	- 8.152437
3.44%	0.833637	0.789599	0.000314	198.2746	- 8.557936	- 8.152439
3.45%	0.833636	0.789599	0.000314	198.2745	- 8.557934	- 8.152436
3.46%	0.833635	0.789598	0.000314	198.2744	- 8.557928	- 8.152430
3.47%	0.833634	0.789595	0.000314	198.2742	- 8.557917	- 8.152420
3.48%	0.833631	0.789592	0.000314	198.2739	- 8.557903	- 8.152405
3.49%	0.833628	0.789588	0.000314	198.2735	- 8.557884	- 8.152387
3.5%	0.833624	0.789584	0.000314	198.2730	- 8.557862	- 8.152364
3.6%	0.833544	0.789482	0.000314	198.2623	- 8.557378	- 8.151881
4%	0.832230	0.787820	0.000317	198.0893	- 8.549513	- 8.144016
5%	0.824105	0.777545	0.0003132	197.0489	- 8.502225	- 8.096727
6%	0.823414	0.776671	0.0003133	196.9627	- 8.498305	- 8.092807

表 4-2 逻辑平滑转移的非线性货币政策规则的 NLS 估计结果

（$c = 3.44\%$，阈值变量为 $E_t \pi_{t+1}$）

系数	最小二乘估计值	标准差	t 统计量	P 值
i^*	0.007286	0.002044	3.564204	0.0011
ρ_1	0.758797	0.120225	6.311501	0.0000
ρ_2	-0.262066	0.114968	-2.279472	0.0290
φ_1	-0.039483	0.045893	-0.860340	0.3956
φ_2	0.065169	0.063018	1.034135	0.3084
φ_3	-0.105999	0.053499	-1.981311	0.0557
ψ_1	0.014181	0.028710	0.493936	0.6245
ψ_2	-0.005336	0.034281	-0.155658	0.8772
ψ_3	-0.068490	0.034650	-1.976612	0.0562
λ	57.94877	23.56245	2.459369	0.0192
D-W	1.962524			
调整的 R^2	0.789599			

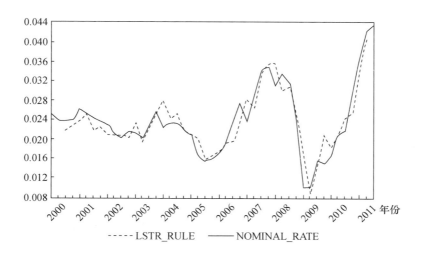

图 4-1 短期名义利率真实值与 LSTR 规则值

（实线为真实值，虚线为 LSTR 规则值）

在 (4.1) 式中，短期名义利率对当期通胀率的反应系数 φ_2 为 $0.065169 + G(\cdot)$，由于 $G(\cdot)$ 随预期通胀率变化而变化，因而反应系数 φ_2 的值也随预期通胀率变化而变化。当预期通胀率大于 3.44% 时，反应系数 φ_2 约为 0.13；当预期通胀率小于 3.44% 时，反应系数 φ_2 约为 0.065。可以看出，阈值右侧反应系数值大约是阈值左侧反应系数值的 2 倍，这意味着如果经济体的预期通胀率超过 3.44%，则中央银行应该加倍提高短期名义利率对当期通胀率的反应系数。图 4 - 2 给出了 2000 年 1 月至 2011 年 3 月的季度 CPI 通货膨胀率与阈值的时序图，图 4 - 3 给出了逻辑平滑转移函数的区制转移时序图。从图 4 - 2 中可以看出，中国在 2003 年后期至 2004 年上半年、2007 年全年、2008 年上半年、2010 年第二季度之后的预期通胀率均高于阈值 3.44%，在其他时期预期通胀率则低于阈值 3.44%。相应的，在图 4 - 3 中，中国在 2003 年后期至 2004 年上半年、2007 年全年、2008 年上半年、2010 年第二季度之后的货币政策位于高区制，在其他时期则位于低区制。因此，在货币政策反应规则 (4.1) 式中，2003 年后期至 2004 年上半年、2007 年全年、2008 年上半年、2010 年第二季度之后的反应系数 φ_2 的值较高，在其他时期反应系数 φ_2 的值则较低。2007 年全年、2008 上半年、2010 年第二季度之后的货币政策位于高区制，这与人民银行从 2006 年开始着重通胀调控是相一致的。

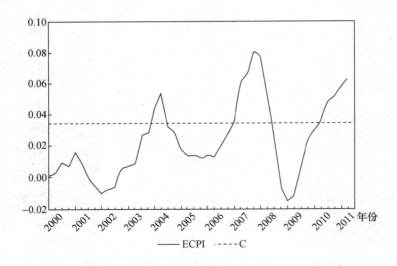

图 4 - 2   预期 CPI 通货膨胀率与阈值 (2000 年 1 月至 2011 年 3 月)

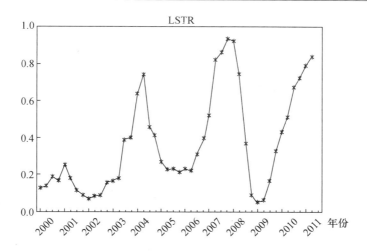

图 4 – 3　逻辑平滑转移函数值

($c = 3.44\%$，阈值变量为 $E_t \pi_{t+1}$，$\lambda = 57.94877$)

既然逻辑平滑转移的货币政策规则（4.1）式围绕预期通胀率阈值在高机制和低机制之间转换，那么合理的预期通胀率目标或目标区间对于中央银行而言就至关重要了。如果中央银行制定的预期通胀率目标或目标区间低于最优阈值，当预期通胀率低于最优阈值但高于央行公布的目标区间时，货币政策应当位于低机制，但实际操作时却可能按高机制调控短期名义利率，因而可能导致货币政策规则反应过度；如果中央银行制定的预期通胀率目标或目标区间高于最优阈值，当预期通胀率高于最优阈值但低于央行公布的目标区间时，货币政策应当位于高机制，但实际操作时却可能按低机制调控短期名义利率，因而可能导致货币政策规则反应不足。因此，中央银行应当依据最优阈值合理制定预期通胀率目标或目标区间。

尽管当预期通胀率高于阈值时，反应系数 φ_2 的值较高，如 2007 年第四季度，逻辑平滑转移函数值接近于 1，此时反应系数 φ_2 的值接近于 0.13，但仍然小于 1，属于消极的货币政策规则，因而可能产生不确定性理性预期均衡。特别值得注意的是，在规则（4.1）式中，短期名义利率对预期通胀率的反应系数 φ_3 竟然为负值，这意味着在阈值右侧，当预期通胀率上升时，短期名义利率不仅不会上升，反而会加快下降速度，显然与最优货币政策规则理论是相违背的。在人民银行加强通胀调控，日益强调通胀调控和通胀预期管理的背景下，为降低货币政策的不确定性效应，应当加快利率市场化，特别是存款利率市场化，提高短期名义利率对当期通胀率和预期通胀率的反应程度。

第三节 基于阈值和转移速度的冲击响应分析与不确定性

本节利用 SVAR 模型对逻辑平滑转移的 LRE 模型与货币政策规则的不确定性进行实证检验与冲击响应分析，其中，冲击响应分析包括基于阈值和转移速度的冲击响应分析。

一 计量模型设定：结构向量自回归（SVAR）

西姆斯（1980）首先将 VAR 模型引入经济系统的动态性研究中，用以分析经济系统中不同内生变量之间的动态关系，进而可以解释和预测不同经济冲击对内生经济变量的影响路径。VAR 模型的突出特点是将系统中的每一个内生变量作为系统中所有内生变量滞后值的函数，系统中的向量由内生经济变量及其滞后值组成。VAR 模型没有给出变量之间当期与远期相关关系的确切形式，即在 VAR 模型的右端没有包含内生变量的当期值和预期值，但实际经济关系可能包含内生变量的当期值和预期值，因而变量之间的当期与远期相关关系被隐藏在误差项或扰动项中，因为误差项或扰动项是不可观测的，因此这种关系也就无法解释。SVAR 模型则弥补了这方面的不足。

为得到 SVAR 模型结构参数的一致估计值，首先需检验内生经济变量的平稳性，其次估计 SVAR 的简化式，然后设定结构参数的约束条件，识别结构参数，最后在此基础上，采用冲击响应函数分析变量间的动态关系。本书在构建 SVAR 模型并对其进行识别时，由经济系统给出的具体参数值建立短期约束。本节主要分析了逻辑平滑转移的非线性货币政策规则的基于阈值和转移速度的广义冲击响应路径，以及阈值变化和转移速度变化对广义冲击响应路径进而对不确定性的影响，因而本节并未对短期约束进行估计。

为构建 SVAR 模型，将 IS 曲线方程、非线性菲利普斯曲线方程、逻辑平滑转移的非线性货币政策规则方程组成的非线性 LRE 系统转化为 SVAR 系统。其中，IS 曲线方程为线性方程：

$$y_t = \varphi_0(i_t - E_t \pi_{t+1}) + E_t y_{t+1} + \varepsilon_{g,t} \tag{4.2}$$

菲利普斯曲线方程为指数形式的在原点位置的二阶近似泰勒展开式：

$$\pi_t = \lambda_1 y_t + (2\beta - \lambda_1) E_t \pi_{t+1} + (\lambda_1 - \beta)\frac{1}{y_t}(E_t \pi_{t+1})^2 + \varepsilon_{u,t} \tag{4.3}$$

逻辑平滑转移的非线性货币政策规则方程为（4.1）式。将（4.2）式、（4.3）式和（4.3）式转化为下面的 SVAR 系统：

$$C_0 \xi_t = \Gamma_1 \xi_{t-1} + u_t \tag{4.4}$$

其中，C_0 和 Γ_1 为系数矩阵。且：

$$\xi_t = \begin{pmatrix} y_t \\ \pi_t \\ i_t \\ i_{t-1} \\ y_{t+1} \\ \pi_{t+1} \\ \frac{\pi_{t+1}^2}{y_t} \\ G_t(\cdot) \\ i_{t-1}G_t(\cdot) \\ i_{t-2}G_t(\cdot) \\ \pi_{t-1}G_t(\cdot) \\ \pi_t G_t(\cdot) \\ \pi_{t+1}G_t(\cdot) \\ y_{t-1}G_t(\cdot) \\ y_t G_t(\cdot) \\ y_{t+1}G_t(\cdot) \end{pmatrix}, \xi_t = \begin{pmatrix} y_{t-1} \\ \pi_{t-1} \\ i_{t-1} \\ i_{t-2} \\ y_t \\ \pi_t \\ \frac{\pi_t^2}{y_{t-1}} \\ G_{t-1}(\cdot) \\ i_{t-2}G_{t-1}(\cdot) \\ i_{t-3}G_{t-1}(\cdot) \\ \pi_{t-2}G_{t-1}(\cdot) \\ \pi_{t-1}G_{t-1}(\cdot) \\ \pi_t G_{t-1}(\cdot) \\ y_{t-2}G_{t-1}(\cdot) \\ y_{t-1}G_{t-1}(\cdot) \\ y_t G_{t-1}(\cdot) \end{pmatrix}, u_t = \begin{pmatrix} 0 \\ 0 \\ \varepsilon_{i,t} \\ 0 \\ \varepsilon_{g,t} \\ \varepsilon_{u,t} \\ 0 \\ 0 \\ 0 \\ 0 \\ 0 \\ 0 \\ 0 \\ 0 \\ 0 \\ 0 \end{pmatrix}$$

二　变量与数据

本节实证分析涉及的变量包括 GDP 缺口、通胀率和短期名义利率。本节选择 2000 年 1 月至 2011 年 3 月共 47 个季度数据作为样本量，数据源于中经网统计数据库。其中，GDP 缺口的估计、通胀率指标、通胀预期指标、短期名义利率指标均与第四章第二节给出的变量与数据相一致。

三 基于阈值的冲击响应分析与不确定性

SVAR 模型的结构参数估计首先需要对组成向量的内生变量作数据平稳性检验。本节采用 ADF 单位根检验方法。ADF 单位根检验通常假设内生经济变量 z_t 服从数据生成过程 $z_t = \alpha + \rho z_{t-1} + rt + \sum_{i=1}^{p} \delta_i \Delta z_{t-p} + \varepsilon_t$，其中，$\alpha$、$\rho$、$r$、$\delta_i$ 为估计参数，ε_t 为随机误差项且服从独立同分布的白噪声过程。原假设为 H_0：$\rho = 1$，对立假设为 H_1：$\rho < 1$，检验统计量采用 ADF 的 t 统计量，检验临界值采用麦金农临界值。最优滞后期 p 值的选择标准为：在保证残差项不相关的前提下，同时采用 AIC 准则与 SC 准则作为最佳时滞的标准，使二者值同时为最小的滞后长度即为最佳滞后期。附录表 D. 1 给出了不同经济变量的 ADF 单位根检验结果。从表中可以看出，SVAR 系统（4.4）式中向量 ξ_t 的各个内生变量在不同显著性水平下均呈现出数据平稳性：产出缺口 y_t 和通胀率 π_t 在 1%、5% 和 10% 的显著性水平下呈现出数据平稳性；短期名义利率 i_t 在 5% 和 10% 的显著性水平下呈现出数据平稳性；变量 π_{t+1}^2 / y_t 在 2001 年 2 月出现异常值，为 -6.184224，为避免异常值对单位根检验产生影响，将 2001 年 2 月的数据剔除，剔除之后的变量序列在 1%、5% 和 10% 的显著性水平下呈现出数据平稳性；逻辑平滑转移函数 $G_t(\cdot)$ 在 1%、5% 和 10% 的显著性水平下呈现出数据平稳性；变量 $i_{t-1} G_t(\cdot)$ 和 $i_{t-2} G_t(\cdot)$ 在 5% 和 10% 的显著性水平下呈现出数据平稳性；变量 $\pi_{t-1} G_t(\cdot)$ 和 $\pi_{t+1} G_t(\cdot)$ 在 5% 和 10% 的显著性水平下呈现出数据平稳性，而 $\pi_t G_t(\cdot)$ 在 1%、5% 和 10% 的显著性水平下呈现出数据平稳性；变量 $y_{t-1} G_t(\cdot)$、$y_t G_t(\cdot)$ 和 $y_{t+1} G_t(\cdot)$ 在 1%、5% 和 10% 的显著性水平下呈现出数据平稳性。

附录表 D. 3、附录表 D. 5 和附录表 D. 6 分别给出了基于不同阈值的 SVAR 系统（4.4）式的简化式系数矩阵 Φ_1 估计结果，其中，阈值 c 的取值分别为 0、3.44%、10%。当 $c = 0$ 时，2000 年 1 月至 2011 年 3 月的实际预期通胀率均高于阈值，这意味着货币政策位于高机制情形；当 $c = 10\%$ 时，2000 年 1 月至 2011 年 3 月的实际预期通胀率均低于阈值，这意味着货币政策位于低机制情形。因此，考察不同阈值的冲击响应路径，就可以分析高机制情形下和低机制情形下逻辑平滑转移的货币政策规则的非对称政策效果及其不确定性。

本节冲击响应分析的目的是在指数形式的非线性菲利普斯曲线货币政

策传导机制下，在逻辑平滑转移的货币政策规则（4.2）式的货币政策框架下，模拟不同阈值下高机制情形和低机制情形的货币政策冲击、需求冲击和供给冲击对产出缺口、通胀率以及短期名义利率的影响路径。

对 SVAR 系统（4.4）式而言，刻画某种冲击对模型结构的动态影响需要区分冲击的类型。冲击类型可以区分为两种。一种冲击源于 LRE 系统本身的货币政策冲击 $\varepsilon_{i,t}$、需求冲击 $\varepsilon_{g,t}$ 和供给冲击 $\varepsilon_{u,t}$，在 SVAR 模型的结构约束下，这三类冲击称为结构冲击。另一种冲击源于结构约束式的扰动向量 E_t，向量 E_t 中的随机扰动可以表示为结构冲击的线性组合，因此，在 SVAR 模型的简化式中，向量 Et 中存在对结构系统有重要影响的三类复合冲击，分别记为货币政策扰动 $E_{i,t}$、需求扰动 $E_{g,t}$ 和供给扰动 $E_{u,t}$。本节对 SVAR 模型的冲击响应分析主要关注扰动冲击，采用广义冲击响应函数，因为广义冲击响应函数克服了乔利斯基分解所依赖的 VAR 模型变量的次序问题。

图 4 - 7、图 4 - 5 和图 4 - 8 分别给出了阈值 $c = 0$、$c = 3.44\%$ 和 $c = 10\%$ 的产出缺口、通胀率和短期名义利率对一个标准差的货币政策扰动 $E_{i,t}$、需求扰动 $E_{g,t}$、供给扰动 $E_{u,t}$ 的广义冲击响应路径，其中转移速度 λ 均依据第四节第二节的估计值设定为 57.94877。从图中可以看出：

（1）正向货币政策扰动发生时。当 $c = 3.44\%$ 时（见图 4 - 5），产出缺口在初始季度会有小幅下降，但下降幅度不显著，第二季度下降幅度为 - 0.001805，第四季度下降幅度为 - 0.002691，在第三季度和一年半之后又恢复到均衡水平，从一年半之后又开始小幅下降，但下降幅度非常微小；通货膨胀率在前 5 个季度变化非常微小，从第五季度开始向下偏离均衡水平，且在第八季度达到最大偏离值 - 0.015417，然后又开始向均衡水平恢复；短期名义利率在初始季度上升，上升幅度为 0.003105，之后开始向均衡水平恢复且一直处于均衡水平附近。当 $c = 0$ 时（见图 4 - 7），此时预期通胀率均位于阈值右侧，货币政策处于高机制状态，产出缺口在初始季度会有小幅下降，但下降幅度不显著，第二季度下降幅度为 - 0.001452，第四季度下降幅度为 - 0.002517，在第三季度恢复到均衡水平，从第五季度又开始小幅下降，但下降幅度非常微小，与 $c = 3.44\%$ 不同的是，从第七季度开始产出缺口又开始向均衡水平恢复，这表明，高机制状态下，逻辑平滑转移的货币政策规则更易稳定产出缺口；通胀率在前 5 个季度会有微幅上升，从第五季度开始向下偏离均衡水平且持续偏离，这表明，高机制状态下，逻辑平滑转移的货币政策规则容易导致通货膨胀的不确定性；短期名义利率在初始季度上升，上升幅度为0.003334，之后开始向均衡水平恢复，但从一年半之后开始向下偏离，且偏离幅度相对于 $c = 3.44\%$ 较大，从第九季度开始也逐渐向均衡水平恢复；当 $c = 10\%$ 时（见图4-8），产出缺口在前两年基本上位于均衡水平上，即使有所波动也非常微小，但从第九季度开始，产出缺口突然向下偏离均衡水平，这表明，低机制状态下，逻辑平滑转移的货币政策规则不仅有较长的滞后期，而且在滞后一段时期后，容易导致产出缺口的不确定性；通胀率始终在均衡水平附近，第七、第八季度有所下降，但下降幅度非常微小，且第九季度迅速向均衡水平恢复，这表明，低机制状态下，逻辑平滑转移的货币政策规则更易稳定通货膨胀；短期名义利率基本上位于均衡水平上，即使有所波动也非常微小。

（2）正向需求扰动发生时。当 $c = 3.44\%$ 时（见图4-5），产出缺口在初始季度会有所上升，第二季度上升幅度为0.011648，但从第三季度就开始下降，然后一直维持在均衡水平附近；通胀率从第二季度开始始终维持一个较低的正的水平；短期名义利率先上升后下降，在前7个季度始终缓慢上升，从第七季度开始下降，向均衡水平恢复。当 $c = 0$ 时（见图4-7），此时预期通胀率均位于阈值右侧，货币政策处于高机制状态，产出缺口在初始季度会有所上升，第二季度上升幅度为0.010876，从第三季度就开始下降，虽然之后略有上升，但从第六季度开始逐渐向均衡水平恢复；通胀率从第六季度开始始终维持一个较低的正的水平；短期名义利率始终维持在均衡水平附近。当 $c = 10\%$ 时（见图4-8），此时预期通胀率均位于阈值左侧，货币政策处于低机制状态，产出缺口在第二季度略有上升，但之后始终维持在均衡水平附近，与 $c = 0$ 的高机制状态相比较，在需求扰动对产出缺口的影响方面，货币政策规则在低机制状态下与高机制状态下的政策效果无差异；通胀率从第六季度开始始终维持一个较低的正的水平；短期名义利率先上升后下降，在前7个季度始终缓慢上升，从第七季度开始下降，并在第九季度和第十季度处于负值水平。

（3）正向供给扰动发生时。当 $c = 3.44\%$ 时（见图4-5），产出缺口始终维持在均衡水平附近；通胀率先上升后下降，在第四季度偏离最大为0.006824，从第八季度开始出现一个较低的负值水平；短期名义利率先上升后下降，在前6个季度始终处于正值水平，从第七季度开始下降，最终向均衡水平恢复。当 $c=0$ 时（见图4-7），此时预期通胀率均位于阈值右侧，货币政策处于高机制状态，产出缺口在初始季度会有所下降，但第二季度就开始上升并始终维持在均衡水平；通胀率先上升后下降，从第七季度开始出现一个较低的负值水平；短期名义利率先上升后下降，在前6个季度始终处于正值水平，从第七季度开始下降，最终向均衡水平恢复。当 $c=10\%$ 时（见图4-8），此时预期通胀率均位于阈值左侧，货币政策处于低机制状态，产出缺口在前6个季度始终维持在均衡水平，从第七个季度开始有所小幅上升，但随后就向均衡水平恢复；通胀率先上升后下降，但上升幅度微乎其微，且在前8个季度始终维持在均衡水平附近，从第九个季度开始小幅下降；短期名义利率基本维持在均衡水平附近，从第九季度开始有所小幅偏离。这表明，当供给扰动发生时，逻辑平滑转移的货币政策规则在高机制和低机制情形下均能产生确定性政策效果。

四 基于转移速度的冲击响应分析与不确定性

本节冲击响应分析的目的是在指数形式的非线性菲利普斯曲线的货币政策传导机制下，在逻辑平滑转移的货币政策规则（4.1）式的货币政策框架下，模拟不同转移速度下的货币政策冲击、需求冲击和供给冲击对产出缺口、通胀率以及短期名义利率的影响路径。本节对 SVAR 模型的冲击响应分析主要关注扰动冲击，采用广义冲击响应函数。

图4-4、图4-5和图4-6分别给出了转移速度 $\lambda=10$、$\lambda=57.94877\%$ 和 $\lambda=100$ 的产出缺口、通胀率和短期名义利率对一个标准差的货币政策扰动 $E_{i,t}$、需求扰动 $E_{g,t}$、供给扰动 $E_{u,t}$ 的广义冲击响应路径，其中阈值 c 均依据第四章第二节的估计值设定为 3.44%。从图中可以看出：

（1）正向货币政策扰动发生时。当 $\lambda=10$ 时（见图4-4），产出缺口先下降后上升，在第四季度达到最低为 -0.002861，从第五季度开始上升逐渐向均衡水平恢复；通胀率先上升后下降，从第六季度开始下降为负值水平，这反映了货币政策时滞，在第九季度达到最低为 -0.021936，然后开始向均衡水平恢复；短期名义利率先上升后下降，在初始季度向上偏离为 0.003270，随后开始下降，从第九季度开始向均衡水平恢复。当 $\lambda=57.94877$ 时（见图4-5），产出缺口在初始季度会有小幅下降，但下降幅度不显著，第二季度下降幅度为 -0.001805，第四季度下降幅度为 -0.002691，在第三季度和一年半之后又回复到均衡水平，从一年半之后又开始小幅下降，但下降幅度非常微小；通货膨胀率在前5个季度变化非常微小，从第五季度开始向下偏离均衡水平，且在第八季度达到最大偏离值 - 0.015417，然后又开始向均衡水平恢复；短期名义利率在初始季度上升，上升幅度为 0.003105，之后开始向均衡水平恢复且一直处于均衡水平附近。当 $\lambda = 100$ 时（见图 4 - 6），产出缺口波动幅度不大，始终处于均衡水平附近；通货膨胀率在前 5 个季度变化非常微小，从第五季度开始向下偏离均衡水平，且在第八季度达到最大偏离值 - 0.012080，然后快速向均衡水平恢复；短期名义利率在初始季度上升，上升幅度为 0.002933，之后开始向均衡水平恢复且一直处于均衡水平附近。

（2）正向需求扰动发生时。当 $\lambda = 10$ 时（见图 4 - 4），产出缺口先上升后下降，在第二季度偏离最大为 0.011187，从第三季度开始迅速下降，虽然之后有小幅上升，但始终维持在均衡水平附近；通胀率虽有小幅上升，但对均衡水平偏离不大，始终维持在均衡水平附近；短期名义利率则始终维持在均衡水平附近。当 $\lambda = 57.94877$ 时（见图 4 - 5），产出缺口在初始季度会有所上升，第二季度上升幅度为 0.011648，但从第三季度开始下降，然后一直维持在均衡水平附近；通胀率从第二季度开始始终维持一个较低的正的水平；短期名义利率先上升后下降，在前 7 个季度始终缓慢上升，从第七季度开始下降，向均衡水平恢复。当 $\lambda = 100$ 时（见图 4 - 6），产出缺口先上升后下降，在第二季度偏离最大为 0.011897，从第三季度开始迅速下降，虽然之后有小幅上升，但始终维持在均衡水平附近；通胀率有小幅上升，在第七季度之前始终维持在均衡水平附近，但在第八季度之后向上偏离幅度有所增加；短期名义利率先上升后下降，波动幅度有所增加，但最终恢复到均衡水平附近。

（3）正向供给扰动发生时。当 $\lambda = 10$ 时（见图 4 - 4），产出缺口始终维持在均衡水平附近；通胀率先上升后下降，在第四季度偏离最大为 0.002092，从第八季度开始出现一个较低的负值水平；短期名义利率先上升后下降，在前 6 个季度始终处于正值水平，从第七季度开始下降，最终向均衡水平恢复。当 $\lambda = 57.94877$ 时（见图 4 - 5），产出缺口始终维持在均衡水平附近；通胀率先上升后下降，在第四季度偏离最大为 0.006824，从第八季度开始出现一个较低的负值水平；短期名义利率先上升后下降，在前 6 个季度始终处于正值水平，从第七季度开始下降，最终向均衡水平恢复。当 $\lambda = 100$ 时（见图 4 - 6），产出缺口始终维持在均衡水平附近；通胀率先上升后下降，在前 9 个季度，均维持在一个较低的正值水平，从第十季度开始出现一个较低的负值水平；名义利率先上升后下降，在前7个季度始终处于正值水平，从第八季度开始下降，最终向均衡水平恢复。

图4－4至图4－8的货币政策冲击的广义冲击响应路径表明，中国逻辑平滑转移的非线性货币政策规则的不确定性效应受阈值影响较大，而受转移速度影响较小。在高机制状态下，逻辑平滑转移的非线性货币政策规则更易稳定产出缺口，却更易导致通货膨胀的不确定性；在低机制状态下，逻辑平滑转移的非线性货币政策规则不仅有较长的滞后期，而且在滞后一段时期后，容易导致产出缺口的不确定性，但更易稳定通货膨胀。这就体现了产出缺口与通货膨胀的权衡特征。在以非线性货币政策规则行事的货币政策框架内，货币当局应依据稳定产出缺口和稳定通货膨胀的意愿程度，以管理通胀预期的形式进行合理的阈值管理。如果货币当局更趋向于稳定产出缺口，则应使阈值维持在一个较低的水平，以使货币政策处于高机制状态；如果货币当局更趋向于稳定通货膨胀，则应使阈值维持在一个较高的水平，以使货币政策处于低机制状态。

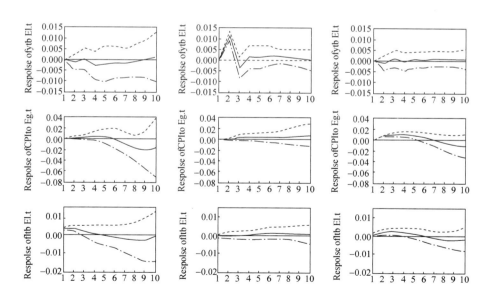

图4－4 逻辑平滑转移 LRE 模型中产出缺口（y_t）、通胀率（π_t）、
短期名义利率（i_t）对一个标准差货币政策扰动（$E_{i,t}$）、
需求扰动（$E_{g,t}$）、供给扰动（$E_{u,t}$）的广义冲击响应路径
（$G_t(\cdot) = G_t(\lambda, c, \pi_{t+1})$，$c = 3.44\%$，$\lambda = 10$）

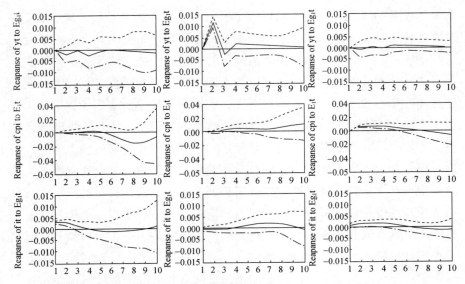

图 4 −5   逻辑平滑转移 LRE 模型中产出缺口（y_t）、通胀率（π_t）、
短期名义利率（i_t）对一个标准差货币政策扰动（$E_{i,t}$）、
需求扰动（$E_{g,t}$）、供给扰动（$E_{u,t}$）的广义冲击响应路径
（$G_t(\cdot) = G_t(\lambda, c, \pi_{t+1})$，$c = 3.44\%$，$\lambda = 57.94877$）

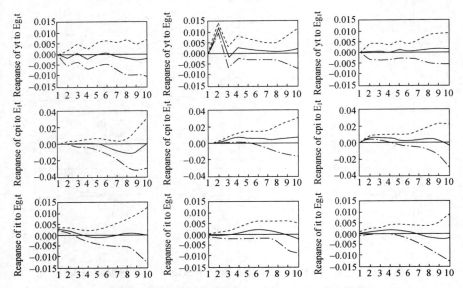

图 4 −6   逻辑平滑转移 LRE 模型中产出缺口（y_t）、通胀率（π_t）、
短期名义利率（i_t）对一个标准差货币政策扰动（$E_{i,t}$）、
需求扰动（$E_{g,t}$）、供给扰动（$E_{u,t}$）的广义冲击响应路径
（$G_t(\cdot) = G_t(\lambda, c, \pi_{t+1})$，$c = 3.44\%$，$\lambda = 100$）

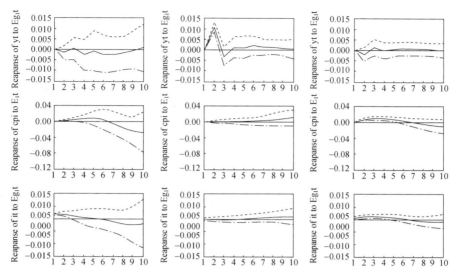

图 4-7 逻辑平滑转移 LRE 模型中产出缺口（y_t）、通胀率（π_t）、

短期名义利率（i_t）对一个标准差货币政策扰动（$E_{i,t}$）、

需求扰动（$E_{g,t}$）、供给扰动（$E_{u,t}$）的广义冲击响应路径

（$G_t(\cdot) = G_t(\lambda, c, \pi_{t+1})$，$c = 0$，$\lambda = 57.94877$）

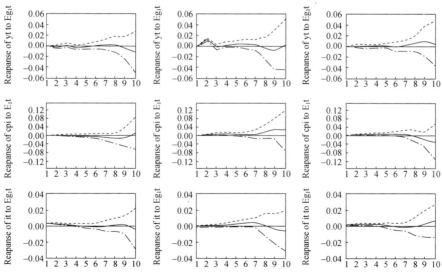

图 4-8 逻辑平滑转移 LRE 模型中产出缺口（y_t）、通胀率（π_t）、

短期名义利率（i_t）对一个标准差货币政策扰动（$E_{i,t}$）、

需求扰动（$E_{g,t}$）、供给扰动（$E_{u,t}$）的广义冲击响应路径

（$G_t(\cdot) = G_t(\lambda, c, \pi_{t+1})$，$c = 10\%$，$\lambda = 57.94877$）

附　　录

附录 D. 1：SVAR 实证检验结果（逻辑平滑转移、货币政策规则与不确定性）

表 D. 1　ADF 单位根检验结果$[y_t$、π_t、i_t、π^2_{t+1}/y_t、$G_t(\cdot)$、$i_{t-1}G_t(\cdot)$、$i_{t-2}G_t(\cdot)$、$\pi_{t-1}G_t(\cdot)$、$\pi_tG_t(\cdot)$、$\pi_{t+1}G_t(\cdot)$、$y_{t-1}G_t(\cdot)$、$y_tG_t(\cdot)$、$y_{t+1}G_t(\cdot)]$

变量	ADF 值	检验类型 (c, t, n)	1% 临界值	5% 临界值	10% 临界值	D—W	P 值	是否平稳
y_t	−4.719944	$(c, t, 1)$	−4.175640	−3.513075	−3.186854	2.030017	0.0023	是
π_t	−4.705995	$(c, t, 2)$	−4.180911	−3.515523	−3.188259	2.098170	0.0024	是
i_t	−4.049118	$(c, t, 4)$	−4.192337	−3.520787	−3.191277	2.079269	0.0144	是
π^2_{t+1}/y_t	−4.477414	$(c, t, 1)$	−4.180911	−3.515523	−3.188259	1.947351	0.0045	是
$G_t(\cdot)$	−4.323113	$(c, t, 2)$	−4.186481	−3.518090	−3.189732	2.209578	0.0070	是
$i_{t-1}G_t(\cdot)$	−3.677449	$(c, t, 1)$	−4.186481	−3.518090	−3.189732	2.233541	0.0348	是
$i_{t-2}G_t(\cdot)$	−3.764703	$(c, t, 3)$	−4.205004	−3.526609	−3.194611	2.037971	0.0292	是
$\pi_{t-1}G_t(\cdot)$	−4.078925	$(c, t, 2)$	−4.192337	−3.520787	−3.191277	2.010488	0.0133	是
$\pi_tG_t(\cdot)$	−4.412748	$(c, t, 1)$	−4.180911	−3.515523	−3.188259	1.993341	0.0054	是
$\pi_{t+1}G_t(\cdot)$	−3.886553	$(c, t, 3)$	−4.192337	−3.520787	−3.191277	2.446181	0.0214	是
$y_{t-1}G_t(\cdot)$	−4.845445	$(c, t, 1)$	−4.186481	−3.518090	−3.189732	1.999020	0.0017	是
$y_tG_t(\cdot)$	−4.477624	$(c, t, 1)$	−4.180911	−3.515523	−3.188259	2.003962	0.0045	是
$y_{t+1}G_t(\cdot)$	−4.274713	$(c, t, 1)$	−4.180911	−3.515523	−3.188259	1.960294	0.0078	是

说明：变量 π^2_{t+1}/y_t 在 2001 年 2 月出现异常值，为 −6.184224，为避免异常值对单位根检验产生影响，这里将 2001 年 2 月的数据剔除，剔除之后的变量序列为平稳序列，但并不影响 SVAR 的实证检验结果。

表 D.2　逻辑平滑转移的 LRE 模型简化式系数矩阵估计结果

$$[G_t(\cdot) = G_t(\lambda, c, \pi_{t+1}),\ c = 3.44\%,\ \lambda = 10]$$

向量	y_t	π_t	i_t	i_{t-1}	y_{t+1}	π_{t+1}	π_{t+1}^2/y_t	$G_t(\cdot)$	$i_{t-1}G_t(\cdot)$	$i_{t-2}G_t(\cdot)$	$\pi_{t-1}G_t(\cdot)$	$\pi_t G_t(\cdot)$	$\pi_{t+1}G_t(\cdot)$	$y_{t-1}G_t(\cdot)$	$y_t G_t(\cdot)$	$y_{t+1}G_t(\cdot)$
y_{t-1}	-1.32E-14	3.52E-12	-0.227085	7.67E-12	1.127526	-2.131787	-193.3599	-5.277789	-0.099632	-0.149987	-0.047676	-0.086311	-1.086651	0.056213	0.044502	0.692513
	(1.9E-14)	(1.2E-12)	(0.54590)	(2.4E-12)	(1.86752)	(1.28968)	(151.962)	(3.18993)	(0.10100)	(0.08432)	(0.14070)	(0.13315)	(0.75859)	(0.06027)	(0.02931)	(0.85945)
	[-0.70946]	[2.86295]	[-0.41598]	[3.17213]	[0.60376]	[-1.65296]	[-1.27242]	[-1.65452]	[-0.95677]	[-1.77885]	[-0.33884]	[-0.64823]	[-1.43246]	[0.93264]	[1.51829]	[0.80576]
π_{t-1}	-1.51E-14	-3.74E-12	-0.730211	-1.05E-11	2.513510	5.380061	225.9418	13.31602	0.343054	0.364381	0.576940	0.586657	3.414430	0.027231	0.129021	0.836772
	(2.6E-14)	(1.7E-12)	(0.76857)	(3.4E-12)	(2.62925)	(1.81572)	(213.944)	(4.49105)	(0.14219)	(0.11871)	(0.19809)	(0.18746)	(1.06800)	(0.08486)	(0.04127)	(1.21000)
	[-0.57372]	[-2.15696]	[-0.95009]	[-3.07689]	[0.95598]	[2.96635]	[1.05608]	[2.96501]	[2.41260]	[3.06954]	[2.91244]	[3.12951]	[3.19702]	[0.32090]	[3.12660]	[0.69155]
i_{t-1}	-7.43E-15	1.30E-13	1.009733	1.000000	0.277056	0.189906	-80.08038	0.454172	0.494725	0.004220	0.028515	0.047072	0.160076	-0.036042	0.015861	0.250837
	(6.7E-15)	(4.4E-13)	(0.19559)	(8.7E-13)	(0.66910)	(0.46207)	(54.4449)	(1.14289)	(0.03619)	(0.03021)	(0.05041)	(0.04770)	(0.27179)	(0.02159)	(0.01050)	(0.30792)
	[-1.11022]	[0.29527]	[5.16260]	[1.2e+12]	[0.41408]	[0.41099]	[-1.47085]	[0.39739]	[13.6719]	[0.13970]	[0.56564]	[0.98674]	[0.58897]	[-1.66900]	[1.51035]	[0.81461]
i_{t-2}	1.06E-13	1.34E-11	-0.658008	3.24E-11	2.508158	-13.15583	104.6213	-32.26286	-0.891171	-0.670053	-0.325098	-0.607826	-7.189686	0.122301	-0.083035	1.665975
	(6.8E-14)	(4.5E-12)	(1.97819)	(8.8E-12)	(6.76735)	(4.67343)	(550.665)	(11.5594)	(0.36599)	(0.30554)	(0.50987)	(0.48250)	(2.74890)	(0.21841)	(0.10621)	(3.11439)
	[1.56372]	[3.01189]	[-0.33263]	[3.69863]	[0.37063]	[-2.81503]	[0.18999]	[-2.79106]	[-2.4349]	[-2.19301]	[-0.63761]	[-1.25975]	[-2.61547]	[0.55996]	[-0.78178]	[0.53493]
y_t	1.000000	3.82E-12	0.347203	8.37E-12	0.534673	-1.111219	-363.9392	-2.710876	0.017001	-0.093951	-0.039138	-0.066473	-0.655780	-0.030721	-0.007275	0.583284
	(2.2E-14)	(1.5E-12)	(0.65349)	(2.9E-12)	(2.23558)	(1.54386)	(181.911)	(3.81861)	(0.12090)	(0.1093)	(0.16843)	(0.15939)	(0.90809)	(0.07215)	(0.03509)	(1.02883)
	[4.5e+13]	[2.59258]	[0.53130]	[2.89150]	[0.23917]	[-0.71977]	[-2.00064]	[-0.70991]	[0.14062]	[-0.93081]	[-0.23236]	[-0.41704]	[-0.72215]	[-0.42578]	[-0.20736]	[0.56694]
π_t	3.16E-14	1.000000	-7.870307	1.50E-10	4.904084	-47.86859	1330.789	-119.6472	-2.896586	-2.879043	-2.102976	-3.420426	-28.76668	-0.129080	-0.022232	5.648260
	(2.3E-13)	(1.5E-11)	(6.63166)	(2.9E-11)	(22.6868)	(15.6671)	(1846.04)	(38.7515)	(1.22692)	(1.0249)	(1.70928)	(1.61751)	(9.21538)	(0.73220)	(0.35607)	(10.4406)
	[0.13924]	[6.7e+10]	[-1.18678]	[5.09178]	[0.21617]	[-3.05535]	[0.72089]	[-3.08755]	[-2.36085]	[-2.81077]	[-1.23033]	[-2.11462]	[-3.12159]	[-0.17629]	[-0.06244]	[0.54099]

续表

向量	y_t	π_t	i_t	i_{t-1}	y_{t+1}	π_{t+1}	π^2_{t+1}/y_t	$G_t(\cdot)$	$i_{t-1}G_t(\cdot)$	$i_{t-2}G_t(\cdot)$	$\pi_{t-1}G_t(\cdot)$	$\pi_tG_t(\cdot)$	$\pi_{t+1}G_t(\cdot)$	$y_{t-1}G_t(\cdot)$	$y_tG_t(\cdot)$	$y_{t+1}G_t(\cdot)$
π^2_{t+1}/y_{t-1}	$-1.22E-17$	$-4.70E-15$	0.000858	$-8.47E-15$	0.002718	-0.000279	0.599132	-0.000369	-0.000271	-0.000189	-0.000500	-0.000251	-0.000446	-0.000346	-0.000157	0.001120
	$(5.6E-17)$	$(3.7E-15)$	(0.00164)	$(7.2E-15)$	(0.0059)	(0.00386)	(0.45520)	(0.00956)	(0.00030)	(0.00025)	(0.00042)	(0.00040)	(0.00227)	(0.00018)	$(8.8E-05)$	(0.00257)
	$[-0.21862]$	$[-1.27427]$	$[0.52469]$	$[-1.16908]$	$[0.48590]$	$[-0.07225]$	$[1.31620]$	$[-0.03857]$	$[-0.89643]$	$[-0.74842]$	$[-1.18621]$	$[-0.62856]$	$[-0.19627]$	$[-1.91618]$	$[-1.78893]$	$[0.43490]$
i_{t-2} $G_{t-1}(\cdot)$	$-6.02E-16$	$-2.97E-11$	3.490113	$-5.94E-11$	-3.480928	18.44751	-572.9452	46.12985	1.060980	1.079132	0.670909	1.233653	10.83834	0.043855	-0.031191	-2.976009
	$(9.0E-14)$	$(5.9E-12)$	(2.63016)	$(1.2E-11)$	(8.99773)	(6.21369)	(732.152)	(15.3691)	(0.48661)	(0.40624)	(0.67791)	(0.64152)	(3.65488)	(0.29040)	(0.14122)	(4.14083)
	$[-0.00670]$	$[-5.00759]$	$[1.32696]$	$[-5.09650]$	$[-0.38687]$	$[2.96885]$	$[-0.78255]$	$[3.00147]$	$[2.18036]$	$[2.65639]$	$[0.98967]$	$[1.92302]$	$[2.96544]$	$[0.15102]$	$[-0.22087]$	$[-0.71870]$
i_{t-3} $G_{t-1}(\cdot)$	$-2.49E-13$	$-2.83E-11$	1.063929	$-6.73E-11$	-7.095356	28.27413	-408.7887	69.48062	1.944223	2.460805	0.823786	1.465858	15.81531	-0.216726	0.182713	-4.470377
	$(1.4E-13)$	$(9.4E-12)$	(4.15055)	$(1.8E-11)$	(14.1990)	(9.80558)	(1155.38)	(24.2534)	(0.76789)	(0.64107)	(1.06979)	(1.01235)	(5.76762)	(0.45826)	(0.22285)	(6.53447)
	$[-1.75167]$	$[-3.02863]$	$[0.25633]$	$[-3.65922]$	$[-0.49971]$	$[2.88347]$	$[-0.35381]$	$[2.86478]$	$[2.53189]$	$[3.83858]$	$[0.77005]$	$[1.44797]$	$[2.74208]$	$[-0.47293]$	$[0.81989]$	$[-0.68412]$
π_{t-2} $G_{t-1}(\cdot)$	$3.19E-14$	$4.96E-13$	-0.272680	$4.38E-14$	-1.340467	-1.559895	309.1328	-3.975366	-0.131404	-0.066787	-0.215417	-0.269029	-1.107141	0.073420	0.023497	-0.669225
	$(1.9E-14)$	$(1.2E-12)$	(0.54331)	$(2.4E-12)$	(1.85865)	(1.28356)	(151.240)	(3.17478)	(0.10052)	(0.08392)	(0.14004)	(0.13252)	(0.75499)	(0.05999)	(0.02917)	(0.85537)
	$[1.71559]$	$[0.40504]$	$[-0.50189]$	$[0.01821]$	$[-0.72120]$	$[-1.21529]$	$[2.04399]$	$[-1.25217]$	$[-1.30727]$	$[-0.79587]$	$[-1.53830]$	$[-2.03014]$	$[-1.46644]$	$[1.22394]$	$[0.80549]$	$[-0.78238]$
	$8.40E-15$	$-1.44E-13$	-0.088817	$-2.02E-13$	0.620136	-1.067346	-23.77968	-2.632564	-0.066610	-0.075611	-0.091376	-0.068111	-0.583829	-0.037530	-0.010166	0.319312
	$(5.7E-15)$	$(3.8E-13)$	(0.16730)	$(7.4E-13)$	(0.57233)	(0.39524)	(46.5708)	(0.97760)	(0.03095)	(0.02584)	(0.04312)	(0.04081)	(0.23248)	(0.01847)	(0.00898)	(0.26339)
	$[1.46729]$	$[-0.38168]$	$[-0.53089]$	$[-0.27179]$	$[1.08353]$	$[-2.70049]$	$[-0.51061]$	$[-2.69289]$	$[-2.15204]$	$[-2.92612]$	$[-2.11907]$	$[-1.66916]$	$[-2.51131]$	$[-2.03180]$	$[-1.13176]$	$[1.21232]$
π_{t-1} $G_{t-1}(\cdot)$	$1.10E-14$	$7.90E-12$	1.47696	$2.20E-11$	-5.070785	-10.91941	-495.5131	-26.98580	-0.700304	-0.749790	-0.213794	-1.22934	-6.977335	-0.062036	-0.280447	-1.707744
	$(5.5E-14)$	$(3.6E-12)$	(1.59788)	$(7.1E-11)$	(5.46630)	(3.77494)	(444.797)	(9.33703)	(0.29562)	(0.24680)	(0.41185)	(0.38973)	(2.22041)	(0.17642)	(0.08579)	(2.51563)
	$[0.20067]$	$[2.19325]$	$[0.90601]$	$[3.09989]$	$[-0.92765]$	$[-2.89261]$	$[-1.11402]$	$[-2.89019]$	$[-2.3689]$	$[-3.03806]$	$[-0.51911]$	$[-3.14300]$	$[-3.14236]$	$[-0.35163]$	$[-3.26889]$	$[-0.67885]$

续表

向量	y_t	π_t	i_t	i_{t-1}	y_{t+1}	π_{t+1}	π_{t+1}^2/y_t	$G_t(\cdot)$	$i_{t-1}G_t(\cdot)$	$i_{t-2}G_t(\cdot)$	$\pi_{t-1}G_t(\cdot)$	$\pi_tG_t(\cdot)$	$\pi_{t+1}G_t(\cdot)$	$y_{t-1}G_t(\cdot)$	$y_tG_t(\cdot)$	$y_{t+1}G_t(\cdot)$
π_t $G_{t-1}(\cdot)$	-1.86E-14 (3.1E-14) [-0.59300]	1.45E-12 (2.1E-12) [0.70364]	-1.415982 (0.91685) [-1.54441]	-4.72E-13 (4.1E-12) [-0.11611]	8.120628 (3.13651) [2.58907]	4.482893 (2.16602) [2.06964]	267.3705 (255.220) [1.04761]	11.14612 (5.35750) [2.08047]	0.506862 (0.16963) [2.98812]	0.347986 (0.14161) [2.45734]	0.924985 (0.23631) [3.91424]	1.700281 (0.22363) [7.60324]	3.897310 (1.27405) [3.05899]	0.087068 (0.10123) [0.86011]	0.194485 (0.04923) [3.95077]	3.809358 (1.44345) [2.63907]
y_{t-2} $G_{t-1}(\cdot)$	-8.19E-16 (3.4E-15) [-0.24270]	-1.64E-13 (2.2E-13) [-0.73727]	0.011036 (0.09862) [0.11191]	-3.54E-13 (4.4E-13) [-0.81107]	0.043389 (0.33738) [0.12861]	0.027777 (0.23299) [0.11922]	-27.84398 (27.4529) [-1.01425]	0.076108 (0.57628) [0.13207]	0.001923 (0.01825) [0.10538]	-0.003811 (0.01523) [-0.25017]	-0.025886 (0.02542) [-1.01837]	-0.005646 (0.02405) [-0.23472]	0.027809 (0.13704) [0.2092]	0.005677 (0.01089) [0.52134]	-0.009220 (0.00630) [-1.74126]	0.009006 (0.15526) [0.05801]
y_{t-1} $G_{t-1}(\cdot)$	3.06E-14 (3.8E-14) [0.79994]	-7.00E-12 (2.5E-12) [-2.77535]	0.460918 (1.11891) [0.41193]	-1.52E-11 (5.0E-12) [-3.0597]	-2.170015 (3.82771) [-0.56691]	4.547512 (2.64340) [1.72033]	431.1814 (311.469) [1.38435]	11.26649 (6.53825) [1.72317]	0.202703 (0.20701) [0.97919]	0.318862 (0.17282) [1.84504]	0.105181 (0.28839) [0.36471]	0.198694 (0.27291) [0.72806]	2.343898 (1.55484) [1.50748]	0.945524 (0.12354) [7.65366]	-0.095239 (0.06008) [-1.58531]	-1.362642 (1.76157) [-0.77354]
y_t $G_{t-1}(\cdot)$	1.74E-13 (4.9E-14) [3.58030]	-7.99E-12 (3.2E-12) [-2.49417]	-0.751584 (1.42182) [-0.52861]	-1.77E-11 (6.3E-12) [-2.80215]	-1.246554 (4.86403) [-0.25628]	2.881180 (3.35902) [0.85774]	856.5819 (395.790) [2.16423]	7.038163 (8.30829) [0.84713]	0.004846 (0.26305) [0.01842]	0.239382 (0.21961) [1.09005]	0.135339 (0.36647) [0.36931]	0.181268 (0.34679) [0.52270]	1.690137 (1.97577) [0.85543]	0.064041 (0.15698) [0.40795]	1.048750 (0.07634) [13.7378]	-1.316858 (2.23847) [-0.58829]
R^2	1.00000	1.00000	0.852673	1.00000	0.441929	0.941337	0.525952	0.941209	0.985696	0.986474	0.997328	0.997891	0.937039	0.997565	0.999378	0.475241
调整的 R^2	1.000000	1.000000	0.762010	1.000000	0.098501	0.905237	0.234231	0.905031	0.976893	0.978150	0.995683	0.996593	0.898294	0.996067	0.998995	0.152312
F统计量	2.81E+28	2.89E+25	9.404881	4.54E+23	1.286817	26.07564	1.802926	26.01550	111.9781	118.5150	606.4223	768.7467	24.18481	665.7395	2610.783	1.471660

说明：①单个内生变量的有效样本量为47个，但由于向量中包含内生变量的一阶滞后项、二阶滞后项和预期项，因而简化式的有效样本量为43个；②显著性水平设为5%；③（ ）中数据为标准差，[ ]中数据为t统计量。

表 D.3

逻辑平滑转移的 LRE 模型简化式系数矩阵估计结果

$$(G_t(\cdot) = G_t(\lambda, c, \pi_{t+1}),\ c = 3.44\%,\ \lambda = 57.94877)$$

向量	y_t	π_t	i_t	i_{t-1}	y_{t+1}	π_{t+1}	π_{t+1}^2+1/y_t	$G_t(\cdot)$	$i_{t-1}G_t(\cdot)$	$i_{t-2}G_t(\cdot)$	$\pi_{t-1}G_t(\cdot)$	$\pi_tG_t(\cdot)$	$\pi_{t+1}G_t(\cdot)$	$y_{t-1}G_t(\cdot)$	$y_tG_t(\cdot)$	$y_{t+1}G_t(\cdot)$
y_{t-1}	2.22E-15	-8.62E-14	-0.099250	-1.29E-14	0.329718	-0.616731	-21.69904	-7.041182	-0.152180	-0.183478	-0.133121	-0.155578	-0.414955	0.147608	0.010300	0.248763
	(1.0E-15)	(2.8E-14)	(0.10941)	(5.3E-15)	(0.41045)	(0.24033)	(29.3716)	(2.61957)	(0.07414)	(0.06515)	(0.10468)	(0.09497)	(0.21795)	(0.05788)	(0.02317)	(0.14492)
	[2.20469]	[-3.05994]	[-0.90714]	[-2.45805]	[0.80331]	[-2.56617]	[-0.73867]	[-2.68791]	[-2.05267]	[-2.81610]	[-1.27174]	[-1.63826]	[-1.90379]	[2.55037]	[0.44460]	[1.71660]
π_{t-1}	-3.27E-15	1.78E-13	-0.213847	2.10E-14	0.739183	0.665739	39.86818	7.077996	0.177578	0.196265	0.257413	0.280058	0.740650	-0.060187	0.049714	-0.028120
	(1.5E-15)	(4.1E-14)	(0.15823)	(7.6E-15)	(0.59359)	(0.34757)	(42.4770)	(3.78841)	(0.10722)	(0.09422)	(0.15138)	(0.13734)	(0.31520)	(0.08370)	(0.03350)	(0.20958)
	[-2.24568]	[4.37543]	[-1.35152]	[2.76543]	[1.24528]	[1.91543]	[0.93858]	[1.86833]	[1.65624]	[2.08317]	[1.70042]	[2.03918]	[2.34977]	[-0.71907]	[1.48379]	[-0.13417]
i_{t-1}	-5.51E-15	6.96E-14	0.966430	1.000000	0.095230	0.499472	-60.21607	3.535475	0.503007	0.060595	0.087119	0.162040	0.508234	-0.171402	0.080669	0.462580
	(1.7E-15)	(4.7E-14)	(0.18444)	(8.9E-15)	(0.69192)	(0.40514)	(49.5136)	(4.41599)	(0.12498)	(0.10983)	(0.17646)	(0.16609)	(0.36742)	(0.09757)	(0.03905)	(0.24429)
	[-3.24896]	[1.46626]	[5.23985]	[1.1e14]	[0.13763]	[1.23283]	[-1.21615]	[0.80061]	[4.02474]	[0.55170]	[0.49370]	[1.01593]	[1.38327]	[-1.75676]	[2.06552]	[1.89353]
i_{t-2}	1.21E-14	-4.16E-13	-0.310632	-7.22E-14	-0.249721	-3.271700	6.463575	-27.49523	-0.803248	-0.611787	-0.339529	-0.528688	-1.881158	0.304595	-0.028657	0.158457
	(3.8E-15)	(1.1E-13)	(0.41163)	(2.0E-14)	(1.54422)	(0.90419)	(110.504)	(9.85553)	(0.27893)	(0.24512)	(0.39382)	(0.35728)	(0.81999)	(0.21775)	(0.08716)	(0.54521)
	[3.20273]	[-3.92759]	[-0.75464]	[-3.65519]	[-0.16171]	[-3.61837]	[0.05849]	[-2.78983]	[-2.87979]	[-2.49584]	[-0.86214]	[-1.47974]	[-2.29411]	[1.39883]	[-0.32877]	[0.29063]
y_t	1.000000	-7.82E-14	0.035967	-6.98E-15	0.068091	-0.045962	-37.35690	-0.035119	0.082783	-0.011588	0.051099	0.023250	-0.032769	-0.052665	0.050129	0.220425
	(9.5E-16)	(2.7E-14)	(0.10315)	(5.0E-15)	(0.38697)	(0.22658)	(27.6915)	(2.46973)	(0.06990)	(0.06143)	(0.09869)	(0.08953)	(0.20549)	(0.05457)	(0.02184)	(0.13663)
	[1.1e15]	[-2.94466]	[0.34869]	[-1.41054]	[0.17596]	[-0.20285]	[-1.34904]	[-0.01422]	[1.18436]	[-0.18866]	[0.51778]	[0.25968]	[-0.15947]	[-0.96514]	[2.29504]	[1.61334]
π_t	8.70E-15	1.000000	-0.087987	-4.08E-14	-0.242562	-1.076175	19.74888	-16.87494	-0.458716	-0.436442	-0.308529	-0.492018	-1.686069	0.026394	-0.018321	0.488158
	(2.6E-15)	(7.2E-14)	(0.28115)	(1.3E-14)	(1.05472)	(0.61758)	(75.4758)	(6.73149)	(0.19051)	(0.16742)	(0.26899)	(0.24403)	(0.56007)	(0.14873)	(0.05953)	(0.37239)
	[3.36151]	[1.4+e13]	[-0.31296]	[-3.02391]	[-0.22998]	[-1.74258]	[0.26166]	[-2.50686]	[-2.40782]	[-2.60682]	[-1.14701]	[-2.01621]	[-3.01047]	[0.17747]	[-0.30861]	[1.31088]

续表

向量	y_t	π_t	i_t	i_{t-1}	y_{t+1}	π_{t+1}	π_t^2+1/y_t	$G_t(\cdot)$	$i_{t-1}G_t(\cdot)$	$i_{t-2}G_t(\cdot)$	$\pi_{t-1}G_t(\cdot)$	$\pi_tG_t(\cdot)$	$\pi_{t+1}G_t(\cdot)$	$y_{t-1}G_t(\cdot)$	$y_tG_t(\cdot)$	$y_{t+1}G_t(\cdot)$
π_t^2/y_{t-1}	-1.89E-17	3.14E-16	0.001241	1.05E-16	0.001626	-0.000384	0.451288	0.037343	-0.000205	0.000101	-0.000172	0.000800	2.66E-05	-0.001881	-0.000710	4.52E-06
	(1.5E-17)	(4.3E-16)	(0.00166)	(8.0E-17)	(0.00624)	(0.00365)	(0.44668)	(0.03984)	(0.00113)	(0.0099)	(0.0159)	(0.00144)	(0.00331)	(0.00088)	(0.00035)	(0.0220)
	[-1.23631]	[0.73420]	[0.74585]	[1.30000]	[0.26046]	[-0.10514]	[1.01032]	[0.93736]	[-0.18208]	[0.10204]	[-0.10791]	[0.55419]	[0.00802]	[-2.13709]	[-2.01556]	[0.00205]
$G_{t-1}(\cdot)$	-4.58E-16	1.18E-14	0.038282	8.83E-16	-0.025748	0.078717	-4.497807	1.714320	0.024443	0.017750	0.010104	0.029888	0.096105	0.005248	-0.005950	-0.054968
	(1.8E-16)	(5.0E-15)	(0.01990)	(9.3E-16)	(0.07242)	(0.04240)	(5.18228)	(0.46219)	(0.01308)	(0.01150)	(0.01847)	(0.01676)	(0.03846)	(0.01021)	(0.00409)	(0.02557)
	[-2.57910]	[-2.37057]	[1.98309]	[0.95334]	[-0.35554]	[1.85636]	[-0.86792]	[3.70909]	[1.86859]	[1.54405]	[0.54710]	[1.78377]	[2.49915]	[0.51392]	[-1.45564]	[-2.14983]
i_{t-2} $G_{t-1}(\cdot)$	-6.58E-15	6.23E-13	0.570652	1.70E-13	-1.699856	8.590075	-269.4823	89.02617	2.755129	3.136409	2.233671	2.781838	7.273287	-0.391072	0.165549	-1.861044
	(8.5E-15)	(2.4E-13)	(0.92322)	(4.4E-14)	(3.46346)	(2.02797)	(247.844)	(22.1046)	(0.62559)	(0.54978)	(0.88328)	(0.80134)	(1.83913)	(0.48838)	(0.19549)	(1.22284)
	[-0.77450]	[2.62384]	[0.61811]	[3.84173]	[-0.49080]	[4.23579]	[-1.08731]	[4.02750]	[4.40404]	[5.70488]	[2.52883]	[3.47148]	[3.95474]	[-0.80075]	[0.84683]	[-1.52191]
i_{t-3} $G_{t-1}(\cdot)$	-6.68E-15	1.60E-13	-0.823494	-4.77E-14	-0.586649	-1.982770	391.2906	-36.42407	-1.142019	-0.740299	-1.891787	-1.970961	-3.056379	0.29409	0.077446	-0.355853
	(4.8E-15)	(1.3E-13)	(0.52156)	(2.5E-14)	(1.95665)	(1.14568)	(140.017)	(12.4878)	(0.35342)	(0.31059)	(0.49900)	(0.45271)	(1.03900)	(0.27591)	(0.11044)	(0.69083)
	[-1.39163]	[1.19546]	[-1.57889]	[-1.90723]	[-0.29982]	[-1.73065]	[2.79459]	[-2.91678]	[-3.23132]	[-2.38352]	[-3.79114]	[-4.35371]	[-2.94166]	[0.86772]	[0.70124]	[-0.51511]
π_{t-2} $G_{t-1}(\cdot)$	-6.60E-17	3.51E-14	-0.026241	1.62E-15	0.535981	-1.497735	-30.37074	-15.97840	-0.452230	-0.457380	-0.615415	-0.508837	-1.251956	-0.183279	-0.102800	0.450980
	(1.8E-15)	(4.9E-14)	(0.19028)	(9.1E-15)	(0.71382)	(0.41797)	(51.0808)	(4.55576)	(0.12893)	(0.11331)	(0.18205)	(0.16516)	(0.37905)	(0.10066)	(0.04029)	(0.25203)
	[0.71673]	[0.71391]	[-0.13791]	[0.17735]	[0.75086]	[-3.58339]	[-0.59456]	[-3.50730]	[-3.50743]	[-4.03657]	[-3.38057]	[-3.08094]	[-3.3092]	[-1.82086]	[-2.55144]	[1.78941]
π_{t-1} $G_{t-1}(\cdot)$	7.00E-15	-4.67E-15	0.417921	-4.51E-14	-1.501857	-0.948434	-141.6622	-8.068838	-0.139825	-0.285232	0.617590	-0.408208	-1.186286	0.065908	-0.145727	-0.148241
	(3.8E-15)	(1.1E-13)	(0.41108)	(2.0E-14)	(1.54218)	(0.90300)	(110.358)	(9.84253)	(0.27856)	(0.24480)	(0.39330)	(0.35681)	(0.81891)	(0.21746)	(0.08705)	(0.54449)
	[1.85003]	[-4.41257]	[1.01663]	[-2.28399]	[-0.97386]	[-1.05032]	[-1.28366]	[-0.81979]	[-0.50196]	[-1.16516]	[1.57028]	[-1.14404]	[-1.4486]	[0.29935]	[-1.67411]	[-0.27226]

续表

向量		y_t	π_t	i_t	i_{t-1}	y_{t+1}	π_{t+1}	π_{t+1}^2/y_t	$G_t(\cdot)$	$i_{t-1}G_t(\cdot)$	$i_{t-2}G_t(\cdot)$	$\pi_{t-1}G_t(\cdot)$	$\pi_tG_t(\cdot)$	$\pi_{t+1}G_t(\cdot)$	$y_{t-1}G_t(\cdot)$	$y_tG_t(\cdot)$	$y_{t+1}G_t(\cdot)$
π_t		-2.41E-15	1.88E-13	-0.366303	1.05E-14	1.93058	0.192756	98.09275	1.315529	0.219832	0.119650	0.518346	1.221461	1.203688	0.084219	0.127187	0.873706
$G_{t-1}(\cdot)$		(2.1E-15)	(5.8E-14)	(0.22626)	(1.1E-14)	(0.84883)	(0.49702)	(60.7422)	(5.41743)	(0.15332)	(0.13474)	(0.21648)	(0.19639)	(0.45074)	(0.11969)	(0.04791)	(0.29970)
		[-1.1599]	[3.2422]	[-1.61891]	[0.99966]	[2.27732]	[0.38782]	[1.61490]	[0.24283]	[1.43380]	[0.88801]	[2.39447]	[6.21945]	[2.67048]	[0.70362]	[2.65462]	[2.91532]
y_{t-2}		5.79E-16	1.05E-14	0.151731	5.95E-15	0.050983	0.119330	-47.12970	2.689416	0.077207	0.046181	0.034168	0.090965	0.217976	0.032063	-0.016150	0.023628
$G_{t-1}(\cdot)$		(8.6E-16)	(2.4E-14)	(0.09306)	(4.5E-15)	(0.34911)	(0.20441)	(24.9821)	(2.22809)	(0.06306)	(0.05542)	(0.08903)	(0.08077)	(0.18538)	(0.04923)	(0.01971)	(0.12336)
		[0.67662]	[0.43653]	[1.63049]	[1.33226]	[0.14604]	[0.58377]	[-1.88654]	[1.20705]	[1.22437]	[0.83335]	[0.38377]	[1.12618]	[1.17583]	[0.65131]	[-0.81959]	[0.19169]
y_t		-4.54E-15	1.59E-13	0.252376	2.42E-14	-0.546977	1.70376	87.64277	21.07493	0.465795	0.544597	0.473810	0.602274	1.445027	0.995119	-0.005520	-0.585546
$G_{t-1}(\cdot)$		(2.2E-15)	(6.3E-14)	(0.24357)	(1.2E-14)	(0.91375)	(0.53503)	(65.3880)	(5.83178)	(0.16505)	(0.14505)	(0.23303)	(0.21141)	(0.48521)	(0.12885)	(0.05158)	(0.32262)
		[-2.02567]	[2.52923]	[1.03615]	[2.06997]	[-0.59860]	[3.30891]	[1.34035]	[3.61381]	[2.82218]	[3.75466]	[2.03322]	[2.84878]	[2.97813]	[7.72320]	[-0.10702]	[-1.81499]
y_t		-4.69E-15	2.75E-13	-0.181563	1.65E-14	-0.207512	0.514398	230.2859	3.103336	-0.148005	0.130684	-0.124171	-0.055768	0.301222	0.139764	1.028176	-0.758028
$G_{t-1}(\cdot)$		(2.9E-15)	(8.0E-14)	(0.31176)	(1.5E-14)	(1.16957)	(0.68482)	(83.6942)	(7.46447)	(0.21126)	(0.18565)	(0.29828)	(0.27060)	(0.62105)	(0.16492)	(0.06602)	(0.41294)
		[-1.63587]	[3.42791]	[-0.58238]	[1.10122]	[-0.17743]	[0.75114]	[2.75151]	[0.41575]	[-0.70060]	[0.70391]	[-0.41630]	[-0.20609]	[0.48502]	[0.84746]	[15.5747]	[-1.83569]
R^2		1.000000	1.000000	0.867184	1.000000	0.394988	0.954280	0.602537	0.954206	0.964894	0.967058	0.981718	0.988400	0.946340	0.957993	0.999972	0.642594
调整的 R^2		1.000000	1.000000	0.785452	1.000000	0.022673	0.926144	0.357944	0.926025	0.943290	0.946787	0.970467	0.981262	0.913318	0.932142	0.985416	0.422652
F 统计量		4.31E+29	2.46E+27	10.61001	4.29E+27	1.060897	33.91721	2.463430	33.85981	44.66326	47.70465	87.25887	138.4619	28.68828	37.05886	178.3723	2.921648

说明：①单个内生变量的有效样本量为47个，但由于向量中包含内生变量的一阶滞后项、二阶滞后项和预期项，因而简化式的有效样本量为43个；②显著性水平设为5%；③（ ）中数据为标准差，[ ]中数据为t统计量。

表 D.4

逻辑平滑转移的 LRE 模型简化式系数矩阵估计结果

$$[G_t(\cdot)=G_t(\lambda, c, \pi_{t+1}), \quad c=3.44\%, \quad \lambda=100]$$

向量	y_t	π_t	i_t	i_{t-1}	y_{t+1}	π_{t+1}	π_t^2+1/y_t	$G_t(\cdot)$	$i_{t-1}G_t(\cdot)$	$i_{t-2}G_t(\cdot)$	$\pi_{t-1}G_t(\cdot)$	$\pi_tG_t(\cdot)$	$\pi_{t+1}G_t(\cdot)$	$y_{t-1}G_t(\cdot)$	$y_tG_t(\cdot)$	$y_{t+1}G_t(\cdot)$
y_{t-1}	3.35E-15 (1.2E-15) [2.91064]	-1.18E-14 (6.5E-15) [-1.80341]	-0.077806 (0.07803) [-0.99711]	9.78E-15 (4.9E-15) [2.00341]	0.314460 (0.31650) [0.99357]	-0.502877 (0.16755) [-3.00141]	-16.21454 (20.0263) [-0.80966]	-7.454871 (2.36725) [-3.14917]	-0.158135 (0.06028) [-2.62350]	-0.181835 (0.05462) [-3.32911]	-0.145964 (0.09253) [-1.57744]	-0.168460 (0.08351) [-2.01731]	-0.390218 (0.16039) [-2.43294]	0.195475 (0.06094) [3.20792]	0.005064 (0.02401) [0.21089]	0.214239 (0.09841) [2.17706]
π_{t-1}	-6.49E-15 (1.7E-15) [-3.86034]	2.30E-14 (9.6E-15) [2.40659]	-0.169363 (0.11391) [-1.48686]	-2.64E-14 (7.1E-15) [-3.69630]	0.544257 (0.46201) [1.17803]	0.345460 (0.24458) [1.41248]	30.35724 (29.2335) [1.03844]	4.456281 (3.45561) [1.28958]	0.105990 (0.08799) [1.20460]	0.121589 (0.07973) [1.52499]	0.146656 (0.13507) [1.08575]	0.169290 (0.12190) [1.38877]	0.478790 (0.23413) [2.04498]	-0.102770 (0.08895) [-1.15537]	0.009670 (0.03505) [0.27587]	-0.089956 (0.14365) [-0.62622]
i_{t-1}	-6.97E-15 (2.6E-15) [-2.65050]	3.81E-14 (1.5E-14) [2.55041]	0.923924 (0.17815) [5.18608]	1.000000 (1.1E-14) [9.0e+13]	-0.017229 (0.72259) [-0.02384]	0.656431 (0.38253) [1.71603]	-39.73436 (45.7222) [-0.86904]	4.069179 (5.40470) [0.75290]	0.466810 (0.13762) [3.39209]	0.063744 (0.12470) [0.51117]	-0.043472 (0.21126) [-0.20578]	0.072971 (0.19066) [0.38274]	0.581936 (0.36619) [1.58918]	-0.235689 (0.13912) [-1.69412]	0.105770 (0.05483) [1.92923]	0.404378 (0.22467) [1.79984]
i_{t-2}	2.20E-14 (4.6E-15) [4.80853]	-8.53E-14 (2.6E-14) [-3.28643]	-0.284049 (0.30969) [-0.91719]	4.77E-14 (1.9E-14) [2.46155]	-0.283089 (1.25612) [-0.22537]	-2.713988 (0.66497) [-4.08138]	-5.162677 (79.4812) [-0.06495]	-21.62388 (9.39525) [-2.30157]	-0.657123 (0.23923) [-2.74686]	-0.464051 (0.21678) [-2.14068]	-0.181510 (0.36725) [-0.49425]	-0.395704 (0.33143) [-1.19394]	-1.477497 (0.63656) [-2.32106]	0.436176 (0.24184) [1.80355]	0.025979 (0.09531) [0.27259]	0.122876 (0.39056) [0.31461]
y_t	1.000000 (1.0E-15) [9.9e+14]	-2.84E-15 (5.8E-15) [-0.49333]	0.017454 (0.06875) [0.25386]	8.71E-15 (4.3E-15) [2.02449]	0.064168 (0.27887) [0.23011]	0.028003 (0.14763) [0.18969]	-18.81728 (17.6452) [-1.06642]	1.121243 (2.08579) [0.53756]	0.100081 (0.05311) [1.88442]	0.021985 (0.04813) [0.45682]	0.049692 (0.08153) [0.60949]	0.031350 (0.07358) [0.42607]	0.010589 (0.14132) [0.07493]	-0.055326 (0.05369) [-1.03047]	0.065672 (0.02116) [3.10385]	0.162920 (0.08671) [1.87897]
π_t	8.81E-15 (2.2E-15) [3.96005]	1.000000 (1.3E-14) [7.9e+13]	0.052728 (0.15080) [0.34965]	3.04E-14 (9.4E-15) [3.21879]	-0.188097 (0.61165) [-0.30752]	-0.019411 (0.32380) [-0.05995]	0.944532 (38.7022) [0.02441]	-6.178789 (4.57489) [-1.35059]	-0.192717 (0.11649) [-1.65439]	-0.169325 (0.10556) [-1.60412]	-0.059425 (0.17882) [-0.33231]	-0.161624 (0.16138) [-1.00130]	-0.788390 (0.30996) [-2.54349]	0.076086 (0.11776) [0.64610]	0.013637 (0.04641) [0.29385]	0.277476 (0.19018) [1.45903]

续表

向量	y_t	π_t	i_t	i_{t-1}	y_{t+1}	π_{t+1}	π_t^2+1/y_t	$G_t(\cdot)$	$i_{t-1}G_t(\cdot)$	$i_{t-2}G_t(\cdot)$	$\pi_{t-1}G_t(\cdot)$	$\pi_tG_t(\cdot)$	$\pi_{t+1}G_t(\cdot)$	$y_{t-1}G_t(\cdot)$	$y_tG_t(\cdot)$	$y_{t+1}G_t(\cdot)$
π_t^2/y_{t-1}	-8.74E-18	-9.65E-17	0.001540	-3.97E-18	0.000430	-0.000678	0.416768	0.099253	0.001033	0.001582	0.002592	0.003507	0.001837	-0.002504	-0.000621	-0.000486
	(2.3E-17)	(1.3E-16)	(0.00158)	(9.9E-17)	(0.00642)	(0.00340)	(0.40637)	(0.04804)	(0.00122)	(0.00111)	(0.00188)	(0.00169)	(0.00325)	(0.00124)	(0.00049)	(0.00200)
	[-0.37423]	[-0.72706]	[0.97264]	[-0.04009]	[0.06696]	[-0.19942]	[1.02559]	[2.06623]	[0.84428]	[1.42771]	[1.38051]	[2.06946]	[0.56453]	[-2.02493]	[-1.27368]	[-0.24355]
i_{t-2} $G_{t-1}(\cdot)$	3.58E-16	-1.39E-15	0.023513	8.71E-16	-0.015993	0.000217	-1.909405	1.248286	0.011847	0.003430	0.007257	0.016757	0.038089	0.005831	-0.002938	-0.025655
	(1.6E-16)	(9.4E-16)	(0.01117)	(7.0E-16)	(0.04531)	(0.02399)	(2.86723)	(0.33893)	(0.00863)	(0.00782)	(0.01325)	(0.01196)	(0.02296)	(0.00872)	(0.00344)	(0.01409)
	[2.16914]	[-1.48274]	[2.10464]	[1.24621]	[-0.35294]	[0.00906]	[-0.66594]	[3.68305]	[1.37277]	[0.43862]	[0.54781]	[1.40155]	[1.65867]	[0.66836]	[-0.85452]	[-1.82086]
i_{t-3} $G_{t-1}(\cdot)$	-3.76E-14	1.20E-13	0.559927	-9.38E-14	-1.379174	7.379564	-327.6316	100.2261	3.236959	3.526281	3.236815	3.661190	7.499767	-0.534471	0.077212	-1.659687
	(1.0E-14)	(5.7E-14)	(0.68557)	(4.3E-14)	(2.78069)	(1.47204)	(175.948)	(20.7983)	(0.52958)	(0.47988)	(0.81297)	(0.73368)	(1.40916)	(0.53537)	(0.21098)	(0.86459)
	[-3.71512]	[2.08927]	[0.81673]	[-2.18559]	[-0.49598]	[5.01314]	[-1.86209]	[4.81895]	[6.11234]	[7.34825]	[3.98145]	[4.99018]	[5.32217]	[-0.99832]	[0.36697]	[-1.91962]
	-7.64E-15	1.07E-13	-1.048413	-3.48E-14	-0.208834	-2.043973	426.4283	-62.94185	-1.959413	-1.420802	-3.404326	-3.263532	-4.095051	0.245888	0.012250	-0.315329
	(7.0E-15)	(4.0E-14)	(0.47662)	(3.0E-14)	(1.93317)	(1.02338)	(122.321)	(14.4593)	(0.36817)	(0.33362)	(0.56519)	(0.51006)	(0.97966)	(0.37220)	(0.14667)	(0.60108)
	[-1.08626]	[2.67168]	[-2.19968]	[-1.16813]	[-0.10803]	[-1.99727]	[3.48613]	[-4.35304]	[-5.32204]	[-4.25875]	[-6.02333]	[-6.39828]	[-4.18006]	[0.66064]	[0.08352]	[-0.52461]
π_{t-2} $G_{t-1}(\cdot)$	1.57E-15	-4.59E-14	-0.005126	-2.08E-14	0.521699	-1.689952	-27.74482	-23.00551	-0.670562	-0.652752	-0.918803	-0.772641	-1.676953	-0.251073	-0.150224	0.537462
	(2.8E-15)	(1.6E-14)	(0.19168)	(1.2E-14)	(0.77746)	(0.41157)	(49.1937)	(5.81505)	(0.14807)	(0.13417)	(0.22730)	(0.20513)	(0.39399)	(0.14968)	(0.05899)	(0.24173)
	[0.55483]	[-2.85745]	[-0.02674]	[-1.73636]	[0.67103]	[-4.10609]	[-0.56399]	[-3.95620]	[-4.52881]	[-4.86608]	[-4.04223]	[-3.76659]	[-4.22634]	[-1.67734]	[-2.54670]	[2.22237]
π_{t-1} $G_{t-1}(\cdot)$	1.30E-14	-6.69E-15	0.343197	9.29E-14	-1.111927	-0.104356	-144.2004	4.160466	0.259685	0.042517	1.175434	0.119240	-0.249127	0.124151	-0.067842	-0.087852
	(5.0E-15)	(2.9E-14)	(0.34071)	(2.1E-14)	(1.38191)	(0.73156)	(87.4407)	(10.3361)	(0.26318)	(0.23849)	(0.40402)	(0.36462)	(0.70031)	(0.26606)	(0.10485)	(0.42968)
	[2.58538]	[-0.23408]	[1.00730]	[4.35648]	[-0.80463]	[-0.14265]	[-1.64912]	[0.40252]	[0.98670]	[0.17828]	[2.90933]	[0.32703]	[-0.35574]	[0.46662]	[-0.64705]	[-0.20446]

续表

向量	y_t	π_t	i_t	i_{t-1}	y_{t+1}	π_{t+1}	π_t^2+1/y_t	$G_t(\cdot)$	$i_{t-1}G_t(\cdot)$	$i_{t-2}G_t(\cdot)$	$\pi_{t-1}G_t(\cdot)$	$\pi_tG_t(\cdot)$	$\pi_{t+1}G_t(\cdot)$	$y_{t-1}G_t(\cdot)$	$y_tG_t(\cdot)$	$y_{t+1}G_t(\cdot)$
π_t $G_{t-1}(\cdot)$	-3.52E-15	-8.92E-15	-0.292370	-4.00E-14	1.464339	-0.192226	107.6796	-6.531751	-0.008215	-0.074375	0.241333	0.896874	0.625613	0.110518	0.106049	0.752052
	(2.8E-15)	(1.6E-15)	(0.18829)	(1.2E-14)	(0.76368)	(0.40428)	(48.3221)	(5.71203)	(0.14544)	(0.13179)	(0.22327)	(0.20150)	(0.38701)	(0.14703)	(0.05794)	(0.23745)
	[-1.26719]	[-0.56484]	[-1.55281]	[-3.39226]	[1.91747]	[-0.47548]	[2.22837]	[-1.14351]	[-0.05648]	[-0.56433]	[1.08088]	[4.45106]	[1.61653]	[0.75165]	[1.83024]	[3.16720]
y_{t-2} $G_{t-1}(\cdot)$	9.43E-17	-8.65E-15	0.204039	-2.06E-15	0.016273	0.152462	-51.89428	5.331056	0.162449	0.117685	0.185604	0.224148	0.346647	0.036672	0.006313	0.026000
	(1.2E-15)	(7.1E-15)	(0.08468)	(5.3E-15)	(0.34348)	(0.18183)	(21.7336)	(2.56907)	(0.06541)	(0.05928)	(0.10042)	(0.09063)	(0.17406)	(0.06613)	(0.02606)	(0.10680)
	[0.07550]	[-1.21823]	[2.40941]	[-0.38948]	[0.04738]	[0.83848]	[-2.38774]	[2.07509]	[2.48336]	[1.98537]	[1.84827]	[2.47333]	[1.99150]	[0.55455]	[0.24225]	[0.24346]
y_{t-1} $G_{t-1}(\cdot)$	-5.14E-15	2.81E-14	0.245151	-8.08E-15	-0.556582	1.670969	85.66316	25.92487	0.594970	0.646059	0.682036	0.828512	1.696925	0.997281	0.051388	-0.588464
	(2.7E-15)	(1.5E-14)	(0.18196)	(1.1E-14)	(0.73801)	(0.39069)	(46.6977)	(5.52001)	(0.14055)	(0.12736)	(0.21577)	(0.19472)	(0.37400)	(0.14209)	(0.05599)	(0.22947)
	[-1.91288]	[1.84493]	[1.34731]	[-0.70953]	[-0.75416]	[4.27697]	[1.83442]	[4.69653]	[4.23306]	[5.07257]	[3.16096]	[4.25482]	[4.53724]	[7.01865]	[0.91772]	[-2.56447]
y_t $G_{t-1}(\cdot)$	-3.72E-15	1.37E-14	-0.145330	-3.96E-14	-0.264537	0.303318	225.1150	-1.156540	-0.304699	-0.002726	-0.352127	-0.231434	0.086555	0.176303	1.029698	-0.765982
	(3.6E-15)	(2.0E-14)	(0.24119)	(1.5E-14)	(0.97828)	(0.51788)	(61.9006)	(7.31710)	(0.18631)	(0.16883)	(0.28601)	(0.25812)	(0.49576)	(0.18835)	(0.07422)	(0.30417)
	[-1.04596]	[0.67993]	[-0.60255]	[-2.62075]	[-0.27041]	[0.58569]	[3.63672]	[-0.15806]	[-1.63543]	[-0.01614]	[-1.23115]	[-0.89662]	[0.17459]	[0.93604]	[13.8728]	[-2.51824]
R^2	1.000000	1.000000	0.881474	1.000000	0.368875	0.961015	0.675828	0.960214	0.972078	0.972913	0.979702	0.987485	0.959704	0.926730	0.983994	0.731664
调整的 R^2	1.000000	1.000000	0.808535	1.000000	-0.019509	0.937025	0.476338	0.935731	0.954895	0.956244	0.967212	0.979784	0.934906	0.881640	0.974143	0.566535
F统计量	1.88E+29	2.60E+28	12.08510	2.83E+27	0.949769	40.05812	3.387777	39.21901	56.57292	58.36610	78.43364	128.2206	38.70116	20.55319	99.89640	4.430849

说明：①单个内生变量的有效样本量为47个，但由于向量中包含内生变量的一阶滞后项，二阶滞后项和前瞻项，因而简化式的有效样本量为43个；②显著性水平设为5%；③（　）中数据为标准差，[　]中数据为t统计量。

表 D.5

逻辑平滑转移的 LRE 模型简化式系数矩阵估计结果

$$[G_t(\cdot) = G_t(\lambda, c, \pi_{t+1}),\ c=0,\ \lambda=57.94877]$$

向量	y_t	π_t	i_t	i_{t-1}	y_{t+1}	π_{t+1}	π_{E+1}/y_t	$G_t(\cdot)$	$i_{t-1}G_t(\cdot)$	$i_{t-2}G_t(\cdot)$	$\pi_{t-1}G_t(\cdot)$	$\pi_tG_t(\cdot)$	$\pi_{t+1}G_t(\cdot)$	$y_{t-1}G_t(\cdot)$	$y_tG_t(\cdot)$	$y_{t+1}G_t(\cdot)$
y_{t-1}	1.77E-14 (5.5E-15) [3.21270]	-1.31E-13 (4.3E-14) [-3.02127]	-0.192947 (0.26615) [-0.72496]	6.86E-14 (2.7E-14) [2.55801]	0.315448 (0.86806) [0.36339]	-1.001158 (0.63603) [-1.57408]	-33.90789 (79.2299) [-0.42797]	-9.743173 (5.69865) [-1.70973]	-0.235254 (0.16824) [-1.39835]	-0.295798 (0.15512) [-1.90695]	-0.189506 (0.21607) [-0.87705]	-0.129557 (0.12552) [-1.03214]	-0.834413 (0.61990) [-1.34605]	0.243913 (0.10693) [2.28111]	0.063977 (0.06365) [1.00510]	0.463661 (0.64513) [0.71871]
π_{t-1}	-2.82E-14 (7.4E-15) [-3.82400]	2.05E-13 (5.8E-14) [3.53506]	-0.307007 (0.35730) [-0.85924]	-1.68E-13 (3.6E-14) [-4.65646]	1.964944 (1.16537) [1.68612]	1.904459 (0.85387) [2.23040]	27.10592 (106.366) [0.25484]	11.14313 (7.65041) [1.45654]	0.24042 (0.22586) [1.03624]	0.233405 (0.20824) [1.12083]	0.273583 (0.29008) [0.94314]	0.290513 (0.16851) [1.72398]	2.002070 (0.83221) [2.40572]	0.022828 (0.14355) [0.15903]	0.172361 (0.08545) [2.01701]	0.635993 (0.86609) [0.73433]
i_{t-1}	-6.36E-15 (4.3E-15) [-1.48966]	4.35E-14 (3.4E-14) [1.29641]	1.069453 (0.20653) [5.17829]	1.000000 (2.1E-14) [4.8e+13]	0.447000 (0.67360) [0.66360]	0.440732 (0.49355) [0.89299]	-111.8347 (61.4811) [-1.81901]	0.752784 (4.42206) [0.17023]	0.760275 (0.13055) [5.82369]	-0.026747 (0.12037) [-0.22221]	-0.048705 (0.16767) [-0.29049]	0.024151 (0.09740) [0.24794]	0.505739 (0.48103) [1.05136]	-0.042004 (0.08297) [-0.50623]	0.060828 (0.04939) [1.23149]	0.657693 (0.50061) [1.31378]
i_{t-2}	8.22E-14 (1.8E-14) [4.59367]	-5.32E-13 (1.4E-13) [-3.78222]	-0.591226 (0.86615) [-0.68259]	2.98E-13 (8.7E-14) [3.41283]	-0.476706 (2.82499) [-0.16875]	-5.463880 (2.06987) [-2.63972]	31.08289 (257.844) [0.12055]	-50.43054 (18.5455) [-2.71928]	-1.157692 (0.54750) [-2.11449]	-0.842684 (0.50480) [-1.66933]	0.150992 (0.70318) [0.21473]	-0.018549 (0.40850) [-0.04541]	-4.269410 (2.01738) [-2.11631]	0.048575 (0.34798) [0.13959]	-0.151226 (0.20715) [-0.73003]	0.529597 (2.09950) [0.25225]
y_t	1.000000 (4.9E-15) [2.0e+14]	-1.06E-13 (3.8E-14) [-2.76087]	0.100331 (0.23627) [0.42465]	5.79E-14 (2.4E-14) [2.43242]	0.291450 (0.77061) [0.37821]	-0.169264 (0.56463) [-0.29978]	-83.18338 (70.3353) [-1.18267]	-3.615934 (5.08890) [-0.71477]	0.088347 (0.14935) [0.59154]	-0.107631 (0.13770) [-0.78162]	0.001397 (0.19182) [0.00728]	0.004708 (0.11143) [0.04225]	-0.071657 (0.55031) [-0.13021]	0.001783 (0.09492) [0.01878]	0.093349 (0.05651) [1.65200]	0.503436 (0.57271) [0.87905]
π_t	3.91E-14 (1.5E-14) [2.55548]	1.000000 (1.2E-13) [8.3e+12]	-0.359111 (0.74140) [-0.48437]	2.67E-13 (7.5E-14) [3.57954]	-0.983244 (2.41812) [-0.40661]	-3.356975 (1.77176) [-1.89471]	66.98664 (220.708) [0.30343]	-23.60086 (15.8745) [-1.48671]	-0.424210 (0.46865) [-0.90517]	-0.403250 (0.43210) [-0.93323]	0.204606 (0.60190) [0.33993]	-0.058038 (0.34966) [-0.16598]	-3.976276 (1.72683) [-2.30264]	0.011890 (0.29786) [0.03992]	-0.126631 (0.17732) [-0.71415]	0.681988 (1.79712) [0.37949]

续表

向量	y_t	π_t	i_t	i_{t-1}	y_{t+1}	π_{t+1}	π_{t+1}/y_t	$G_t(\cdot)$	$i_{t-1}G_t(\cdot)$	$i_{t-2}G_t(\cdot)$	$\pi_{t-1}G_t(\cdot)$	$\pi_tG_t(\cdot)$	$\pi_{t+1}G_t(\cdot)$	$y_{t-1}G_t(\cdot)$	$y_tG_t(\cdot)$	$y_{t+1}G_t(\cdot)$
π_t^2/y_{t-1} $G_{t-1}(\cdot)$	3.55E-20 (3.5E-17) [0.00101]	2.76E-16 (2.8E-16) [0.99707]	0.000824 (0.00171) [0.48241]	6.69E-17 (1.7E-16) [0.38843]	0.001798 (0.00557) [0.32275]	-0.002462 (0.00408) [-0.60312]	0.633335 (0.50857) [1.24533]	-0.002393 (0.03658) [-0.06541]	-0.000762 (0.00108) [-0.70528]	-0.000540 (0.00100) [-0.54271]	-0.000978 (0.00139) [-0.70518]	1.90E-05 (0.00081) [0.02259]	-0.001613 (0.00398) [-0.40625]	-0.001051 (0.00069) [-1.53084]	-6.37E-05 (0.00041) [-0.15598]	0.001699 (0.00414) [0.41017]
	1.21E-15 (4.7E-16) [2.58955]	5.55E-15 (3.7E-15) [1.51683]	0.013608 (0.02256) [0.60323]	1.14E-15 (2.3E-15) [0.50231]	-0.023609 (0.07358) [-0.32086]	-0.019228 (0.05391) [-0.35667]	-1.920862 (6.71566) [-0.28603]	0.256273 (0.48303) [0.53056]	-0.006883 (0.01426) [-0.48270]	-0.013001 (0.01315) [-0.98879]	-0.009917 (0.01831) [-0.54150]	-0.002263 (0.01064) [-0.21267]	0.002881 (0.05254) [0.05483]	-0.006273 (0.00906) [-0.69212]	-0.004682 (0.00540) [-0.86783]	-0.028861 (0.05468) [-0.52279]
i_{t-2} $G_{t-1}(\cdot)$	-9.63E-14 (2.2E-14) [-4.33453]	5.94E-13 (1.7E-13) [3.40281]	0.435818 (1.07512) [0.40537]	-3.30E-13 (1.1E-13) [-3.04207]	-0.792363 (3.50659) [-0.22596]	7.220989 (2.56928) [2.81051]	-42.94613 (320.055) [-0.13418]	54.64519 (23.0201) [2.37380]	1.295511 (0.67960) [1.90628]	1.812760 (0.62660) [2.89300]	-0.333641 (0.87284) [-0.38225]	0.101721 (0.50706) [0.20061]	6.225099 (2.50413) [2.48594]	-0.079514 (0.43194) [-0.18409]	0.196233 (0.25713) [0.76317]	-1.816324 (2.60606) [-0.69696]
i_{t-3} $G_{t-1}(\cdot)$	3.72E-15 (6.8E-15) [0.55079]	3.31E-14 (5.3E-14) [0.62321]	-0.159462 (0.32714) [-0.48744]	-5.39E-14 (3.3E-14) [-1.63505]	-0.623380 (1.0699) [-0.58424]	-1.071969 (0.78179) [-1.37117]	134.7969 (97.3872) [1.38413]	-0.693305 (7.00462) [-0.09898]	-0.030470 (0.20679) [-0.14735]	0.081872 (0.19066) [0.42941]	-0.024755 (0.26659) [-0.09321]	-0.284990 (0.15429) [-1.84712]	-1.484462 (0.76196) [-1.94821]	0.135383 (0.13143) [1.03006]	0.056869 (0.07824) [0.72685]	-0.578787 (0.79298) [-0.72989]
π_{t-2} $G_{t-1}(\cdot)$	5.66E-16 (2.1E-15) [0.26661]	2.70E-15 (1.7E-14) [0.16199]	-0.040171 (0.10288) [-0.39048]	6.30E-17 (1.0E-14) [0.00608]	0.280172 (0.33553) [0.83500]	-0.636605 (0.24585) [-2.58944]	-14.64812 (30.6251) [-0.47830]	-5.219382 (2.20272) [-2.36951]	-0.148189 (0.06503) [-2.27881]	-0.154829 (0.05996) [-2.58230]	-0.214177 (0.08352) [-2.56440]	-0.127498 (0.04852) [-2.62782]	-0.580395 (0.23961) [-2.42223]	-0.079868 (0.04133) [-1.93240]	-0.009696 (0.02460) [-0.39408]	0.299220 (0.24937) [1.19993]
π_{t-1} $G_{t-1}(\cdot)$	3.13E-14 (9.2E-15) [3.39244]	-2.57E-13 (7.2E-14) [-3.54415]	0.354412 (0.44624) [0.79422]	2.16E-13 (4.5E-14) [4.80737]	-2.360016 (1.45544) [-1.62151]	-2.260725 (1.06640) [-2.11995]	-46.31414 (132.842) [-0.34864]	-12.04498 (9.55471) [-1.26063]	-0.237657 (0.28208) [-0.84253]	-0.257846 (0.26008) [-0.99142]	0.677872 (0.36228) [1.87113]	-0.329344 (0.21046) [-1.56489]	-2.394926 (1.03936) [-2.30423]	-0.011745 (0.17928) [-0.06551]	-0.236075 (0.10672) [-2.21201]	-0.857922 (1.08167) [-0.79315]

续表

向量		y_t	π_t	i_t	i_{t-1}	y_{t+1}	π_{t+1}	π_{t+1}/y_t	$G_t(\cdot)$	$i_{t-1}G_t(\cdot)$	$i_{t-2}G_t(\cdot)$	$\pi_{t-1}G_t(\cdot)$	$\pi_tG_t(\cdot)$	$\pi_{t+1}G_t(\cdot)$	$y_{t-1}G_t(\cdot)$	$y_tG_t(\cdot)$	$y_{t+1}G_t(\cdot)$
π_t		-3.58E-14	5.09E-13	0.275823	-2.59E-13	1.857571	4.116691	-45.66095	24.41516	0.552469	0.492454	0.133878	1.216938	4.765171	0.062737	0.156135	0.104230
$G_{t-1}(\cdot)$		(1.3E-14)	(1.0E-13)	(0.64078)	(6.5E-14)	(2.08995)	(1.53131)	(190.755)	(13.7201)	(0.40505)	(0.37346)	(0.53022)	(0.30221)	(1.49247)	(0.25744)	(0.15325)	(1.55322)
		[-2.70164]	[4.89140]	[0.43045]	[-4.00836]	[0.88881]	[2.68835]	[-0.23937]	[1.77952]	[1.36396]	[1.31863]	[0.25735]	[4.02682]	[3.19280]	[0.24370]	[1.01882]	[0.06711]
y_{t-2}		-6.20E-16	3.55E-15	0.033679	-8.89E-16	0.024314	-0.001765	-23.80752	-0.772893	-0.019209	-0.036057	-0.070906	-0.017631	0.035435	-0.007068	-0.018308	0.002787
$G_{t-1}(\cdot)$		(1.3E-15)	(9.9E-15)	(0.06124)	(6.2E-15)	(0.19973)	(0.14634)	(18.2301)	(1.31121)	(0.03871)	(0.03569)	(0.04972)	(0.02888)	(0.14263)	(0.02460)	(0.01465)	(0.14844)
		[-0.48983]	[0.35726]	[0.54997]	[-0.14402]	[0.12173]	[-0.01206]	[-1.30595]	[-0.58945]	[-0.49622]	[-1.01025]	[-1.42622]	[-0.61047]	[0.24844]	[-0.28728]	[-1.25002]	[0.01877]
y_{t-1}		-2.00E-14	1.45E-13	0.230663	-7.74E-14	-0.256033	1.382481	57.20305	12.53428	0.310028	0.381292	0.263810	0.206644	1.198839	0.787328	-0.095851	-0.470049
$G_{t-1}(\cdot)$		(6.8E-15)	(5.4E-14)	(0.32970)	(3.3E-14)	(1.07533)	(0.78790)	(98.1479)	(7.05933)	(0.20841)	(0.19215)	(0.26766)	(0.15549)	(0.76791)	(0.13246)	(0.07885)	(0.79917)
		[-2.93412]	[2.70964]	[0.69962]	[-2.32868]	[-0.23810]	[1.75465]	[0.58283]	[1.77556]	[1.48761]	[1.98431]	[0.98560]	[1.32896]	[1.56116]	[5.94395]	[-1.21559]	[-0.58817]
y_t		1.42E-16	1.41E-13	-0.163718	-8.35E-14	-0.418711	0.429948	155.0461	7.128377	-0.034110	0.222128	0.099890	0.044856	0.266770	-0.002658	0.927617	-0.719869
$G_{t-1}(\cdot)$		(6.7E-15)	(5.3E-14)	(0.32562)	(3.3E-14)	(1.06202)	(0.77814)	(96.9328)	(6.97194)	(0.20583)	(0.18977)	(0.26435)	(0.15357)	(0.75841)	(0.13082)	(0.07788)	(0.78928)
		[0.02106]	[2.66047]	[-0.50280]	[-2.54302]	[-0.39426]	[0.55253]	[1.59952]	[1.02244]	[-0.16572]	[1.17048]	[0.37787]	[0.29209]	[0.35175]	[-0.02032]	[11.9116]	[-0.91206]
R^2		1.000000	1.000000	0.846826	1.000000	0.472597	0.937592	0.436339	0.927657	0.956004	0.950308	0.990193	0.997072	0.933428	0.987067	0.994760	0.461694
调整的 R^2		1.000000	1.000000	0.752565	1.000000	0.148041	0.899188	0.089471	0.883138	0.928929	0.919728	0.984158	0.995269	0.892461	0.979109	0.991535	0.130428
F统计量		7.41E+28	5.36E+27	8.983865	8.43E+26	1.456133	24.41346	1.257939	20.83745	35.30991	31.07638	164.0767	553.2772	22.78476	124.0258	308.4760	1.393727

说明：①单个内生变量的有效样本量为47个，但由于向量中包含内生变量的一阶滞后项、二阶滞后项和预期项，因而简化式的有效样本量为43个；②显著性水平设为5%；③（　）中数据为标准差，[　]中数据为t统计量。

表 D.6　逻辑平滑转移的 LRE 模型简化式系数矩阵估计结果

$$[G_t(\,\cdot\,) = G_t\,(\lambda,\ c,\ \pi_{t+1}),\ c = 10\%,\ \lambda = 57.94877]$$

向量	y_t	π_t	i_t	i_{t-1}	y_{t+1}	π_{t+1}	π_{t+1}/y_t	$G_t(\cdot)$	$i_{t-1}G_t(\cdot)$	$i_{t-2}G_t(\cdot)$	$\pi_{t-1}G_t(\cdot)$	$\pi_tG_t(\cdot)$	$\pi_{t+1}G_t(\cdot)$	$y_{t-1}G_t(\cdot)$	$y_tG_t(\cdot)$	$y_{t+1}G_t(\cdot)$
y_{t-1}	-1.68E-15	6.07E-14	-0.058297	-9.56E-15	0.308044	-0.442856	-18.49964	-0.521789	-0.012591	-0.013534	-0.014422	-0.020126	-0.033260	0.009302	-0.000124	0.008192
	(1.6E-15)	(1.9E-14)	(0.06827)	(1.1E-14)	(0.28317)	(0.14810)	(12.2156)	(0.28858)	(0.00990)	(0.00790)	(0.01686)	(0.01995)	(0.02575)	(0.00721)	(0.00334)	(0.00716)
	[-1.02405]	[3.17610]	[-0.85390]	[-0.89315]	[1.08784]	[-2.99033]	[-1.51443]	[-1.80814]	[-1.27227]	[-1.71220]	[-0.85520]	[-1.00889]	[-1.25301]	[1.29062]	[-0.03721]	[1.14431]
π_{t-1}	-2.97E-16	-6.46E-14	-0.163691	-6.74E-15	0.370816	0.140857	36.62346	1.275043	0.042050	0.037976	0.072406	0.087087	0.115475	-0.018219	0.013899	0.008878
	(2.3E-15)	(2.7E-14)	(0.09484)	(1.5E-14)	(0.39337)	(0.20573)	(16.9695)	(0.40088)	(0.01375)	(0.01098)	(0.02343)	(0.02771)	(0.03577)	(0.01001)	(0.00463)	(0.00994)
	[-0.13074]	[-2.43237]	[-1.72598]	[-0.45321]	[0.94266]	[0.68467]	[2.15820]	[3.18058]	[3.05876]	[3.45846]	[3.09076]	[3.14261]	[3.22868]	[-1.81957]	[2.99994]	[0.89267]
i_{t-1}	-7.89E-15	3.45E-14	0.869714	1.000000	-0.261108	0.028672	-12.27616	1.008288	0.066349	0.033358	0.093094	0.103075	0.113927	-0.042821	0.025545	0.057703
	(4.1E-15)	(4.8E-14)	(0.17086)	(2.7E-14)	(0.70869)	(0.37064)	(30.5716)	(0.72222)	(0.02477)	(0.01978)	(0.04220)	(0.04992)	(0.06443)	(0.01804)	(0.00835)	(0.01792)
	[-1.92580]	[0.72187]	[5.09021]	[3.7e+13]	[-0.36844]	[0.07736]	[-0.40155]	[1.39610]	[2.67893]	[1.68625]	[2.20578]	[2.06463]	[1.76813]	[-2.37390]	[3.06052]	[3.2067]
i_{t-2}	9.77E-13	1.84E-13	-0.192721	-4.83E-14	-0.078239	-1.989627	-31.38493	-3.238848	-0.119045	-0.093766	-0.168202	-0.207642	-0.275040	0.062045	-0.031873	-0.046080
	(6.5E-15)	(7.6E-14)	(0.27065)	(4.2E-14)	(1.12258)	(0.58710)	(48.4264)	(1.14402)	(0.03923)	(0.03134)	(0.06685)	(0.07908)	(0.10207)	(0.02857)	(0.01322)	(0.02838)
	[1.50675]	[2.42911]	[-0.71207]	[-1.13824]	[-0.06970]	[-3.38890]	[-0.64809]	[-2.83112]	[-3.03442]	[-2.99227]	[-2.51597]	[-2.62567]	[-2.69474]	[2.17143]	[-2.41076]	[-1.62367]
y_t	1.000000	4.44E-14	0.013811	7.93E-15	0.034559	-0.008961	-25.76773	-0.394031	-0.007146	-0.011161	-0.015121	-0.023025	-0.035495	-0.000678	-0.001947	0.009547
	(1.6E-15)	(1.9E-14)	(0.06746)	(1.1E-14)	(0.27980)	(0.14633)	(12.0702)	(0.28514)	(0.00978)	(0.00781)	(0.01666)	(0.01971)	(0.02544)	(0.00712)	(0.00330)	(0.00707)
	[6.2e+14]	[2.34962]	[0.20473]	[0.75017]	[0.12351]	[-0.06124]	[-2.13483]	[-1.38187]	[-0.73080]	[-1.42897]	[-0.90746]	[-1.16813]	[-1.39525]	[-0.09527]	[-0.59085]	[1.34957]
π_t	-3.37E-15	1.000000	0.045482	-3.18E-14	-0.060358	0.069176	-22.90585	-2.907858	-0.101083	-0.088651	-0.154791	-0.190065	-0.259099	0.021111	-0.029129	-0.009356
	(3.7E-15)	(4.3E-15)	(0.15291)	(2.4E-14)	(0.63423)	(0.33169)	(27.3595)	(0.64633)	(0.02216)	(0.01770)	(0.03777)	(0.04468)	(0.05766)	(0.01614)	(0.00747)	(0.01603)
	[-0.91892]	[2.3e+13]	[0.29745]	[-1.32855]	[-0.09517]	[0.20855]	[-0.83722]	[-4.49900]	[-4.56054]	[-5.00741]	[-4.09824]	[-4.25405]	[-4.49326]	[1.30777]	[-3.89663]	[-0.58353]

续表

向量	y_t	π_t	i_t	i_{t-1}	y_{t+1}	π_{t+1}	$\pi z_{t+1}/y_t$	$G_t(\cdot)$	$i_{t-1}G_t(\cdot)$	$i_{t-2}G_t(\cdot)$	$\pi_{t-1}G_t(\cdot)$	$\pi_t G_t(\cdot)$	$\pi_{t+1}G_t(\cdot)$	$y_{t-1}G_t(\cdot)$	$y_t G_t(\cdot)$	$y_{t+1}G_t(\cdot)$
π_t^2/y_{t-1}	2.26E-17 (4.2E-17) [0.54116]	1.74E-16 (4.9E-16) [0.35694]	0.000488 (0.00174) [0.28848]	-4.56E-16 (2.7E-16) [-1.67050]	0.002564 (0.00722) [0.35515]	0.001093 (0.00378) [0.28955]	0.565593 (0.31144) [1.81603]	0.001257 (0.00736) [0.17088]	-5.42E-05 (0.00025) [-0.21486]	-7.47E-05 (0.00020) [-0.37045]	-9.16E-05 (0.00043) [-0.21306]	9.59E-06 (0.00051) [0.01886]	-6.35E-05 (0.00066) [-0.09673]	-0.000319 (0.00018) [-1.73658]	-0.000172 (8.5E-05) [-2.01975]	1.59E-05 (0.00018) [0.08724]
i_{t-2} $G_{t-1}(\cdot)$	2.71E-14 (7.7E-15) [3.51559]	-3.87E-13 (9.0E-14) [-4.30008]	0.713319 (0.32109) [2.22157]	4.93E-14 (5.0E-14) [0.97875]	-0.459567 (1.33179) [-0.34507]	2.44018 (0.69652) [3.50892]	16.17879 (57.4514) [0.28161]	7.780219 (1.35722) [5.73246]	0.221950 (0.04654) [4.76871]	0.197050 (0.03718) [5.30046]	0.315871 (0.07931) [3.98261]	0.402223 (0.09382) [4.28719]	0.569365 (0.12109) [4.70212]	0.006670 (0.03390) [0.19970]	0.043757 (0.01569) [2.78969]	-0.047430 (0.03367) [-1.40870]
i_{t-3} $G_{t-1}(\cdot)$	-3.31E-13 (3.0E-13) [-1.12084]	-1.27E-11 (3.5E-12) [-3.68402]	6.612024 (12.3218) [0.53661]	5.17E-12 (1.9E-12) [2.67587]	-23.86714 (51.1079) [-0.46700]	135.7217 (26.7290) [5.07770]	-4329.851 (2204.71) [-1.96391]	275.6201 (52.0837) [5.29187]	8.896639 (1.78610) [4.98116]	8.794522 (1.42664) [6.16451]	11.10417 (3.04364) [3.64832]	13.21442 (3.60035) [3.67032]	20.11705 (4.64673) [4.32329]	-0.092373 (1.30086) [-0.07101]	1.487987 (0.60192) [2.47206]	-1.387776 (1.29207) [-1.07407]
π_{t-3} $G_{t-1}(\cdot)$	-3.40E-13 (1.7E-13) [-2.04270]	-9.79E-13 (1.9E-12) [-0.50375]	-14.36684 (6.93896) [-2.07046]	8.53E-13 (1.1E-12) [0.78454]	-15.17530 (28.7811) [-0.52727]	-33.18149 (15.0623) [-2.20442]	6638.132 (1241.57) [5.34656]	-58.07629 (29.3307) [-1.98005]	-1.999305 (1.00583) [-1.98771]	-1.111276 (0.80340) [-1.38321]	-2.902612 (1.71401) [-1.69346]	-2.148026 (2.02752) [-1.05944]	-2.457618 (2.61678) [-0.93918]	-0.154686 (0.73257) [-0.21115]	0.433926 (0.33897) [1.28014]	-0.065085 (0.72762) [-0.08945]
π_{t-2} $G_{t-1}(\cdot)$	2.14E-14 (9.1E-14) [0.23547]	2.55E-12 (1.1E-12) [2.40155]	-2.267048 (3.78857) [-0.59839]	-2.28E-12 (5.9E-13) [-3.83247]	14.07254 (15.7141) [0.89554]	-38.20718 (8.21832) [-4.64903]	-518.8823 (677.880) [-0.76545]	-79.29642 (16.0141) [-4.95166]	-2.230138 (0.54917) [-4.20184]	-2.307520 (0.43865) [-5.08414]	-3.415734 (0.93582) [-3.64998]	-3.644153 (1.10700) [-3.29193]	-5.808404 (1.42873) [-4.06544]	-0.518462 (0.39997) [-1.29624]	-0.663958 (0.18507) [-3.58756]	0.975714 (0.39727) [2.45604]
π_{t-1} $G_{t-1}(\cdot)$	-1.61E-14 (1.4E-13) [-0.11824]	1.34E-12 (1.6E-12) [0.84621]	6.336205 (5.66925) [1.11764]	2.48E-12 (8.9E-13) [2.79265]	-11.29329 (23.5147) [-0.48027]	11.28292 (12.2980) [0.91746]	-3019.237 (1014.39) [-2.97642]	-19.99919 (23.9637) [-0.83456]	-0.611929 (0.82178) [-0.74464]	-0.820449 (0.65639) [-1.24993]	-0.609250 (1.40038) [-0.43506]	-2.308162 (1.65652) [-1.39338]	-2.636332 (2.13796) [-1.23311]	0.713106 (0.59852) [1.19144]	-0.489574 (0.27694) [-1.76777]	-0.865577 (0.59448) [-1.45602]

续表

向量	y_t	π_t	i_t	i_{t-1}	y_{t+1}	π_{t+1}	π_{t+1}/y_t	$G_t(\cdot)$	$i_{t-1}G_t(\cdot)$	$i_{t-2}G_t(\cdot)$	$\pi_{t-1}G_t(\cdot)$	$\pi_tG_t(\cdot)$	$\pi_{t+1}G_t(\cdot)$	$y_{t-1}G_t(\cdot)$	$y_tG_t(\cdot)$	$y_{t+1}G_t(\cdot)$
π_t $G_{t-1}(\cdot)$	-9.83E-14 (1.4E-13) [-0.72155]	7.49E-12 (1.6E-12) [4.70496]	-10.08934 (5.68427) [-1.77496]	-3.44E-12 (8.9E-13) [-3.86009]	23.47279 (23.5770) [0.99558]	-57.26492 (12.3306) [-4.64415]	1590.604 (1017.07) [1.56390]	-107.2677 (24.0271) [-4.46444]	-3.130940 (0.82396) [-3.79988]	-3.076879 (0.65813) [-4.67516]	-3.747085 (1.4040) [-2.66870]	-4.243751 (1.66091) [-2.55510]	-7.36035 (2.14362) [-3.42226]	-0.358749 (0.60011) [-0.59781]	-0.451591 (0.27768) [-1.62632]	1.567739 (0.59606) [2.63019]
y_{t-2} $G_{t-1}(\cdot)$	7.57E-14 (2.9E-14) [2.59417]	-8.01E-13 (3.4E-13) [-2.35014]	2.396525 (1.21790) [1.96775]	-2.73E-13 (1.9E-13) [-1.43278]	1.506138 (5.05155) [0.29815]	8.290636 (2.64192) [3.13811]	-155.6729 (217.916) [-0.71437]	12.14877 (5.14800) [2.35990]	0.236562 (0.17654) [1.34000]	0.207172 (0.14101) [1.46920]	0.001615 (0.30084) [0.00537]	0.200058 (0.35586) [0.56218]	0.555946 (0.45929) [1.21045]	0.203977 (0.12858) [1.58641]	-0.153720 (0.05949) [-2.58377]	-0.102416 (0.12771) [-0.80194]
y_{t-1} $G_{t-1}(\cdot)$	2.08E-13 (7.7E-14) [2.68001]	-3.65E-12 (9.0E-13) [-4.03715]	5.380351 (3.23188) [1.66477]	8.23E-13 (5.1E-13) [1.62397]	-13.17568 (13.4051) [-0.98289]	34.24387 (7.01074) [4.88449]	1666.507 (578.274) [2.88187]	60.97864 (13.6610) [4.46369]	1.425647 (0.46848) [3.04317]	1.569831 (0.37419) [4.19525]	1.797731 (0.79832) [2.25191]	2.378537 (0.94434) [2.51874]	3.996305 (1.21879) [3.27891]	1.697223 (0.34120) [4.97425]	0.154013 (0.15788) [0.97552]	-1.097986 (0.33890) [-3.23988]
y_t $G_{t-1}(\cdot)$	2.08E-13 (1.1E-13) [1.96635]	-2.72E-12 (1.2E-12) [-2.20249]	-1.097802 (4.40994) [-0.24894]	-1.20E-12 (6.9E-13) [-1.73783]	-7.873873 (18.2914) [-0.43047]	8.248303 (9.56623) [0.86223]	4455.776 (789.061) [5.64693]	47.70375 (18.6406) [2.55913]	1.117784 (0.63924) [1.74861]	1.423647 (0.51059) [2.78824]	2.102149 (1.08931) [1.92980]	2.890182 (1.28856) [2.24296]	4.379880 (1.66306) [2.63363]	-0.268496 (0.46557) [-0.57670]	1.859901 (0.21543) [8.63359]	-0.908189 (0.46243) [-1.96395]
R^2	1.000000	1.000000	0.884501	1.000000	0.356847	0.961226	0.846455	0.967263	0.966227	0.973691	0.969729	0.968842	0.956394	0.945891	0.982667	0.875030
调整的 R^2	1.000000	1.000000	0.813424	1.000000	-0.038939	0.937365	0.751965	0.947117	0.945444	0.957501	0.951100	0.949669	0.929559	0.912593	0.972000	0.798125
F 统计量	7.30E+28	2.39E+27	12.44433	4.63E+26	0.901616	40.28430	8.958183	48.01304	46.49034	60.14122	52.05845	50.52931	35.64013	28.40686	92.12626	11.37807

说明：①单个内生变量的有效样本量为47个，但由于向量中包含内生变量的一阶滞后项、二阶滞后项和预期项，因而简化式的的有效样本量为43个；②显著性水平设为5%；③（ ）中数据为标准差，[ ] 中数据为 t 统计量。

附录 D.2：数据

表 D.7　GDP、GDP 缺口与通胀预期（2000 年 1 月至 2011 年 3 月）

时间	名义 GDP （亿元）	CPI 通胀率 （%）	实际 GDP （亿元）	季节调整 GDP （亿元）	潜在 GDP 线性趋势 （亿元）	GDP 缺口 线性趋势	CPI 通胀预期 （%）
2000 年第一季度	20647	0.1000	20626.3736	23369.8980	22431.3093	0.017134	0.1000
2000 年第二季度	23101.2	0.1000	23078.1219	24387.7074	23276.6502	0.009390	0.2667
2000 年第三季度	24339.3	0.2667	24274.5597	25044.9705	24146.2411	-0.005816	0.9333
2000 年第四季度	31127.1	0.9333	30839.2770	25679.9994	24923.9134	-0.003314	0.6667
2001 年第一季度	23299.5	0.6667	23145.1910	26178.0283	25779.7609	-0.011818	1.5667
2001 年第二季度	25651.4	1.5667	25255.7187	26700.5792	26751.2907	-0.015824	0.8000
2001 年第三季度	26867.3	0.8000	26654.0675	27493.0813	27750.6905	-0.007602	-0.1333
2001 年第四季度	33837	-0.1333	33882.1649	28274.1312	28644.4504	-0.004539	-0.6000
2002 年第一季度	25375.7	-0.6000	25528.8732	28764.7219	29628.0551	-0.017750	-1.0667
2002 年第二季度	27965.3	-1.0667	28266.8222	29897.1858	30744.6108	-0.001084	-0.7667
2002 年第三季度	29715.7	-0.7667	29945.2905	30901.2270	31893.1968	-0.006204	-0.6333
2002 年第四季度	37276	-0.6333	37513.5735	31404.5082	32920.3735	-0.018434	0.5000
2003 年第一季度	28861.8	0.5000	28718.2090	32171.7740	34050.8066	-0.013938	0.6667
2003 年第二季度	31007.1	0.6667	30801.7448	32576.4557	35334.0370	-0.029686	0.8333
2003 年第三季度	33460.4	0.8333	33183.8787	34332.6295	36654.0791	0.008392	2.6667
2003 年第四季度	42493.5	2.6667	41389.7593	34712.4080	37834.5884	-0.026685	2.7667
2004 年第一季度	33420.6	2.7667	32520.8458	36270.9555	39133.7678	0.002277	4.4000
2004 年第二季度	36985.3	4.4000	35426.5326	37406.8470	40608.5535	-0.013108	5.2667
2004 年第三季度	39561.7	5.2667	37582.3504	39061.2131	42125.6459	-0.000917	3.1667
2004 年第四季度	49910.7	3.1667	48378.6920	40561.7156	43482.3766	-0.000916	2.8333
2005 年第一季度	39117	2.8333	38039.2344	42343.9276	44975.4921	0.002876	1.7333
2005 年第二季度	42796	1.7333	42066.8552	44315.5846	46670.4275	0.003002	1.3333
2005 年第三季度	44744	1.3333	44155.2777	46135.3683	48413.9851	-0.001172	1.3667
2005 年第四季度	58280	1.3667	57494.2264	48061.1653	49973.2429	0.004785	1.2000
2006 年第一季度	45316	1.2000	44778.6561	49930.3717	51689.2444	0.000824	1.3667

续表

时间	名义GDP（亿元）	CPI通胀率（%）	实际GDP（亿元）	季节调整GDP（亿元）	潜在GDP线性趋势（亿元）	GDP缺口线性趋势	CPI通胀预期（%）
2006年第二季度	50113	1.3667	49437.3399	52000.8440	53637.1927	0.000471	1.2667
2006年第三季度	51912.3	1.2667	51262.9522	53710.6748	55641.0212	−0.007161	2.0333
2006年第四季度	68973.1	2.0333	67598.6173	56294.8183	57433.0385	0.012062	2.7333
2007年第一季度	54755.9	2.7333	53299.0763	59676.8547	59405.1974	0.022749	3.6000
2007年第二季度	61243	3.6000	59114.8649	62200.2763	61643.9272	0.004842	6.1000
2007年第三季度	64102.2	6.1000	60416.7766	63274.4916	63946.8789	−0.018731	6.6333
2007年第四季度	85709.2	6.6333	80377.5181	66650.1774	66006.4009	0.019311	8.0333
2008年第一季度	66283.8	8.0333	61354.9711	69122.2722	68272.9554	0.003548	7.7667
2008年第二季度	74194	7.7667	68846.8701	72554.8953	70845.8735	0.012607	5.2667
2008年第三季度	76548.3	5.2667	72718.4380	75944.4575	73492.6000	0.011164	2.5333
2008年第四季度	97019.3	2.5333	94622.2349	78188.3452	75859.5589	0.000425	−0.6000
2009年第一季度	69816.9	−0.6000	70238.3300	79587.2649	78464.4551	−0.013259	−1.5333
2009年第二季度	78386.7	−1.5333	79607.3190	84062.1169	81421.4475	0.019939	−1.2667
2009年第三季度	83099.7	−1.2667	84165.8286	87634.8681	84463.2663	0.007868	0.6667
2009年第四季度	109599.5	0.6667	108873.6394	89749.5737	87183.5548	−0.004479	2.2000
2010年第一季度	82496.2	2.2000	80720.3523	91826.9685	90177.2990	−0.008222	2.9333
2010年第二季度	92383	2.9333	89750.3529	94895.2313	93575.6987	−0.002464	3.4667
2010年第三季度	97289.4	3.4667	94029.6733	97734.5039	97071.5874	−0.005913	4.7000
2010年第四季度	129033.4	4.7000	123241.0697	101484.7384	100197.9492	0.006580	5.0667
2011年第一季度	96311.3	5.0667	91666.8174	104432.2115	103638.5869	−0.003962	5.7333
2011年第二季度	108147.9	5.7333	102283.6703	108223.1157	107544.2855	−0.000635	6.2667
2011年第三季度	116233.2	6.2667	109378.7612	113587.6957	111562.0258	0.012280	—

说明：①表中数据均为季度值。季度名义GDP＝当季当年累计数−上季当年累计数，季度CPI为季度内各月度CPI的算术平均，实际GDP＝名义GDP／（1+CPI）。

②季节调整GDP采用X12方法估计。

③潜在GDP和GDP缺口采用AR（1）序列相关校正的线性趋势模型估计。

④CPI通胀预期为理性通胀预期，等于下一期CPI通胀率。

⑤资料来源：中经网：《统计数据库——宏观月度库》。

表 D. 8　短期名义利率与 LSTR 规则值（2000 年 1 月至 2011 年 3 月）

时间	名义利率[①]（%）	LSTR 规则值（%）
2000 年第一季度	2. 5100	—
2000 年第二季度	2. 3833	—
2000 年第三季度	2. 3567	2. 180387
2000 年第四季度	2. 3867	2. 271382
2001 年第一季度	2. 6100	2. 345248
2001 年第二季度	2. 4967	2. 495405
2001 年第三季度	2. 4300	2. 175254
2001 年第四季度	2. 3533	2. 235054
2002 年第一季度	2. 3000	2. 101683
2002 年第二季度	2. 1033	2. 063936
2002 年第三季度	2. 0333	2. 073776
2002 年第四季度	2. 1433	2. 022645
2003 年第一季度	2. 1167	2. 326521
2003 年第二季度	2. 0300	1. 944907
2003 年第三季度	2. 3433	2. 217778
2003 年第四季度	2. 5467	2. 572737
2004 年第一季度	2. 2367	2. 790759
2004 年第二季度	2. 3200	2. 429169
2004 年第三季度	2. 3100	2. 51912
2004 年第四季度	2. 1700	2. 19158
2005 年第一季度	2. 1000	2. 06212
2005 年第二季度	1. 6667	1. 993509
2005 年第三季度	1. 5533	1. 586594
2005 年第四季度	1. 6033	1. 663631
2006 年第一季度	1. 7400	1. 749066
2006 年第二季度	1. 9700	1. 936761
2006 年第三季度	2. 4300	1. 96328
2006 年第四季度	2. 7367	2. 345563
2007 年第一季度	2. 3500	2. 82764
2007 年第二季度	2. 9267	2. 612663
2007 年第三季度	3. 4100	3. 300319

续表

时间	名义利率（%）	LSTR 规则值（%）
2007 年第四季度	3.4767	3.536421
2008 年第一季度	3.0867	3.561684
2008 年第二季度	3.3367	2.98335
2008 年第三季度	3.1500	3.056728
2008 年第四季度	2.4400	2.579688
2009 年第一季度	1.0100	1.736552
2009 年第二季度	1.0200	0.881195
2009 年第三季度	1.5600	1.400335
2009 年第四季度	1.5100	2.091321
2010 年第一季度	1.6633	1.836109
2010 年第二季度	2.0967	2.04822
2010 年第三季度	2.1700	2.428812
2010 年第四季度	2.8733	2.533546
2011 年第一季度	3.6867	3.389472
2011 年第二季度	4.2267	4.029116
2011 年第三季度	4.3700	—

说明：①短期名义利率选取银行间 7 天内同业拆借加权平均利率。

第五章 信贷约束、货币政策传导机制与不确定性
——理论框架

第一节 基于信贷的货币政策传导机制

货币政策的传导机制是指中央银行通过使用货币政策工具进行操作，通过货币政策传导渠道发挥作用，最终达到政策目标的机制。在众多货币政策传导机制中，信贷传导机制和利率传导机制是最主要的两种传导方式。

一 信贷传导机制理论与影响因素

信贷传导渠道理论源于20世纪50年代，罗萨等人的信用供给可得性理论。信贷可得性理论从贷款供给和贷款需求可得性角度出发，认为货币政策变动会影响贷款者的流动性，引起其资产结构的调整，进而影响信贷供给量。20世纪中后期，经济学家引入信息不对称理论来分析信贷市场，发展了信贷配给理论。信用可得性理论和信贷配给理论都为信贷传导渠道理论奠定了基础。信贷传导渠道以信贷交易为基础，强调信贷渠道的传导机制作用，认为，由于金融市场存在信息不对称性、资本交易成本和赋税等影响因素，企业不能在信贷市场与债券等其他资本市场之间无摩擦地进行转换，因而不同企业在某种程度上都会对信贷产生一定程度的依赖。就为信贷在货币政策传导机制中发挥效用提供了渠道。信贷传导是否有效依赖以下三个前提条件：首先，货币政策是非中性的，货币政策变化能够对产出产生影响；其次，对于部分借款人，信贷资产不能被债券等其他金融资产完全替代；最后，影响信贷供给量，银行不能通过自身资产负债结构的变动来抵消货币政策对它贷款业务的影响。

货币政策的信贷传导又细分为两种具体途径：一是狭义的信贷传导机制，即银行贷款渠道；二是广义的信贷传导渠道，即资产负债表渠道。

（一）狭义的信贷传导机制——银行贷款渠道

银行贷款渠道是指中央银行采取特定的货币政策工具，通过影响银行系统的信贷结构和信贷规模，使微观经济主体获取银行贷款的可能性发生变化，进而影响借款人的融资成本、投资和生产，最终实现调控整个经济体的总投资水平和总产出水平的政策传导过程。由于金融市场存在信息不对称和交易成本，银行贷款和其他金融资产之间无法完全替代，导致部分借款人对银行贷款有较强的依赖性，银行贷款供给量发生变化，这些对银行贷款有较强依赖性的企业的融资成本就会发生变化，从而影响企业的投资需求和实体经济活动。

传统 IS—LM 模型假定银行贷款与其他金融资产之间可以完全替代，但在信息不对称的条件下，银行贷款和其他金融资产之间却是无法完全替代的。特定的借款人的资金需求只能通过银行贷款这一种形式获得满足。伯南克和布兰德将信贷资产和其他金融资产的差异性引入 IS—LM 模型，将其修正为 CC—LM 模型，用来反应信贷传导机制的作用过程，在 IS—LM 模型中，金融资产被分为货币和债券两种形式，而在 CC—LM 模型中，金融资产被分为货币、债券和银行贷款三种形式，对银行而言，货币和债券具有一定程度的可替代性，对借款人而言，债券和银行贷款具有一定程度的可替代性。在 CC—LM 模型中，CC 曲线代表商品市场和信贷市场同时达到市场出清时的利率与产出，曲线 CC 和曲线 LM 的交点表示均衡利率和均衡产出，CC 曲线的变动受货币政策和信贷变化影响，LM 曲线的变动受货币供给量变化影响。

图 5-1 给出了 CC—LM 模型下的银行信贷传导路径。在图 5-1 中，CC 曲线代替了 IS—LM 模型中的 IS 曲线，表示信贷市场和商品市场同时出清时市场利率和产出的组合。初始均衡点为 A，当中央银行采取紧缩性货币政策时，货币供给量下降，曲线 LM1 左移至 LM2，利率上升，产出下降，同时，紧缩的货币政策使得银行储备减少，信贷供给降低，投资减少，商品与信贷市场的 CC 曲线发生移动，CC1 左移至 CC2，利率有所下降，产出则进一步下降。紧缩的货币政策通过银行贷款渠道传导过程可以简单地描述为：紧缩性货币政策→货币供应量下降→银行贷款供给量下降→利率上升→贷款成本上升→投资水平下降→产出水平下降。

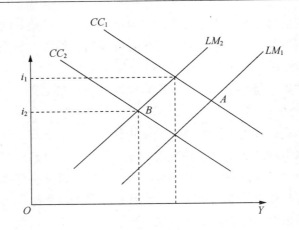

图 5 - 1   CC—LM 曲线下银行信贷传导路径

（二）广义的信贷传导机制——资产负债表渠道

资产负债表渠道也称为净财富渠道，该理论最早由伯南克和格特勒提出。资产负债表渠道理论认为银行对借款人的授信主要取决于借款人的财务状况。借款人在不同财务状况下能得到的贷款额度是不同的，货币政策通过影响借款人的资产负债情况来影响其贷款额度，进而影响其投资和产出。资产负债表传导渠道理论以信息不对称为基础，同时假定借款者所面临的外部融资风险溢价的大小与其资产状况正相关。信息不对称和交易成本的存在使借款者通过内部融资与外部融资的成本不同，当借款人所面临的外部融资溢价取决于其内部财务状况也就是资产负债状况时，资产负债渠道就形成了。当中央银行实施紧缩的货币政策时，借款人的资产状况恶化，在银行贷款中使用的抵押物和担保物的价值就会下降，在信息不对称条件下，贷款行为中的逆向选择和道德风险问题会更加突出，借款人更倾向于从事高风险高收益的投资项目，银行贷款收回的可能性就会降低，银行为避免逆向选择和道德风险问题，会在贷款的安全性和收益性之间权衡，进而控制贷款供给量和提高贷款条件，结果导致借款人从银行获得的贷款额度下降，引致投资和产出水平下降。

伯南克和格特勒在研究货币政策的资产负债表传导路径过程中提出了"净值"和"金融加速器"的概念。净值是指企业的流动资产和抵押物的净价值，代表了企业的资产负债状况；金融加速器是指在经济繁荣时期，借款人的净值上升投资增加，而在经济衰退时期借款人的净值下降投资减少，这种由净值决定的可获得的信贷投资会强化经济的原有波动。在信息不对称的条件下，借款人获得外部资金的能力取决于企业的财务状况，企业资产负债表的净值越高，银行在对这些高净值的企业投放贷款时，面临的逆向选择和道德风险的可能性就越低，因而高净值的企业获得银行贷款就越多，投资和产出也就相应增加。

从借款人的角度出发，货币政策主要通过两种现金流效应和净值效应两种途径影响借款人的资产负债表。以紧缩性货币政策为例：一方面会产生现金流效应，中央银行实行紧缩的货币政策会降低货币供给量，导致利率水平上升，利率上升直接增加借款者的利息成本，借款人的净现金流将减少，财务状况恶化，进而投资减少和产出下降，这一传导过程可以简单地表示为：紧缩性货币政策→货币供给量下降→利率上升→净现金流下降→投资水平下降→产出水平下降；另一方面会产生净值效应，在紧缩的货币政策下，借款人的资产价格（如股价等）会因市场利率的上升而下降，借款人的抵押物和担保品的价值也会下降，因而企业的净值将下降，借款人的逆向选择和道德风险增强，银行对借款人的授信会随之下降，借款人可获得的贷款额度减少，导致投资减少和产出下降，这一传导过程可以简单地表示为：紧缩性货币政策→货币供应量下降→股票价格和现金流下降→净值下降→逆向选择和道德风险上升→外源融资溢价上升→投资水平下降→产出水平下降。进一步地，货币政策不仅会影响借款人的资产负债表，也会对家庭的资产负债表产生影响。对家庭而言，在紧缩的货币政策下，家庭金融资产价格下降，家庭的总资产下降，家庭外部融资成本上升，因而消费水平下降，消费水平降低又会导致企业产品的销量下降，进而导致企业的投资水平和产出水平下降。

比较信贷传导机制的银行贷款渠道和资产负债表渠道，可以看出，在货币政策的传导形式上二者相似，都是通过货币政策的变化影响借款人的借款能力，进而影响企业投资和产出，同时二者的政策传导效应都取决于借款人对银行贷款的依赖程度和货币政策对银行贷款行为的控制程度。两者的差异在于：银行贷款渠道从银行角度出发，通过货币政策来调控货币供给，进而调控借款人的贷款供给，最终控制借款人的投资和产出；资产负债表渠道从借款人和家庭角度出发，通过货币政策来调控借款人和家庭的资产负债状况，进而调控借款人的贷款供给和需求，最终控制借款人的投资和产出。

　　货币政策的信贷传导机制是否有效会受到金融市场结构、银行业集中度、银行业务结构、企业融资结构、企业规模等因素的影响。对金融市场结构而言，银行占市场份额越大，中央银行越能有效控制银行业的信贷供给，进而有效影响整个经济体的信贷供给。对银行业集中度而言，银行业集中度越高，大型银行在银行体系中就占有主导地位，信贷供给的信息不对称问题就会降低，信贷传导机制的有效性将提高，同时，银行市场准入标准越高，银行业竞争度就越低，中央银行对信贷的控制力也越强。对银行业务结构而言，银行经营的业务越多元化，就越能寻求其他金融资产来替代贷款资产的变动，这就导致贷款与其他金融资产的替代性，银行可以通过调整资产结构来满足企业的贷款需求，因而银行贷款供给的变化会对企业可获得资金的影响较小，货币政策的信贷传导机制的有效性就会降低。企业融资结构也会影响信贷传导机制的有效性，企业调整融资结构的能力越强，就越能抵消因贷款供给变化对企业可获得资金的影响，因而贷款供给变动对企业投资和产出影响越小，信贷传导机制有效性越低。企业规模也是影响信贷传导机制有效性的因素之一，通常情况下，中小型企业的融资渠道较窄，融资成本较高，主要依赖于银行贷款这一单一有限的融资形式，其贷款需求的满足程度直接影响到投资和产出，相对而言，大型企业融资渠道较广，可以通过发行股票、债券等多种渠道融资，对银行贷款的依赖性较小，而且由于大型企业的信用较高，因而在同样条件下，获得银行贷款要比中小型企业更加容易，因此货币政策对中小型企业的信贷传导的影响更大。

二　信贷约束下的信贷传导机制

　　在经济理论中，对某种商品实行配给意味着对该商品实施一定的价格约束或交易量，例如对该商品限定最高价格或者是限定最大交易量，受约束的交易市场并非完全竞争，因而实行配给制的商品价格水平和交易量水平通常低于市场出清的均衡水平，即约束下的交易市场处于非均衡状态。信贷也可以视为一种商品，信贷供给是由信贷市场的信贷资金供给和需求决定的，在信贷市场上实施信贷约束或信贷管制同样会打破信贷市场的均衡状态，因而信贷供给低于均衡水平。根据信贷可获得性理论，由于信贷约束造成信贷市场上信贷刚性供给，这意味着对信贷资金在借款人之间进行配给，因而借款人的信贷资金可获得性会受到限制，导致借款人即使愿意接受较高水平的利率其贷款需求也不能得到满足，贷款者想在某种较高利率水平上给借款人贷款也无法实现。

信贷约束是指信贷市场以外的因素（如政府）对信贷市场直接进行约束和干预，使信贷市场不能达到出清状态，最常见的做法就是中央银行直接或间接对商业银行信贷规模的限额约束和对信贷利率的管制。信贷约束包括直接信贷约束和间接信贷约束：直接信贷约束主要指中央银行直接对商业银行的信贷规模、信贷额度、消费信用、房地产信贷其他信贷方式进行约束；间接信贷约束主要指道义劝告和窗口指导等方式。本书所说的信贷约束主要指中央银行对信贷规模增长速度的指导性约束。在 1998 年之前，中央银行采取的是直接控制信贷的做法，对商业银行的信贷规模进行直接管制，通过计划性手段对商业银行进行信贷限额约束，把商业银行的信贷规模严格控制在限额内。从 1998 年 1 月开始，中央银行改变原有对信贷规模直接控制的做法，取消了对国有商业银行的贷款限额控制，不再下达有计划的指令性政策，而是转向间接调控，对商业银行的新增贷款额进行管理，商业银行拥有一定的贷款自主权。2004 年 10 月，中央银行放开贷款利率上限，由于存在信贷约束，对融资渠道较单一且主要依赖于银行贷款的企业而言，这些企业很难从其他渠道满足信贷资金需求，从而不得不以高于基准贷款利率的资金成本来取得有限的信贷供给，导致借款人融资成本大幅上升，企业投资水平和产出水平下降。在利率尚未完全市场化的背景下，信贷约束对信贷市场的影响表现为：信贷约束程度越高，高于基准利率的贷款占全部贷款的比重就会越大；反之，信贷约束程度越低，高于基准利率的贷款占全部贷款的比重就会越小。信贷约束对信贷市场的这种影响为后面第六章信贷约束指标的构建提供了参考基础。

在存在信贷约束的情形下，中央银行对商业银行每年的新增贷款数量有一定的指导性指标，指导商业银行在本年度应该发放多少额度的贷款。如果中央银行实行扩张性货币政策，商业银行的可贷资金数量会增加，贷款供给曲线会向右下方移动，导致贷款供给量增加和贷款利率下降，如果贷款供给量的增加没有超过信贷约束的指标限额，那么信贷约束对信贷传导机制没有影响，如果信贷供给量的增加超过了信贷约束的指标限额，那么无论货币政策如何扩张，商业银行只能发放有限贷款，信贷供给量不能继续增加，导致贷款供给曲线变成一条位于信贷指标限额的垂线。此时，有信贷需求的企业无法再获得额外的信贷资金，从而在信贷市场产生信贷差，特别地，信贷市场的信息不对称会加剧信用较低企业的信贷差，信贷较低企业为获取信贷资金就不得不大幅提高融资成本，进而导致高于市场利率的贷款额度甚至是高利贷上升，因此，信贷约束会导致信贷市场的有效贷款供给量增加不足或信贷资金成本上升，企业投资增长率和产出增长率会下降，货币政策信贷传导机制效果减弱。信贷约束下的扩张性货币政策的信贷传导机制的过程可以简单表示为：扩张性货币政策→货币供给上升→信贷供给上升→信贷约束下信贷供给增加有限→信贷差或贷款利率上升→投资增长率下降→产出增长率下降。相反，如果中央银行实行紧缩性货币政策，商业银行的可贷资金数量会下降，贷款供给曲线会向左上方移动，导致贷款供给量下降和贷款利率上升，如果初始贷款供给量低于信贷约束的指标限额，那么信贷约束对信贷传导机制没有影响，如果初始贷款供给量高于信贷约束的指标限额，那么一定程度的紧缩性货币政策并不能使信贷供给量下降，因而信贷供给曲线还是一条位于信贷指标限额的垂线，货币政策信贷传导机制效果减弱，只有当紧缩性货币政策使得信贷供给量下降到信贷约束的指标限额以下，信贷传导机制才开始发挥政策效应。

第二节　基于利率的货币政策传导机制

一　利率传导机制理论与影响因素

基于利率的货币政策传导机制大体分为利率渠道（包括维克塞尔理论、凯恩斯理论、IS—LM 理论）、资产价格渠道（包括托宾 Q 理论、财富效应传导理论）和利率期限结构。而利率渠道是货币政策利率传导机制的核心环节，资产价格渠道是基于利率发生作用的，利率期限结构则强调不同期限利率间的关系，其共同点是，货币政策变化使货币供应量发生变化，通过各种因素影响（不同期限）利率水平变化，进而影响到投资和消费的变化，最终影响产出。

（一）魏克赛尔理论

最早的利率传导理论思想源于瑞典学派魏克赛尔的货币均衡理论，魏克赛尔引入货币利率和自然利率解释货币政策的利率传导机制的作用。货币利率是指借贷市场供求均衡时的利率，一般指银行的贷款利率，它是不连续变化的；自然利率指实际经济体的均衡利率，自然利率主要取决于资本收益率，是可以连续变化的。由于货币利率和自然利率的决定因素不同，在实际经济中二者之间往往会存在偏差，二者偏差会使货币利率和自然利率相互作用，最终影响实体经济。在均衡状态下，如果中央银行实行扩张性货币政策，货币供给量会增加，货币利率会下降以致低于自然利率，较低的货币利率刺激投资增加，生产要素的需求随之增加，生产要素价格上升，生产要素所有者的收入也会增加，进而消费需求增加，企业产出增加，并且伴随着一定程度的物价上升。这一传导过程可以表示为：扩张性货币政策→货币供给量上升→货币利率小于自然利率→投资水平上升→产出水平上升→物价水平上升。如果中央银行实行紧缩性货币政策，货币供给量会减少，货币利率会上升以致高于自然利率，较高的货币利率会抑制投资，生产要素的需求随之下降，生产要素价格下降，生产要素所有者的收入也会减少，进而消费需求下降，企业产出下降，并且伴随着有一定程度的物价下降。这一传导过程可以表示为：紧缩性货币政策→货币供给量下降→货币利率大于自然利率→投资水平下降→产出水平下降→物价水平下降。

（二）凯恩斯理论

魏克赛尔的自然利率理论局限于货币与物价框架中，凯恩斯在魏克赛尔自然利率基础上提出了较为系统的利率传导机制理论。针对资产收益性与流动性的不同，凯恩斯假定金融市场上只有两种金融资产——证券资产和货币资产，其中，证券资产有较好的收益性和较差的流动性，货币资产有较好的流动性和较差的收益性。如果中央银行实行扩张性货币政策，货币供给量会增加，公众手中的货币资产会增加，进而资产流动性增强收益性下降，为此，公众会减少货币资产配置，将部分货币资产置换为证券资产，这会导致证券资产价格上升和证券资产收益率下降，进而促使货币市场利率下降，当利率下降以致小于资本边际收益时，投资就会增加，投资增加通过投资乘数作用使产出增加。这一过程可以简单表示为：扩张性货币政策→货币供给量上升→利率下降→投资水平上升→产出水平上升。如果中央银行实行紧缩性货币政策，货币供给量会减少，公众手中的证券资产会增加，进而资产流动性下降收益性增强，为此，公众会减少证券资产配置，将部分证券资产置换为货币资产，这会导致证券资产价格下降和证券资产收益率上升，进而促使货币市场利率上升，当利率上升以致大于资本边际收益时，投资就会减少，投资减少通过投资乘数作用使得产出下降。这一过程可以表示为：紧缩性货币政策→货币供给量下降→利率上升→投资水平下降→产出水平下降。

（三）IS—LM 理论

凯恩斯的利率传导理论中只考虑了局部均衡，希克斯和汉森等在一般均衡基础上又进一步分析了货币市场与商品市场之间的相互作用，建立了IS—LM 理论框架。IS—LM 理论更加强调货币供给与货币需求对市场利率的决定作用以及利率对投资和总需求的影响，当货币市场与商品市场同时达到均衡状态时，利率、产出和价格同时达到均衡水平。不考虑进出口的条件下，如果中央银行实行扩张性货币政策，货币供给量会增加，利率会下降，由于投资与利率存在负相关关系，因而投资增加，投资增加通过投资乘数作用使总需求上升，从而消费和产出也随之增加。这一传导过程可以简单地表示为：扩张性货币政策→货币供给量上升→利率下降→投资水平上升→总需求上升→消费水平上升→产出水平上升。如果中央银行实行紧缩性货币政策，货币供给量会下降，利率会上升，由于投资与利率存在负相关关系，因而投资下降，投资下降通过投资乘数作用使总需求下降，从而消费和产出也随之下降。这一传导过程可以简单地表示为：紧缩性货币政策→货币供给量下降→利率上升→投资水平下降→总需求下降→消费水平下降→产出水平下降。

（四）托宾 Q 理论

托宾 Q 理论从资本市场的角度出发，认为货币政策变化会通过利率变化影响股票价格的变化，进而影响企业股票市场价值和投资成本，最终影响投资和产出。在该理论中，Q 值是指企业股票市值与重置价值之比。当 Q 值小于 1 时，企业股票市值小于重置成本，此时企业更倾向于通过收购来实现企业扩张，而不会选择购买新投资品，因而投资支出下降；当 Q 值大于 1 时，企业股票市值大于重置成本，此时企业发行较少股票就可以获得较多投资品，因而投资支出上升；当 Q 值等于 1 时，企业股票市场等于重置成本，此时企业投资成本与资本成本达到动态边际均衡。如果中央银行实行扩张性货币政策，货币供给量会增加，利率会下降，进而引起资本市场企业股价上升，导致企业股票市值增加，使 Q 值大于 1，企业会选择将金融资本转化为产业资本，因此投资和产出增加。这一传导过程可以简单地表示为：扩张性货币政策→货币供给量上升→利率下降→股价上升→Q 值上升→投资水平上升→产出水平上升。如果中央银行实行紧缩性货币政策，货币供给量会下降，利率会上升，进而引起资本市场企业股价下降，导致企业股票市值下降，使 Q 值小于 1，企业会选择将产业资本转化为金融资本，因此投资和产出减少。这一传导过程可以简单地表示为：紧缩性货币政策→货币供给量下降→利率上升→股价下降→Q 值下降→投资水平下降→产出水平下降。

（五）财富效应传导理论

财富效应传导的理论基础是莫迪利亚尼的生命周期理论。在生命周期理论中，消费支出不是由消费者当期收入水平决定，而是由消费者一生可以获得的财富水平决定的，这些财富包括人力资本、实物资本和金融资本等，其中金融资本主要指股票。如果中央银行实行扩张性货币政策，货币供给量会增加，利率会下降，股票价格会上升，金融资本财富的价值就会增加，消费者的财富总额会增加，因而消费水平提高，产出水平上升。这一传导过程可以简单地表示为：扩张性货币政策→货币供给量上升→利率下降→股价上升→金融资本财富上升→消费水平上升→产出水平上升。如果中央银行实现紧缩性货币政策，货币供给量会下降，利率会上升，股票价格会下降，金融资本财富的价值就会减少，消费者的财富总额会减少，因而消费水平下降，产出水平下降。这一传导过程可以简单表示为：紧缩性货币政策→货币供给量下降→利率上升→股价下降→金融资本财富下降→消费水平下降→产出水平下降。

（六）利率期限结构理论

中央银行实行货币政策会对不同期限的利率有不同程度影响，利率期限结构理论认为，只要长期利率会对投资和产出产生影响，货币政策的利率传导机制之所以有效，是因为短期利率与长期利率之间存在一个稳定的期限关系，即利率期限结构，这一稳定关系使中央银行通过控制短期利率来间接控制长期利率，进而通过长期利率影响投资和产出。在通常情形下，长期利率高于短期利率，因而利率期限结构表现为上倾。如果中央银行实行扩张性货币政策，货币供给量会增加，短期利率会下降，由于存在货币政策时滞，长期利率不可能马上下降，因而利率期限结构出现短暂的"陡峭化"，即短期利率下降、长期利率不变，利率期限结构的短暂"陡峭化"影响了公众的均衡资产期限结构，短期利率下降因而短期资产价格上升提高了公众短期资产比例，长期资产比例则相应下降，由于短期利率下降没有改变公众对短期资产与长期资产配置比例的初始意愿水平，因而为恢复均衡资产期限结构，公众会选择卖出短期资产并以短期资产置换长期资产，结果长期资产价格上升，长期利率下降，进而消费和投资增加，产出增加。这一传导过程可以简单地表示为：扩张性货币政策→货币供给量上升→短期利率下降→利率期限结构"陡峭化"→长期利率下降→投资水平上升→产出水平上升。如果中央银行实行紧缩性货币政策，货币供给量会减少，短期利率会上升，由于存在货币政策时滞，长期利率不可能马上上升，因而利率期限结构出现短暂的"扁平化"，即短期利率上升、长期利率不变，利率期限结构的短暂"扁平化"影响了公众的均衡资产期限结构，短期利率上升因而短期资产价格下降降低了公众短期资产比例，长期资产比例则相应上升，由于短期利率上升没有改变公众对短期资产与长期资产配置比例的初始意愿水平，因而为恢复均衡资产期限结构，公众会选择卖出长期资产并以长期资产置换短期资产，结果长期资产价格下降，长期利率上升，进而消费和投资下降，产出下降。这一传导过程可以简单地表示为：紧缩性货币政策→货币供给量下降→短期利率上升→利率期限结构"扁平化"→长期利率上升→投资水平下降→产出水平下降。因此，利率期限结构本质上充当了货币政策的利率传导机制的角色，如果货币当局对初始利率期限结构有一个明确认识，则利率期限结构是否能够保持初始形状和位置就成为货币政策利率传导机制是否顺畅有效的关键。

综合利率传导机制的各种理论可以看出，影响利率传导机制有效性的关键因素有流动性缺口、投资利率弹性和投资乘数。流动性缺口包括流动性过剩和流动性不足，当资产期限结构偏向于短期资产时，经济中就会出现流动性过剩，若要资产期限结构恢复到均衡状态，投资者就必须减少短期资产，转而持有更多的长期资产；反之，经济中就会出现流动性不足，相对应地，长期资产也会部分地转换为短期资产。流动性过剩会导致利率期限结构的"扁平化"，流动性不足会导致利率期限结构的"陡峭化"。利率传导机制的有效性依赖利率期限结构的稳定，这意味着短期利率与长期利率之间存在较为稳定的风险溢价和期限升水关系，流动性过剩导致利率期限结构"扁平化"使短期利率与长期利率之间的差距越来越小，以至于长期利率随短期利率变化幅度越来越小，显然会弱化利率传导机制的政策效果。投资利率弹性是指利率每降低一单位投资将增加多少，投资利率弹性越高，货币政策引起的利率每变化一单位对投资和产出的影响就越大，利率传导机制的政策效果越显著；反之，投资利率弹性越低，货币政策引起的利率每变化一单位对投资和产出的影响就越小，利率传导机制的政策效果越微小。投资乘数是指投资增加一单位所能够引起产出增加的倍数，显然投资乘数越大，投资变化引起产出变化的效果越明显，利率传导机制的政策效果越显著；反之，投资乘数越小，利率传导机制的政策效果越微小。

二 信贷约束下的利率传导机制

在存在信贷约束情形下，中央银行对商业银行每年的新增贷款数量有一定的指导性指标，指导商业银行在本年度应该发放多少额度的贷款，在货币乘数不变的条件下，信贷约束会限制货币供给量的增加。如果中央银行实行扩张性货币政策，货币供给量会增加，货币供给曲线会向右下方移动，导致货币供给量增加和市场利率下降，如果货币供给量的增加没有超过信贷约束的指标限额，那么信贷约束对利率传导机制没有影响，如果货币供给量的增加超过了信贷约束的指标限额，那么无论货币政策如何扩张，商业银行只能发放有限贷款，货币供给量不能继续增加，导致货币供给曲线变成一条位于指标限额的垂线，此时，市场利率无法继续下降，因而信贷约束下的市场利率高于无信贷约束下的市场利率，因此，信贷约束使货币供给量不能有效增加和利率不能有效下降，即使利率期限结构是稳定的，信贷约束也使长期利率不能有效下降，因而企业投资成本相对上升，企业投资增长率和产出增长率均会下降，货币政策利率传导机制效果减弱。同时，市场利率下降引起企业投资需求增加，信贷约束导致企业无法获得投资所需的信贷资金，因而企业不得不以高于市场利率的成本来获取信贷资金，这在一定程度上也抵消了扩张性货币政策引起的长期利率的下降，因而也弱化了货币政策利率传导机制的政策效果。信贷约束下的扩张性货币政策的利率传导机制的过程可以简单地表示为：扩张性货币政策→货币供给量增加有限→短期利率下降有限→长期利率下降有限→投资增长率下降→产出增长率下降。当然，如果中央银行实行紧缩性货币政策，货币供给量下降，货币供给曲线会向左上方移动，导致货币供给量下降和市场利率上升，因而信贷约束对利率传导机制影响较小或没有影响。

第三节　信贷约束下的货币政策
传导机制比较

　　信贷传导机制从数量角度强调信贷资金供给总量对企业投资和产出的影响，利率传导机制从价格角度强调市场利率对企业投资和产出的影响，侧重点不同意味着信贷约束对不同货币政策传导机制的影响不同，在信贷约束下，利率传导机制要优于信贷传导机制。

　　无信贷约束下，中央银行实行货币政策会影响信贷资金供给变化，进而引起货币供给和市场利率变化，但在信贷约束下，除货币供给和市场利率发生变化外，信贷约束对信贷资金的限制还会引起企业融资成本的上升，这会进一步推高市场利率，因此，面对扩张性货币政策和紧缩性货币政策，两种传导机制的表现就不尽相同。如果中央银行实行扩张性货币政策，信贷资金供给量会增加，导致货币供给量增加和市场利率下降，如果货币供给量的增加超过了信贷约束的指标限额，那么无论货币政策如何扩张，货币供给量不能继续增加，导致货币供给曲线变成一条位于信贷指标限额的垂线，同时信贷差还会导致无法获取信贷资金的企业不得不大幅提高融资成本，进而导致市场利率上升，因而信贷约束会导致货币供给量增加不足或市场利率上升，企业投资增长率和产出增长率会下降，货币政策信贷传导机制效果和利率传导机制效果均会减弱。如果中央银行实行紧缩性货币政策，那么利率传导机制的政策效果更显著。紧缩性货币政策会使信贷资金供给量下降，导致贷款供给量下降和市场利率上升，如果初始货币供给量低于信贷约束的指标限额，那么信贷约束对两种传导机制均没有影响；如果初始货币供给量高于信贷约束的指标限额，那么一定程度的紧缩性货币政策并不能使货币供给量下降，因而货币供给曲线还是一条位于信贷指标限额的垂线，货币政策信贷传导机制效果减弱，但初始货币供给量高于信贷约束的指标限额会产生信贷差，使无法获取信贷资金的企业不得不大幅提高融资成本，进而导致市场利率上升，因此，即使货币供给量没有下降，市场利率依然上升，利率传导机制依然有效；当紧缩性货币政策使信贷供给量下降到信贷约束的指标限额以下，信贷传导机制才开始发挥政策效应，此时信贷约束对利率传导机制也没有影响。比较而言，在扩张性货币政策下，信贷约束对两种传导机制的影响相似，但在紧缩性货币政策下，信贷约束对信贷传导机制的影响较大，对利率传导机制的影响较小。

　　信贷约束下，信贷传导机制和利率传导机制还在企业规模和地域方面存在差异。在信贷约束下，商业银行在有限增加的信贷资金范围内更倾向于向规模较大企业发放贷款，因为在财务状况、生产信息、企业信用、偿债能力等方面，规模较大的企业相对于规模较小的企业均占有优势，而信息不对称会加剧规模较小企业的劣势，这就制约了规模较小企业的投资和产出。除此之外，信贷约束还对不发达地区的企业融资不利，发达地区的企业相对不发达地区的企业有着区域融资优势，由于欠发达地区的企业抗风险能力不足，因而信贷资金面临的风险更大，商业银行对不发达地区企业的信贷资金审核会更加严格，因而发达地区的企业相对不发达地区的企业更容易获得银行信贷资金。信贷约束下这种信贷资金针对不同企业规模和不同区域的歧视性，会降低信贷传导机制的有效性。同样在存在信贷约束的情况下，利率传导机制对企业的影响更广泛、更全面，不会存在企业规模和地域差异，不管是规模较大企业还是规模较小企业，不管是在经济发达地区还是在不发达地区，利率对投资水平的影响取决于整体经济的流动性、投资利率弹性和投资乘数。

　　在现阶段金融市场不断发展、金融工具不断创新背景下，各种融资性质的金融工具对银行信贷资金的替代性日益增强，企业对银行信贷资金的依赖性逐渐减弱，特别是在信贷约束下，商业银行的贷款数量受约束，企业能获得的贷款数量有限，这就刺激了企业利用其他金融衍生工具在可接受的利率水平下进行融资，从而满足其投资需求，这意味着中央银行试图控制信贷资金来控制企业投资和产出的信贷传导机制的有效性下降。然而，中央银行却可以通过控制基准利率来影响企业利用其他金融工具的融资成本，从而利用利率传导机制影响企业的投资和产出。因此，从金融创新的角度来看，货币政策的利率传导机制要优于信贷传导机制。

第六章 信贷约束、货币政策传导机制与不确定性
——实证分析

第一节 模型设定与变量选择

在基准货币政策 LRE 模型分析框架中，IS 曲线构成了货币政策传导机制的总需求方程。对于有效的 IS 曲线而言，当实际利率上升时，产出缺口下降；反之，实际利率下降时，产出缺口上升。在第五章，本书通过比较货币政策的信贷传导机制和利率传导机制，定性分析了信贷约束下两种传导机制的优劣性，认为在信贷约束下，利率传导机制要比信贷传导机制有效，并进一步分析了信贷约束对利率传导机制的影响。

本章则基于基准 LRE 模型的 IS 曲线，实证分析中国信贷约束对货币政策利率传导机制的影响，这一影响主要体现为 IS 曲线中产出缺口与短期名义利率相关系数的变化。如果带信贷约束的 IS 曲线的相关系数相对于无信贷约束的 IS 曲线的相关系数显著，则表明信贷约束对货币政策利率传导机制具有正效应，即信贷约束对货币政策利率传导机制具有积极影响；反之则表明，信贷约束对货币政策利率传导机制具有负效应，即信贷约束对货币政策利率传导机制具有消极影响。信贷约束对货币政策利率传导途径的效应，决定了信贷约束下，货币当局应如何有效地实施货币政策；信贷约束对货币政策利率传导机制具有积极影响还是消极影响，决定了在利率市场化过程中，货币当局对信贷约束的态度以及如何规范信贷约束。

一 计量模型设定:LS 模型与 GMM 模型

（一）LS 计量模型

在基准的货币政策分析框架中，IS 曲线体现了产出缺口与短期利率

的负相关关系，它具有如下形式：

$$y_t = \varphi_1(i_t - E_t \pi_{t+1}) + \varphi_2 E_t y_{t+1} + \varepsilon_{g,t} \tag{6.1}$$

式中，y_t 为产出缺口，$E_t \pi_{t+1}$ 为通胀预期，$E_t y_{t+1}$ 为产出缺口预期且设定 $E_t y_{t+1} = y_{t+1}$，i_t 为短期名义利率，$(i_t - E_t \pi_{t+1})$ 为短期实际利率，$\varepsilon_{g,t}$ 为需求冲击，φ_1 为产出缺口与短期利率的相关系数且 $\varphi_1 < 0$，φ_2 为预期产出缺口系数。在传统的 IS 曲线中，产出缺口仅取决于短期利率，而在（6.1）式中，产出缺口还取决于其预期值，这是因为消费者具有平滑消费意愿，因而较高的预期产出会增加当期产出，因而产出缺口上升，产出缺口与短期利率的负相关系数 φ_1 反映了跨期消费替代的利率弹性，显然，利率弹性变小会弱化产出缺口与短期利率之间的负相关关系；本书设定的 IS 曲线没有包含投资，因而产出等于消费加上一个外生过程，这一外生过程可以被解释为政府支出变化或偏好变化，这些外生过程对产出缺口的净影响都被包含在需求冲击 $\varepsilon_{g,t}$ 中。

在中国现实经济背景下，信贷约束是影响中国 IS 曲线利率传导渠道的重要变量。简单地说，信贷约束会加剧货币需求与货币供给的矛盾，导致短期利率上升，在中国利率尚未完全市场化的情形下，更易产生利率双轨制，利率双轨制不仅增加了资金借贷成本和厂商生产成本，而且会降低基准短期利率对产出缺口的抑制或促进效应，即降低 IS 曲线的利率传导的有效性。为此，本书在基准 IS 曲线的基础上增加了信贷约束。本书设定的带信贷约束的 IS 曲线具有如下形式：

$$y_t = \varphi_1(i_t - E_t \pi_{t+1}) + \varphi_2 E_t y_{t+1} + \varphi_3 LR + \varepsilon_{g,t} \tag{6.2}$$

式中，LR 为信贷约束变量，φ_3 为信贷约束对产出缺口的影响系数，φ_3 的值越大，则信贷约束对当期产出缺口的影响越显著。本节通过比较（6.1）式和（6.2）式的相关系数 φ_1 的大小，就可以分析信贷约束对货币政策传导机制中 IS 曲线的影响，进而分析信贷约束对货币政策利率传导机制的影响。

首先判断相关系数 φ_1 的值：若 φ_1 值大于 0，则 IS 曲线不成立，即产出缺口和短期实际利率不存在负相关关系，此时货币政策的利率传导途径无效，当中央银行提高短期实际利率时，产出缺口不降反升；当中央银行降低短期实际利率时，产出缺口不升反降；若 φ_1 值大于但接近于 0，则产出缺口和短期实际利率的负相关关系不显著，此时货币政策的利率传导途径也不显著，中央银行无法通过提高（或降低）短期实际利率使产出缺口下降（或上升）。若 φ_1 值远大于 0，则产出缺口和短期实际利率的负相关关系显著，此时货币政策的利率传导途径有效，中央银行提高（或降低）短期实际利率可以使得产出缺口显著下降（或上升）。其次比较（6.1）式和（6.2）式的相关系数 φ_1 的大小：附加信贷约束后，若（6.2）式的 φ_1 值相对于（6.1）式出现显著下降，则表明信贷约束对货币政策利率传导途径具有正效应，即信贷约束对货币政策利率传导机制具有积极影响；若（6.2）式的 φ_1 值相对于（6.1）式出现显著上升，则表明信贷约束对货币政策利率传导途径具有负效应，即信贷约束对货币政策利率传导机制具有消极影响。

设 φ_1、φ_2、φ_3 的估计值分别为 $\hat{\varphi}_1$、$\hat{\varphi}_2$、$\hat{\varphi}_3$，则（6.1）式的 LS 估计值应满足 Q_1 值最小，其中 $Q_1 = \sum_{t=1}^{T} (y_t - \hat{\varphi}_1 (i_t - E_t \pi_{t+1}) - \hat{\varphi}_2 E_t y_{t+1})^2$；（6.2）式的 LS 估计值应满足 Q_2 值最小，其中 $Q_2 = \sum_{t=1}^{T} (y_t - \hat{\varphi}_1 (i_t - E_t \pi_{t+1}) - \hat{\varphi}_2 E_t y_{t+1} - \hat{\varphi}_3 LR)^2$。在实证分析时，本书采用 Eviews 5.0 进行计量处理。

（二）GMM 计量模型

广义矩估计（GMM）的一般表述是汉森（1982）发展起来的，其优点是它不要求随机扰动项的精确分布函数和密度函数，而仅需具体说明一些矩条件，因而允许随机误差项存在异方差和序列相关，所得到的参数估计量相对于其他参数估计方法更合乎实际。可以证明，很多其他估计方法，例如普通最小二乘估计（OLS）、二阶段最小二乘估计（TSLS）、广义最小二乘估计（FGLS）、工具变量估计（IV）、非线性最小二乘估计（NLS）以及动态理性预期模型的估计量，都可以视为 GMM 估计量的特例。

考虑一般情形下的 k 元线性回归模型。假设回归方程为：

$$y_t = \beta_1 x_{1t} + \beta_2 x_{2t} + \cdots + \beta_k x_{kt} + u_t (t = 1, 2, \cdots, T) \tag{6.3}$$

式中，y_t 为被解释变量，x_{1t}，$\cdots$，x_{kt} 为内生解释变量，β_1，$\cdots$，β_k 为估计参数，u_t 为随机误差项，T 为样本量。

若要上述 k 元线性回归方程 GMM 可识别，则需定义 L 个工具变量且 $L \geq k$，即至少定义 k 个工具变量 $z_{it}(i = 1, 2, \cdots, K)$，且 z_{it} 与 u_t 满足 L 个正交矩条件，$E(z_{it} u_t) = 0$。设 k 元线性回归方程（6.3）式的 GMM 估计量为 $\hat{\beta}_1$，$\cdots$，$\hat{\beta}_k$，定义如下形式的加权距离：$Q = \frac{1}{T^2} [u'(\hat{\beta}) Z] \Omega^{-1}$

$[u'(\hat{\beta})\ Z]'$，则 $\hat{\beta}_1$，…，$\hat{\beta}_k$ 应满足使得 Q 最小，其中 Z 为工具变量数据矩阵，Ω 为样本矩的恒特（White）异方差一致协方差矩阵或 Newey – West HAC 一致协方差矩阵。

无信贷约束的 IS 曲线（6.1）式的正交矩条件为：

$$E[(y_t - \varphi_1(i_t - E_t \pi_{t+1}) - \varphi_2 E_t y_{t+1} + \varepsilon_{g,t})z_{it}] = 0 \qquad (6.4)$$

式中，z_{it} 为工具变量。由于（6.1）式包含产出缺口预期和通胀预期，同时考虑产出缺口预期和通胀预期的外生性，本节在对（6.1）式进行 GMM 估计时，选择一阶产出缺口预期和一阶通胀预期作为工具变量。显然，工具变量的个数为2，大于内生解释变量的个数，（6.1）式 GMM 可识别。

带信贷约束的 IS 曲线（6.2）式的正交矩条件为：

$$E[(y_t - \varphi_1(i_t - E_t \pi_{t+1}) - \varphi_2 E_t y_{t+1} - \varphi_3 LR)z_{it}] = 0 \qquad (6.5)$$

式中，z_{it} 为工具变量。由于（6.2）式也包含外生的产出缺口预期和通胀预期，因而本书在对（6.2）式进行 GMM 估计时，同样选择一阶产出缺口预期和一阶通胀预期作为工具变量。显然，工具变量的个数为2，等于内生解释变量的个数，（6.2）式 GMM 可识别。

对于样本矩 Ω，本节采用异方差和自相关一致协方差矩阵估计方法（HAC）估计样本矩条件的协方差矩阵，核函数采用 Bartlett 核函数，带宽选择 Newey – West 的固定带宽，固定值为3。因此，无信贷约束的 IS 曲线（6.1）式的系数估计值 $\hat{\varphi}_1$、$\hat{\varphi}_2$ 应在正交矩条件（6.4）式的约束下使得加权距离 Q 最小；带信贷约束的 IS 曲线（6.2）式的系数估计值 $\hat{\varphi}_1$、$\hat{\varphi}_2$、$\hat{\varphi}_3$ 应在正交矩条件（6.5）式的约束下使得加权距离 Q 最小。在实证分析时，本书采用 Eviews5.0 进行计量处理。

二　变量与数据

无信贷约束的 IS 曲线（6.1）式的参数估计所使用的变量数据包括产出缺口、预期产出缺口、通胀预期；带信贷约束的 IS 曲线（6.2）式的参数估计所使用的变量数据还包括信贷约束指标。本节选择 2004 年 3 月至 2012 年 4 月共 34 个季度数据作为样本观察值，数据来源于 Wind 数据库。短期名义利率采用 7 天上海同业拆借利率，信贷约束指标采用"金融机构基准利率上浮贷款占比"与"金融机构基准利率贷款占比"的比率进行度量。

（一）短期名义利率

图 6 - 1 给出了 2004 年 3 月至 2012 年 4 月季度短期名义利率与实际利率的时序图，其中，季度实际利率 = 季度短期名义利率 - 季度理性通胀预期。附录（F. 1）给出了 2004 年 3 月至 2012 年 4 月季度短期名义利率和实际利率的具体数据。

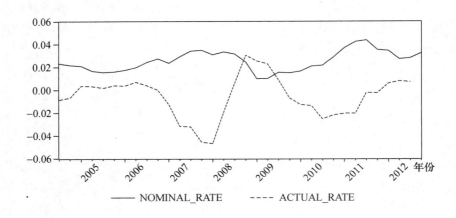

图 6 - 1　季度短期名义利率与实际利率（2004 年 3 月至 2012 年 4 月）

从图 6 - 1 可以看出，2004 年 3 月至 2012 年 4 月期间，大部分时期名义利率大于实际利率，在 2008 年 4 月和 2009 年 1—2 月，实际利率高于名义利率，这表明中国 2004 年 3 月至 2012 年 4 月的大部分时期的理性通胀预期水平较高，只有在 2008 年年末和 2009 年上半年的通胀预期水平较低，这一点是由于 2008 年美国次贷危机引发的全球金融危机造成的。2006 年 3 月至 2008 年 2 月期间，名义利率上升而实际利率呈现下降水平，这表明这期间的通胀预期水平在不断上升，这意味着中央银行提高短期名义利率并不能使产出缺口有效降低。值得注意的是，从 2011 年 4 月开始，名义利率有所下降，但实际利率呈现上升趋势，且名义利率与实际利率的差距在不断缩小，这意味着通胀预期在近期不断下降且趋于平稳，这对中央银行稳定通胀预期、提高利率传导效应具有重要作用。

（二）信贷约束指标——信贷占比比率

在信贷约束下，货币需求与货币供给必然存在负向缺口，即货币供给不能满足经济体系的货币需求，这必然导致均衡利率上升，在利率尚未完全市场化的背景下，货币市场必然存在两种利率的资金价格轨道，从而产生利率双轨制。在利率双轨制下，一种利率是中央银行规定的基准利率或围绕基准利率进行有限浮动的利率，金融机构的受约束的信贷供应只能参照基准利率或有限浮动利率的资金价格水平，但经济体系的货币需求只能得到有限满足；另一种利率是超出中央银行规定的基准利率且偏离幅度较大的利率，为弥补货币市场因信贷约束而出现的资金供需缺口，金融机构不得不对基准利率进行较大幅度的上浮来提供信贷资金，甚至在金融机构体系外，非正规金融更以高利贷的资金价格提供信贷资金。因此，在信贷约束下，厂商的融资成本迅速上升，经济体系的实际产出下降，这意味着产出缺口的变化一部分可以归因于信贷约束，因而产出缺口与基准利率的负相关关系弱化，进而货币政策的利率传导机制减弱，货币政策有效性下降。

那么如何利用量化指标测度信贷约束程度呢？现有相关文献并没有对信贷约束程度作一个统一定义和准确度量。在利率尚未完全市场化的背景下，依据本书对信贷约束的解释，信贷约束程度越高，高于基准利率的贷款占全部贷款的比重就会越大；反之，信贷约束程度越低，高于基准利率的贷款占全部贷款的比重就会越小。按照中国对金融机构贷款占比的统计口径，中国金融机构贷款占比所对应的利率区间可以区分为基准利率、基准利率下浮10%、基准利率上浮30%以内、基准利率上浮30%—50%、基准利率上浮50%—100%、基准利率上浮100%以上，本书分别简记为L、L1、L2、L3、L4、L5。因此，对中国而言，信贷约束程度越高，利率上浮区间所对应的贷款占比就越高，在约束程度高至极端的情形，贷款占比所对应的利率区间可能都在基准利率上浮100%以上甚至无穷；相反，信贷约束程度越低，利率上浮区间所对应的贷款占比就越低，在约束程度低至零的情形即信贷约束，则贷款占比所对应的利率区间就等于基准利率。

基于此，本书对信贷约束指标采用金融机构贷款占比比率进行度量。具体而言，设信贷约束指标为 LR，金融机构基准利率上浮累计贷款占比为 $L6$，显然，$L6 = (L2 + L3 + L4 + L5)$，则信贷约束指标为：

$$LR = L6/L \tag{6.6}$$

（6.6）式表明，"金融机构基准利率累计上浮贷款占比"与"金融机构基准利率贷款占比"的比率越高，信贷约束程度越高；反之则越低。附录表 F.1 给出了 2004 年 3 月至 2012 年 4 月中国信贷约束程度的度量，图 6 - 4 给出了 2004 年 3 月至 2012 年 4 月中国信贷约束程度的时序图。从图 6 - 4 可以看出，中国在 2004 年 3 月至 2012 年 4 月期间，2005 年 2 月和 2012 年 1 月的信贷约束程度较高，分别达到 2.7017 和 2.8228，2008 年 1 月的信贷约束程度较低，低至 0.9657，信贷约束指标 LR 的中值为 1.7956。显然，超高信贷约束指标中值的时期为 15 个季度，这表明中国信贷约束程度总体适中。从 2009 年开始，中国开始加强宏观调控，特别是加强房地产的信贷资金投放，因而 2009 年之后的信贷约束指标迅速上升，虽然从 2012 年开始有所回落，但房地产调控仍未放松，因而信贷约束指标仍处于较高水平。

表 6 - 1 给出了 2004 年 3 月至 2012 年 4 月中国金融结构不同利率下的季度贷款占比，图 6 - 2 给出了相应的时序图；表 6 - 2 至表 6 - 4 分别给出了 2004 年 3 月至 2008 年 1 月中国四大国有商业银行（SCB）、股份制商业银行（ECB）和城市商业银行（CCB）不同利率下的季度贷款占比，图 6 - 3 给出了 2004 年 3 月至 2008 年 1 月中国四大国有商业银行（SCB）、股份制商业银行（ECB）和城市商业银行（CCB）不同利率下的季度贷款占比的时序图；表 6 - 5 给出了 2006 年 1 月至 2008 年 1 月中国政策性银行不同利率下的季度贷款占比。

从图 6 - 2 可以看出，2004—2009 年，中国基准利率贷款占比较为平稳且趋于上升，但从 2009 年之后，中国基准利率贷款占比开始逐步下降，特别是基准利率下浮 10% 以内贷款占比在 2011 年迅速下降，而基准利率上浮 30% 以内贷款占比在 2011 年之后则迅速上升且高达 40% 以上，并超过了基准利率贷款占比，这显然是因为 2011 年和 2012 年中国信贷约束程度上升所导致的。但即便如此，中国基准利率上浮 30% 以上贷款占比则趋于平稳，且远低于基准利率上浮 30% 以下贷款占比，这表明虽然中国金融市场存在一定程度的信贷约束，但信贷约束程度尚未太高，信贷占比仍以基准利率贷款占比和基准利率上浮 30% 以内贷款占比为主，这也就为中国利率市场化提供了一个良好的市场基础。

表 6 - 1　　　　　　　　2004—2012 年中国金融机构不同

利率下的季度贷款占比　　　　　　单位:%

时间	基准利率贷款占比（L）	基准利率下浮10%以内贷款占比（L1）	基准利率上浮30%以内贷款占比（L2）	基准利率上浮30%—50%贷款占比（L3）	基准利率上浮50%—100%贷款占比（L4）	基准利率上浮100%以上贷款占比（L5）	基准利率上浮贷款占比合计（L6）
2004 年 9 月	29.10	20.80	30.50	9.20	10.40	0.00	50.30
2004 年 12 月	24.56	23.23	28.98	9.90	10.66	2.68	52.21
2005 年 3 月	26.90	21.90	29.50	7.70	10.40	3.60	51.20
2005 年 6 月	21.96	18.72	24.98	15.77	14.56	4.01	59.33
2005 年 9 月	24.64	21.77	27.75	8.42	12.65	4.78	53.59
2005 年 12 月	26.47	24.29	26.87	8.27	11.37	2.73	49.24
2006 年 3 月	28.20	22.96	29.78	6.40	10.24	2.41	48.84
2006 年 6 月	26.53	24.67	30.11	6.45	9.88	2.36	49.00
2006 年 9 月	26.66	25.41	27.61	7.12	10.93	2.27	47.93
2006 年 12 月	26.63	25.81	27.90	7.32	10.63	1.71	47.56
2007 年 3 月	27.85	26.89	27.95	6.48	9.13	1.70	45.26
2007 年 6 月	29.13	26.85	27.13	6.46	9.00	1.44	44.02
2007 年 9 月	26.65	28.59	26.35	7.61	9.35	1.53	44.76
2007 年 12 月	27.69	28.07	27.17	7.31	8.47	1.29	44.24
2008 年 3 月	37.92	25.46	32.61	2.79	1.11	0.12	36.62
2008 年 6 月	32.81	21.60	30.64	6.13	7.66	1.15	45.58
2008 年 9 月	31.15	21.59	31.30	6.88	7.37	1.72	47.26
2008 年 12 月	30.13	25.56	27.81	5.75	7.27	3.49	44.31
2009 年 3 月	35.18	28.39	22.67	4.37	6.64	2.75	36.43
2009 年 6 月	33.70	30.47	22.90	4.70	5.82	2.41	35.83
2009 年 9 月	30.61	31.82	23.36	5.07	6.41	2.73	37.57
2009 年 12 月	30.26	33.19	21.38	5.13	6.64	3.40	36.55
2010 年 3 月	28.91	30.05	24.03	5.45	7.11	4.45	41.04
2010 年 6 月	30.89	27.72	26.07	5.34	6.80	3.18	41.39
2010 年 9 月	30.19	25.54	27.18	5.36	7.76	3.97	44.27
2010 年 12 月	29.16	27.80	25.69	5.66	8.18	3.51	43.04

续表

时间	基准利率贷款占比（L）	基准利率下浮10%以内贷款占比（L1）	基准利率上浮30%以内贷款占比（L2）	基准利率上浮30%—50%贷款占比（L3）	基准利率上浮50%—100%贷款占比（L4）	基准利率上浮100%以上贷款占比（L5）	基准利率上浮贷款占比合计（L6）
2011 年 3 月	30.22	13.96	36.01	6.96	9.24	3.60	55.82
2011 年 6 月	28.91	9.94	43.26	7.22	8.08	2.60	61.15
2011 年 9 月	25.86	6.96	47.09	8.29	8.89	2.91	67.19
2011 年 12 月	26.96	7.02	45.71	8.26	8.98	3.08	66.02
2012 年 3 月	24.95	4.62	48.11	9.48	9.41	3.43	70.43
2012 年 6 月	25.08	7.92	47.81	8.90	7.66	2.63	66.99
2012 年 9 月	24.57	11.31	45.34	8.13	7.67	2.98	64.12
2012 年 12 月	26.10	14.16	41.28	7.58	7.84	3.04	59.74

资料来源：Wind 数据库。

表 6 - 2   2004—2008 年中国四大国有商业银行不同利率下的季度贷款占比

单位：%

时间	基准利率贷款占比（SCBL）	基准利率下浮10%以内贷款占比（SCBL1）	基准利率上浮30%以内贷款占比（SCBL2）	基准利率上浮30%—50%贷款占比（SCBL3）	基准利率上浮50%—100%贷款占比（SCBL4）	基准利率上浮100%以上贷款占比（SCBL5）	基准利率上浮贷款占比合计（SCBL6）
2004 年 9 月	40.00	24.40	31.70	3.40	0.60	0.01	36.00
2004 年 12 月	28.54	27.13	38.75	4.84	0.73	0.20	44.33
2005 年 3 月	32.50	28.20	35.10	3.80	0.60	0.13	40.00
2005 年 6 月	29.50	30.55	35.60	3.67	0.56	0.12	39.96
2005 年 9 月	32.13	26.84	36.45	4.07	0.45	0.09	41.11
2005 年 12 月	28.29	30.62	34.61	5.27	1.14	0.02	41.09
2006 年 3 月	31.83	28.26	36.80	2.62	0.47	0.01	39.92
2006 年 6 月	31.03	29.56	36.32	2.56	0.52	0.00	39.41
2006 年 9 月	31.15	33.16	33.52	1.90	0.27	0.01	35.70
2006 年 12 月	29.96	31.52	35.48	2.54	0.49	0.01	38.52
2007 年 3 月	32.45	31.54	33.67	1.88	0.45	0.01	36.01
2007 年 6 月	33.58	29.94	34.19	1.87	0.40	0.03	36.48

续表

时间	基准利率 贷款占比 （SCBL）	基准利率 下浮10% 以内贷款 占比 （SCBL1）	基准利率 上浮30% 以内贷款 占比 （SCBL2）	基准利率 上浮30%— 50%贷款 占比 （SCBL3）	基准利率 上浮50%— 100%贷款 占比 （SCBL4）	基准利率 上浮100% 以上贷款 占比 （SCBL5）	基准利率 上浮贷款 占比合计 （SCBL6）
2007 年 9 月	28.71	34.41	34.50	1.94	0.41	0.10	36.88
2007 年 12 月	28.82	35.64	33.04	1.97	0.46	0.01	35.54
2008 年 3 月	32.41	31.12	34.06	1.97	0.42	0.01	36.47

资料来源：Wind 数据库。

表 6 – 3　　　　　　　　　**2004—2008 年中国股份制商业银行**
不同利率下的季度贷款占比　　　　单位：%

时间	基准利率 贷款占比 （ECBL）	基准利率 下浮10% 以内贷款 占比 （ECBL1）	基准利率 上浮30% 以内贷款 占比 （ECBL2）	基准利率 上浮30%— 50%贷款 占比 （ECBL3）	基准利率 上浮50%— 100%贷款 占比 （ECBL4）	基准利率 上浮100% 以上贷款 占比 （ECBL5）	基准利率 上浮贷款 占比合计 （ECBL6）
2004 年 9 月	34.80	32.00	32.00	1.20	0.50		33.20
2004 年 12 月	31.07	32.94	34.61	1.23	0.16	0.01	36.00
2005 年 3 月	37.70	27.90	32.80	1.50	0.50	0.20	34.60
2005 年 6 月	37.49	30.14	31.03	1.08	0.24	0.02	32.37
2005 年 9 月	34.75	29.64	34.52	0.97	0.13	0.02	35.62
2005 年 12 月	31.49	33.44	33.55	1.07	0.11	0.34	35.07
2006 年 3 月	34.36	30.57	34.07	0.88	0.10	0.01	35.07
2006 年 6 月	30.47	34.83	33.86	0.77	0.03	0.04	34.70
2006 年 9 月	32.44	36.53	30.37	0.49	0.05	0.12	31.02
2006 年 12 月	30.21	40.75	28.56	0.42	0.05	0.00	29.03
2007 年 3 月	33.54	38.03	27.99	0.40	0.02	0.01	28.43
2007 年 6 月	33.68	38.91	26.86	0.49	0.03	0.02	27.41
2007 年 9 月	32.65	41.17	25.39	0.47	0.16	0.15	26.19
2007 年 12 月	35.45	35.20	28.75	0.52	0.03	0.05	29.35
2008 年 3 月	36.42	28.01	34.48	0.80	0.16	0.15	35.57

资料来源：Wind 数据库。

表 6 - 4　　　　　　　　　2004—2008 年中国城市商业银行不同

利率下的季度贷款占比　　　　　　　单位:%

时间	基准利率贷款占比（CCBL）	基准利率下浮10%以内贷款占比（CCBL1）	基准利率上浮30%以内贷款占比（CCBL2）	基准利率上浮30%—50%贷款占比（CCBL3）	基准利率上浮50%—100%贷款占比（CCBL4）	基准利率上浮100%以上贷款占比（CCBL5）	基准利率上浮贷款占比合计（CCBL6）
2004 年 9 月	18.60	15.20	44.10	9.30	12.90		66.30
2004 年 12 月	19.18	20.60	32.31	20.02	6.45	1.47	60.23
2005 年 3 月	18.10	15.10	40.80	8.40	7.50	10.10	66.80
2005 年 6 月	21.70	20.54	40.36	9.99	6.53	0.93	57.79
2005 年 9 月	14.57	17.34	28.57	9.90	17.60	12.05	68.10
2005 年 12 月	21.01	27.05	36.45	8.69	5.36	1.44	51.94
2006 年 3 月	20.16	22.83	38.78	10.63	6.30	1.30	57.01
2006 年 6 月	18.64	23.04	42.15	10.29	5.16	0.73	58.32
2006 年 9 月	14.00	23.18	45.45	11.36	5.41	0.60	62.82
2006 年 12 月	18.73	24.34	41.60	10.71	4.20	0.43	56.93
2007 年 3 月	15.62	29.71	38.72	9.56	5.77	0.62	54.67
2007 年 6 月	17.87	32.31	35.50	9.30	4.20	0.83	49.82
2007 年 9 月	17.75	38.13	30.99	8.46	4.02	0.65	44.12
2007 年 12 月	20.39	33.31	32.65	9.27	3.75	0.63	46.30
2008 年 3 月	18.60	15.20	44.10	9.30	12.90	—	66.30

资料来源：Wind 数据库。

表 6 - 5　　　　　　　　　2006—2008 年中国政策性银行不同

利率下的季度贷款占比　　　　　　　单位:%

时间	基准利率贷款占比	基准利率下浮10%以内贷款占比	基准利率上浮30%以内贷款占比	基准利率上浮30%—50%贷款占比	基准利率上浮50%—100%贷款占比	基准利率上浮100%以上贷款占比	基准利率上浮贷款占比合计
2006 年 3 月	69.63	29.57	0.83	0.00	0.00	0.00	0.82
2006 年 6 月	66.69	32.34	1.02	0.00	0.00	0.00	0.99
2006 年 9 月	74.39	24.37	1.27	0.00	0.00	0.00	1.24
2006 年 12 月	72.15	26.43	1.42	0.00	0.00	0.00	1.42
2007 年 3 月	72.95	25.48	1.56	0.00	0.00	0.00	1.56

续表

时间	基准利率贷款占比	基准利率下浮10%以内贷款占比	基准利率上浮30%以内贷款占比	基准利率上浮30%—50%贷款占比	基准利率上浮50%—100%贷款占比	基准利率上浮100%以上贷款占比	基准利率上浮贷款占比合计
2007 年 6 月	68.32	29.88	1.80	0.00	0.00	0.00	1.80
2007 年 9 月	75.86	22.61	1.55	0.00	0.01	0.01	1.53
2007 年 12 月	67.12	31.63	1.24	0.00	0.01	0.00	1.25
2008 年 3 月	69.84	28.82	1.33	0.00	0.00	0.00	1.34

资料来源：Wind 数据库。

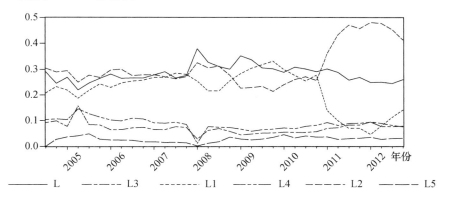

图 6 - 2 中国金融机构不同利率下的季度贷款占比（2004 年 3 月至 2012 年 4 月）

图 6 - 3 则进一步将金融机构不同利率下的贷款占比区分为国有商业银行、股份制商业银行和城市商业银行贷款占比三大类。从图 6 - 3 中可以看出：三类商业银行的贷款占比以基准利率贷款占比和基准利率上浮30% 以内贷款占比为主；在基准利率和基准利率下浮 10% 贷款占比方面，股份制和国有商业银行占主体，且股份制银行高于国有银行，在基准利率上浮 30% 以内贷款占比方面，城市商业银行有所上升，且国有银行高于股份制银行，在基准利率上浮 30% 以上贷款占比方面，城市商业银行迅速上升，国有银行和股份制银行迅速下降，但国有银行仍高于股份制银行。这从一个侧面反映出三类商业银行受信贷约束程度：股份制商业银行小于国有商业银行，国有商业银行小于城市商业银行。表 6 - 5 则表明，政策性商业银行的贷款基本以基准利率为主，政策性商业银行受信贷的约束较小。

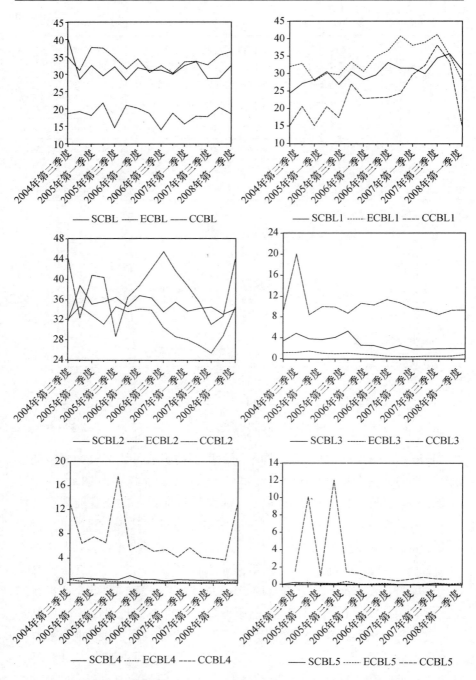

图 6 - 3　中国国有（SCB）、股份制（ECB）、城市商业银行
（CCB）不同利率下季度贷款占比（%）（2004 年 3 月至 2008 年 3 月）

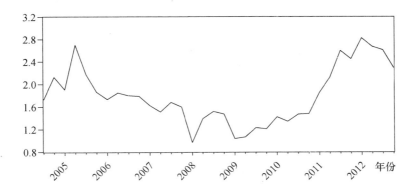

图 6 - 4　中国信贷约束程度（LR）（2004 年 3 月至 2012 年 4 月）

第二节　信贷约束、货币政策传导机制与不确定性：基于 IS 曲线的实证研究

　　本节基于 IS 曲线实证分析中国信贷约束对利率传导机制的影响，这一影响主要体现为 IS 曲线中产出缺口与短期名义利率相关系数的变化。如果带信贷约束的 IS 曲线的相关系数相对于无信贷约束的 IS 曲线的相关系数显著，则表明信贷约束对货币政策利率传导机制具有正效应，即信贷约束对利率传导机制具有积极影响；反之，则表明信贷约束对货币政策利率传导机制具有负效应，即信贷约束对利率传导机制具有消极影响。信贷约束对货币政策利率传导机制的效应，决定了信贷约束下，货币当局应如何有效地实施货币政策；信贷约束对利率传导机制具有积极影响还是消极影响，决定了在利率市场化过程中，货币当局对信贷约束的态度以及如何规范信贷约束。

一　无信贷约束的 IS 曲线的 LS 与 GMM 估计

　　本小节利用第一节构建的 LS 和 GMM 两种计量模型对无信贷约束的 IS 曲线（6.1）式进行检验与实证分析。表 6 - 6 给出了基于理性通胀预期的无信贷约束的 IS 曲线的 LS 估计结果，表 6 - 7 给出了基于理性通胀预期的无信贷约束的 IS 曲线的 GMM 估计结果。

　　从表中估计结果可以看出：（1）无信贷约束的 IS 曲线的 φ_1 的 LS 估计值和 GMM 估计值均小于 0，这表明无信贷约束下，产出缺口和短期实际利率存在负相关关系；（2）LS 估计方程和 GMM 估计方程的拟合优度的值均较小，这意味着 IS 曲线存在遗漏变量，即使（6.1）式在传统 IS 曲线的基础上增加了预期产出缺口项，但拟合优度的值仍然较小，因而还应当增加信贷约束，进而对带信贷约束的 IS 曲线进行估计，以分析信贷约束对相关系数的影响，而实证分析结果也表明，带信贷约束的 IS 曲线的拟合优度的值仍较小，这说明即使添加了信贷约束，IS 曲线仍存在遗漏变量，但这并不妨碍本章对信贷约束利率传导机制的分析；（3）无信贷约束的 IS 曲线的相关系数 φ_1 的 LS 估计值小于 GMM 估计值，相关系数 φ_1 的 LS 估计值和 GMM 估计值分别为 -0.087516 和 -0.048580，这表明，对 LS 计量模型而言，产出缺口和短期实际利率的负相关关系更显著。

表 6－6　　无信贷约束的 IS 曲线的 LS 估计结果 （$E_t \pi_{t+1}$ 为理性通胀预期）

系数	估计值	标准差	t 值	P 值
$\hat{\varphi}_1$	-0.087516	0.111193	-0.787060	0.4372
$\hat{\varphi}_2$	-0.109914	0.177261	-0.620069	0.5397
R^2	0.004086			
调整的 R^2	-0.028041			
D—W 值	2.033918			

表 6－7　　无信贷约束的 IS 曲线的 GMM 估计结果 （$E_t \pi_{t+1}$ 为理性通胀预期）

系数	估计值	标准差	t 值	P 值
$\hat{\varphi}_1$	-0.048580	0.099692	-0.487307	0.6295
$\hat{\varphi}_2$	-0.179668	0.127983	-1.403841	0.1703
R^2	-0.005680			
调整的 R^2	-0.038122			
D—W 值	1.916384			
J 统计量	0.029777			

二　带信贷约束的 IS 曲线的 LS 和 GMM 估计

本小节利用第一节构建的 LS 和 GMM 两种计量模型对带信贷约束的

IS 曲线（6.2）式进行检验与实证分析。表 6-8 给出了基于理性通胀预期的带信贷约束的 IS 曲线的 LS 估计结果；表 6-9 给出了基于理性通胀预期的带信贷约束的 IS 曲线的 GMM 估计结果。

　　将表 6-8 与表 6-6 分别对比可以看出：（1）无信贷约束与带信贷约束的 IS 曲线的 φ_1 的 LS 估计值均小于 0，这表明，对 LS 计量模型而言，信贷约束下的产出缺口和短期实际利率仍存在负相关关系；（2）带信贷约束的 φ_1 的 LS 估计值大于无信贷约束的 φ_1 的估计值，带信贷约束的 φ_1 的 LS 估计值从 -0.087516 上升至 -0.076827，这表明，对 LS 计量模型而言，信贷约束对货币政策利率传导机制具有负效应，即信贷约束对利率传导机制具有消极影响；（3）IS 曲线的信贷约束系数 φ_3 的 LS 估计值均非常小，信贷约束系数 φ_3 的 LS 估计值为 0.000472，这表明，对 LS 计量模型而言，尽管信贷约束对货币政策利率传导机制具有负效应，但这种消极影响非常有限，这与中国金融机构不同利率下的信贷占比结构是一致的。也就是说，虽然中国金融市场存在一定程度的信贷约束，但信贷约束程度尚未太高，从而为中国利率市场化提供了一个良好的市场基础。

表 6-8　　　　　　　带信贷约束的 IS 曲线的 LS 估计结果

（$E_t \pi_{t+1}$ 为理性通胀预期）

系数	估计值	标准差	t 值	P 值
$\hat{\varphi}_1$	-0.076827	0.115891	-0.662921	0.5124
$\hat{\varphi}_2$	-0.115966	0.180360	-0.642967	0.5251
$\hat{\varphi}_3$	0.000472	0.001187	0.397870	0.6935
R^2	0.009313			
调整的 R^2	-0.056733			
D—W 值	2.041858			

　　将表 6-9 与表 6-7 分别对比可以看出：（1）无信贷约束与带信贷约束的 IS 曲线的 φ_1 的 GMM 估计值均小于 0，这表明，对 GMM 计量模型而言，信贷约束下的产出缺口和短期实际利率仍存在负相关关系；（2）带信贷约束的 φ_1 的 GMM 估计值大于无信贷约束的 φ_1 的估计值，带信贷约束的 φ_1 的 GMM 估计值从 -0.048580 上升至 -0.033471，这表明，

对 GMM 计量模型而言，信贷约束对货币政策利率传导机制具有负效应，即信贷约束对利率传导机制具有消极影响；（3）IS 曲线的信贷约束系数 φ_3 的 GMM 估计值均非常小，信贷约束系数 φ_3 的 GMM 估计值为 0.001058，这表明，对 GMM 计量模型而言，尽管信贷约束对货币政策利率传导机制具有负效应，但这种消极影响非常有限，因而中国金融市场存在一定程度的信贷约束，但信贷约束程度尚未太高，从而为中国利率市场化提供了一个良好的市场基础。

表 6-9　带信贷约束的 IS 曲线的 GMM 估计结果（$E_t \pi_{t+1}$ 为理性通胀预期）

系数	估计值	标准差	t 值	P 值
$\hat{\varphi}_1$	-0.033471	0.085741	-0.390373	0.6990
$\hat{\varphi}_2$	-0.119264	0.133829	-0.891166	0.3799
$\hat{\varphi}_3$	0.001058	0.000984	1.075574	0.2907
R^2	-0.001086			
调整的 R^2	-0.067825			
D—W 值	2.027874			
J 统计量	6.65E-33			

第三节　放松信贷约束与货币政策效应

本节使用的模型是一个基于新凯恩斯动态随机一般均衡（DSGE）方法的新开放经济宏观经济学（NOEM）框架下的模型。这一模型首先具有 DSGE 方法所具有的一般性质。而 DSGE 与其说是一个模型，还不如说是一种方法。方法，是在框架之上的一个概念，不同的学派，不同的框架使用的是同一个方法。比如 DSGE 方法，最先是由真实经济周期（Real Business Cycle，RBC）学派提出的，但很快就被新凯恩斯学派所吸收融合，并在这个方法下提出了自己的框架。而框架，是一个分析问题的结构，属于方法之下的一个概念。研究人员可以在特定的框架下建立自己的模型，对他人建立的模型进行修正和完善。DSGE 方法首先具有的性质就是动态性。DSGE 方法首先是建立在一般均衡分析方法上的。而一般均衡方法，主要的推动者是肯尼思·阿罗和杰拉德·德布鲁。所谓动态性，是指采用跨期的方法，在最优化时考虑的是最优路径，资源和各约束条件不再是只受一期的约束。DSGE 方法下的模型都是具有坚实的微观基础的。DSGE 方法的另一个特点就是模型是由随机差分方程组构成的。换言之，NOEM 框架具有 DSGE 类方法的一般特征。新开放经济宏观经济学（NOEM）首先是一个 DSGE 类的框架。由于 DSGE 方法本身是由新古典学派创立，其中包含着新古典学派的思想，所以也有人将新凯恩斯动态一般均衡（NK－DSGE）模型划入新新古典综合学派（NNS）。在 NOEM 这个框架下，经济学家可以讨论消费、投资、产出、关税、劳动力供给、财政政策、货币政策和其他大量的经济问题。过去在某一领域内的研究人员，在相关领域投入了大量精力，却对经济学整体分析框架有所忽视。而如果将每一个经济问题都放在一个系统的框架内实现，无疑会促进经济学各学科之间的整体联系，使经济学成为一门更加系统和完善的科学。各学科之间也不会再各自为政，只见树木不见森林，而是在从经济学整体高度完善各自领域内的专业工作。新开放经济宏观经济学指的并不是一个学科，而是为了区别于在国际经济学中以 M—F—D 传统为代表的"旧"的研究范式。与被称为"新魏克塞尔主义"、"新凯恩斯主义"和"新古典主义"的研究方法相比，NOEM 模型更贴近于货币经济学，更关注开放经济中的情况。因此，基本的 NOEM 模型也融合了劳动力市场和产品市场中的不完美竞争、名义刚性和最优价格设定导致的时变利润等概念假设。NOEM 模型还试图搭建起与近期的国际贸易研究之间的桥梁，虽然这两个研究领域都还是不完善的。例如，NOEM 模型中对于开放和相互依赖的宏观分析主要考虑国际贸易中的既得利润，而忽略了进出口新品种产品而产生的利润，后者在新贸易理论中不管是理论研究还是实证研究层次都有着重要的分量，而且是近期比较前沿的问题。大部分的 NOEM 模型研究没有允许内生新进入的公司和新品种产品的产生，也不允许变动贸易品和非贸易品的序列。NOEM 框架本身还具有自己的一些特点。

首先，它是一个"开放"的框架，即在 NOEM 的框架下，我们可以进行汇率、经常账户的分析。

其次，在这个框架中，还包含着货币当局的设定，从而可以对货币政策规则进行福利分析。在开放经济条件下，由于引入了进口品，使对国内部门的分析变得复杂，主要体现在进口品改变了边际成本和工资，进而影响了真实国内经济变量，外国部门主要是使进口品按一定比例进入最终产品市场。

本节的模型是一个具有新凯恩斯主义观点的模型，因为该模型的设定中包含黏性价格和工资的假定。

一　理论基础

在本节模型设定中，国内中间商和进口商采取垄断竞争的形式设定价格。家庭通过 Calvo（1983）的交错价格方式设定工资。这有助于解释通胀惯性和产出持续性。资本积累、资本强度和国内外要素投入比均受限于调整成本。货币政策通过货币供应量规则和利率规则两种方式进入模型，并对比相应的差异。货币采取 MIU（Money In Utility）* 的形式进入模型。关于国内部分的设定参考 Adolfson 和 Laseen 等（2008）关于封闭经济的模型设定，但减少了随机冲击的个数，本节模型删去了偏好冲击、通胀客观冲击和劳动供给冲击。另外，扭曲的税收添加在了劳动收入上，个人消费和资本收益被政府征税，用来抵消政府花费，而一部分税收通过一次性总付转移支付回到家庭。模型的开放经济体现在商品和资产的国际贸易上。不完美国际资本市场具有随机性，这就解释了为什么会背离非抛补利率平价假说（Uncovered Interest – rate Parity，UIP）和短期内较高的汇率波动。模型初始的不完全传递只是由名义价格刚性引起。经常项目由跨期预算约束决定。为了解释进口品和消费品价格的通胀和折旧率，引入一些新的变量和冲击。为了保持模型的简洁，本节尽量保持原模型的初始设定，并在契合中国实际、模型简洁、未来的可扩展性和所研究问题的鲜明性之间做了权衡。关于"本国歧视"的假说可以用来解释本国商品和外国商品间的替代弹性。本节在这个方面参照了 Corsetti（2005）的设定，通过引入一个估计的在本国服务部门中进口商品的份额来决定替代弹性的值。代表性经济代理人的最小化成本的目标函数可以通过替代弹性和相对国际价格来决定最终产品中不同商品的比例。对于中间产品的需求弹性并没有采用常见的 Dixit – Stiglitz 的方式进行设定。本节并不讨论替代弹性高低的区别，因为这还是一个理论界争论的议题。不过，本节用估计的参数模拟了低替代弹性下的情况，结果显示其表现要稍微好一些。在特定的假设下，两种情况都是有效的，区别非常小。本节的目的是观察放松了信贷约束后，冲击响应函数是如何变化的。本节的模型求解和参数校准均通过 Dynare① 软件实现。从总体上讲，本节的研究思路是在宏观经济模型之中研究货币政策。以往研究大多是以货币论货币，即使是有的文献将货币政策置于经济模型中研究，这些经济模型也往往是相对粗糙的。本书认为，对于货币政策的研究，应该是将其置于宏观经济模型之中，因为 DSGE 方法下的模型都是具有坚实的微观基础的，所以可以用于分析某个特定的微观结构改变后，会对货币政策产生怎样的影响。其实现手段，就是通过货币政策方程（Monetary Policy Equation，MPE）实现的。不同的货币政策，可以设定不同的货币政策方程，有相机抉择型的，有规则型的，每一种类型下，也可以设置不同的参数和变量，可扩展性很强。从模型的角度来说，NOEM 框架可以看作是 Gali（2002）的封闭的新凯恩斯主义的一个拓展。该框架在 DSGE 方法的基础上在开放的条件下建立，并引入了名义和实际刚性来描述市场的摩擦。该框架对于进口品和出口品的价格形成机制、贸易品在国内市场的分布、国际资本市场和消费者对于本国商品和进口商品的歧视都有着独到的设定。不同的随机冲击在 DSGE 方法下解释了主要经济指标的波动。研究者不断探索和寻找合适的工具解决经验证据和新凯恩斯模型的契合问题。Leeper 和 Sims（1994）的完全信息和极大似然方法和 Schorfheide（2007）的贝叶斯方法均在一定程度上为解决这个问题作出了贡献。而 Smets 和 Wouters（2003）则成功地将欧洲的数据与 DSGE 模型进行了拟合。Christiano、Eichenbaum 和 Evans（2005）在解释货币政策冲击方面作出了卓越的贡献。在这个方向上，许多文献都是关于最优货币政策和国际政策协调的主题。关于开放经济的研究相对于封闭经济来说还是较少的。Bergin（2006）开发了一个 NOEM 框架和真实经济周期（RBC）学派观点的两国模型。Lubik 和 Schorfheide（2005）是用贝叶斯方法估计开放经济的先行者。Walque、Smets 和 Wouters（2005）建立了一个具有 20 个冲击和时间序列的大尺度模型，解释了本国商品和外国商品的替代弹性、跨期选择影响下的经常项目、储蓄和投资之间的区别和联系，并通过引入一个随机成分解释了利率平价假说。闫思（2012）简单构建了 NOEM 框架下的基本模型并进行了相对较全面的宏观性经验检验。

---

　　① Dynare 软件是由法国的 Cepremap 机构中的研究员们开发的，可以在 Matlab 平台下运行的用于求解 DSGE 模型的软件包。

二 放松信贷约束的 NOEM 模型的构建

最基本的 NOEM 框架是以 Obstfeld、Rogoff、Coresetti 和 Pesenti 为基础提出的。该框架假定世界经济中存在两个国家，即本国和外国，因而该框架最初是两国模型。假定两国各自生产一种可贸易品，分别记作 H（Home）和 F（Foreign）。每个国家都居住着永久生存的同质家庭，这些家庭最大化其一生的效用。每个国家厂商都由家庭掌管并最大化其收益。进一步假定家庭和厂商均为连续统，其中 ［0，n］在本国，其余在外国。家庭拥有相同的消费偏好。商品市场的市场结构为垄断竞争，商品为异质性商品。厂商只投入一种生产要素——劳动，并假定劳动不能进行跨国转移。本节将两国模型变为小国模型进行分析，即 n 趋近于零的情形，并尝试放松家庭的信贷预算约束。设定变量名称上加一个横杠的为稳态变量，如 $\overline{Y}$，变量名称上加一个折线的为对数线性化的变量，如 $\hat{Y}$。本节的理论模型承继了 Christiano、Eichenbaum 和 Evans（2004）带有习惯的封闭经济 DSGE 模型，将其用 NOEM 的框架扩展到小国开放经济中，同时辅以具有中国特色的货币政策方程，进而可以分析冲击带来的模型反馈。

（一）家庭

家庭的效用函数如下：

$$U_0(i) = E_0\left\{ \sum_{t=0}^{\infty} \beta^i \left[\ln C_t(i) + \frac{\gamma}{1-\varepsilon}\left(\frac{M_t(i)}{P_t}\right)^{1-\varepsilon} V_t - \eta L_t(i) \right] \right\} \quad (6.7)$$

式中，β 为主观贴现因子，表示消费者在未来消费与现在消费之间的偏好。C_t 为复合消费指数，M_t 为居民持有的名义货币量，P_t 为价格指数，$M_t(i)/P_t$ 为实际货币余额，V_t 为外生货币需求冲击，ε 为货币需求对消费的弹性，L_t 为劳动供给（一般表示为实际劳动时间占总时间的比重），E_0 为基于零期的期望算子。进一步设定消费的效用函数形式具有对数效用函数形式。

消费指数具有如下复合函数形式：

$$C_t \equiv \left[v^{\frac{1}{\theta}} C_H^{\frac{\theta-1}{\theta}} + (1-v)^{\frac{1}{\theta}} C_F^{\frac{\theta-1}{\theta}} \right]^{\frac{\theta}{\theta-1}} \quad (6.8)$$

消费函数的形式采取常替代弹性函数（CES）的形式：

$$C_{H,t} = \left[\int_0^1 C_{H,t}(i)^{\frac{\theta-1}{\theta}} di \right]^{\frac{\theta}{\theta-1}} \quad (6.9)$$

式中，θ > 1，表示不同商品间的替代弹性，$C_j(i)$ 表示商品 i 的消费数量，下标 H 表示本国部门，下标 F 表示外国部门。

价格指数具有如下函数形式：

$$P = \left[\alpha P_H^{1-\mu} + (1-\alpha) P_F^{1-\mu} \right]^{\frac{1}{1-\mu}} \tag{6.10}$$

鉴于中国金融市场的影响日益深化，因而假定模型含有资本市场，并假定其市场结构为在国内和国际都是完全竞争的。

家庭的预算约束为：

$$M_t + \delta_t B_t = M_{t-1} + B_{t-1} + W_t L_t + \prod_t - P_t C_t + D_{t-1} \tag{6.11}$$

式中，M_t 为家庭在 t 期的货币资产，$Q\left(s_{t+1} \mid s_t\right)$ 为一单位债券在 t 期和状态 s_t 下的本币表示的价格，B_t^f 为家庭在 t 期持有的无风险债券资产，M_{t-1} 为家庭在 $t-1$ 期的货币资产，W_t 为名义工资，T_t 为税收。家庭的另一部分收入来源于资本市场。他们手中持有债券 B_t，债券为一期收益，名义价格为 $1/R_t$，在 $t+1$ 期到期，付给家庭 B_t。现期收入和金融资产可以被用来投资或者消费。由于目前中国消费信贷市场的巨大发展，在楼市和车市以及其他贵重消费品市场中，消费信贷的影响日渐深远，因而家庭的预算约束不再只是现期的收入，还可以从银行借贷进行消费。本节可能的创新点就是在家庭的预算约束中引入消费信贷变量 D_t，它受信用度 ω 的影响，为上一期的货币持有量和消费的函数：

$$D_t = \omega(M_{t-1} + C_{t-1}) \tag{6.12}$$

劳动力市场的刻画参照 Smets 和 Wouters（2003）的设定。单个劳动供给的需求弹性假定是常弹性的。参照卡尔沃（1983）的设定，家庭是劳动力市场的工资制定者。于是家庭在跨期预算约束情况下通过选择跨期最优工资来最大化其跨期目标函数。在本节模型中，由于引入了信贷，使预算约束得以放松。

（二）厂商

产品市场的环境被设定为垄断竞争和带有黏性价格的。市场中有一个连续统的厂商进行生产。卡尔沃（1083）为常弹性需求函数进行了许多特别的设定。厂商的生产函数遵循柯布—道格拉斯技术形式的，其生产函数如下：

$$y_t = A_t^\alpha \cdot K_t^\alpha \cdot L_t^{1-\alpha}(z) \tag{6.13}$$

式中，y_t 为产出，A_t 为外生技术水平，$L_t^{1-\alpha}$ 为劳动供给，K_t^α 为资本投入，其变化形式为：

$$K_{t+1} = (1-\lambda)K_t + I_t \tag{6.14}$$

式中，λ 为折旧率，I_t 为投资。此处将模型与王胜、邹恒甫（2006）模型相融合，引入了私人部门的资本要素。在垄断竞争的市场条件下，厂商面临的需求函数方程为：

$$Y_t = \left[\frac{P_t(z)}{P_t}\right]^{-\theta} C_t \qquad (6.15)$$

厂商的利润函数为：

$$E_0\left\{\sum_{t=0}^{\infty} Q_{0,t}\left[P_t Y_t - W_t L_t\right]\right\} \qquad (6.16)$$

式中，Q_t 为贴现因子。

本模型采用卡尔沃（1983）交错价格的方式引入黏性。在交错定价假定下，每一期有 $1-\gamma$ 个会重新定价。厂商根据价格在未来能够实现的可能性最大化其未来收益的净现值。国内厂商最大化其利润函数，即目标函数为：

$$\max_{p_t(z)} V_t(z) = \sum_{s=t}^{\infty} \gamma^{s-t} \xi_{t,s} \pi_s(z) \qquad (6.17)$$

其中，$\pi_s(z)$ 表示名义利润，$\xi_{t,s}$ 表示国内在 t 期到 s 期的贴现因子。

商品的价格为：

$$P_t = \left(\int_0^1 P_t(f)^{1-\xi} df\right)^{\frac{1}{1-\xi}} \qquad (6.18)$$

边际成本 MC_t 的表达式为：

$$MC_t = \log\left[\frac{W_t P_t^*}{P_{H,t}}\right] \qquad (6.19)$$

（三）货币政策方程

根据中国央行目前采取的货币政策规则是货币数量规则，本模型就采取这种比较符合中国实际的货币政策设定方式。货币政策方程（Monetary Policy Equation，MPE）可以用于扩展，对比不同的货币政策的优劣。货币政策方程为：

$$m_t - m_{t-1} = \varphi_x x_t + \varphi_\pi \pi_t + v_t^m \qquad (6.20)$$

（四）冲击

从理论上说，由于软件包的特殊性质，研究多个冲击也非常方便，但为了使分析更加明确，本节只研究货币政策冲击。假定冲击的对数值都满足随机游走过程 AR（1）：

$$v_t^m = \rho_m v_{t-1}^m + \varepsilon_t^m \qquad (6.21)$$

式中，v 为货币政策冲击 $\varepsilon_t^m \sim N(0,\ \sigma_m^2)$。冲击包含永久性冲击和暂时性冲击，所谓永久性冲击，即模型在受到冲击后，会达到一个新的稳态，而暂时性冲击则会使模型最终回到原来的稳态。

三　参数校准与冲击响应分析

DSGE 方法下模型的参数校准与模拟从技术上来看是十分复杂的。其大体步骤为，首先要确定模型的稳态，考察稳态下的参数情况，再在稳态附近进行对数线性化，得到模型的动态方程，最后对模型进行求解，进行数值模拟和校准。除校准方法之外，还可以通过极大似然方法或者贝叶斯方法结合数据对模型的全部参数或者稳态下的参数进行估计，其中，贝叶斯方法是与 DSGE 模型契合度最高的估计方法，但由于贝叶斯方法对于先验分布的要求较高，在没有取得相对稳定参数校准的情况下，设定不同的先验分布对估计的结果影响较大，因而本节并没有进行最后的数据估计。本节采用 Dynare 软件包对 NOME 模型进行参数校准与冲击响应分析。

本节校准的参数选择了比较常见的贴现值 β、黏性价格参数 γ_p、黏性工资的参数 γ_w、替代弹性 θ、货币政策的通胀权重 Φ_π、货币政策的产出缺口权重 Φ_x、货币政策冲击的滞后参数 ρ_m 和货币政策冲击的标准差 σ_m 八个参数进行了校准和模拟。目前，中国相关文献和国外文献对于贴现率或称为时间偏好因子 β 的争议并不是很大，其常规取值位于 0.98—0.99 之间。刘斌（2008）将其取为 0.985，陈昆亭（2006）将其取为 0.989，伍德福德（2009）将其取为 0.99，本节将其取为 0.987。对于黏性价格参数 γ_p 和黏性工资参数 γ_w，从理论上来说，其取值区间为（0，1）。刘尧成（2010）取了 0.25、0.5、0.75 和 0.95 四个值进行对比，从结果来看，如果实际经济中的黏性越明显，则其取值越大。当厂商调价的时间窗口为两个季度时，则一般取 0.5，三个季度时为 0.75。考虑中国的实际经济情况和各个行业的平均值，厂商调价的时间窗口可能在两到三个季度之间，而价格的黏性相对较小，工资的黏性相对较大，因而本节对价格的黏性取值 0.5，对工资的黏性取值 0.7。对于替代弹性 θ，刘斌（2008）对于国内商品与进口商品的替代弹性和国内商品与出口商品的替代弹性都取值 2.5，刘尧成（2010）则使用了 1.5，考虑本节使用的是小国模型而不是两国模型，本节取值 1.9。剩下的两个货币政策目标权重参数和两个货币政策冲击参数是本节的分析重点。对于货币政策目标的两个权重参数，本节对分别交替采用了0.25、0.5和0.75三个取值进行对比。对于货币政策冲击的两个参数，刘尧成（2010）分别取值0.8和2.4，从估计结果来看还是比较理想的，本节使用对一阶自相关系数 ρ_m 取值0.7，考虑到中国近期货币政策冲击的波动并不是非常大这一实际情况，对货币政策冲击的标准差 σ_m 取值2.1。表6–10给出了本节构建的放松信贷约束的NO-EM模型框架的部分结构参数的含义及校准取值。

表6–10　　　放松信贷约束的 NOEM 模型框架的结构参数校准

参数名称	参数意义	参数取值
β	贴现值	0.987
γ_p	黏性价格的大小	0.5
γ_w	黏性工资的大小	0.7
θ	替代弹性	1.9
Φ_π	货币政策的通胀权重	0.25、0.5和0.75
Φ_x	货币政策的产出缺口权重	0.25、0.5和0.75
ρ_m	货币政策冲击的滞后参数	0.7
σ_m	货币政策冲击的标准差	2.1

为分析货币政策冲击对产出缺口等经济变量的长期影响，本节设定冲击响应的周期较长，为50。首先考察通胀权重为0.25而产出缺口权重为0.75时的情形。图6–5给出了当一单位正的货币政策冲击发生时，产出缺口、消费、劳动、通货膨胀率、短期名义利率和货币政策冲击的持续响应路径。

如图6–5所示，在受到一单位正的货币政策冲击之后，产出缺口会先上升，之后在第12期左右下降至0，之后成周期性震荡衰退。消费、劳动、通货膨胀率、短期名义利率则会经历一个先下降后上升然后趋于稳态的路径。货币政策冲击本身则持续下降，在第10期之后就已经基本上降为0了。通过对比可以发现，含有习惯养成因素的模型在初期的表现和不含习惯养成因素的模型相比具有较大不同，而黏性的存在，也使黏性模型和灵活价格下的情形相比有所区别。

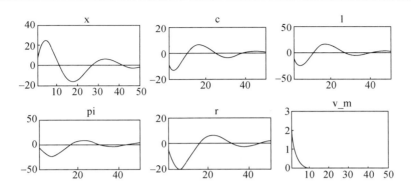

图 6-5 一单位正的货币政策冲击的冲击响应路径（上图从左至右依次为产出缺口、消费、劳动，下图从左至右依次为通货膨胀率、短期名义利率、货币政策冲击）

当通胀权重为 0.75 而产出缺口权重为 0.25 时，各经济变量的冲击响应路径都变得更加陡峭。通过模拟发现，随着通胀权重系数逐渐增大，产出缺口权重系数逐渐减小，各经济变量的冲击响应路径都变得更加陡峭。通过比较谢平和罗雄（2002）、奚君羊和刘卫江（2002）等的研究可以发现，中国货币政策对通货膨胀的反应系数较小，对产出缺口的反应系数则较大，那么重点的权重测定范围，对于通货膨胀来说就应该在 0.1—0.5，而产出缺口则应该在 0.8—1.0。

本节将 Christiano 等（2005）的黏性价格和工资封闭模型扩展到小国开放经济模型，并在此基础上放松信贷约束的设定。通过观察货币政策冲击的冲击响应路径，本节发现放松信贷约束并未明显改变模型的基本结构。各个经济变量的冲击响应路径与封闭经济情形下均类似。本节所设定的模型表现和带有习惯和黏性的封闭经济模型所取得的结果相似，和灵活价格下的不管是封闭经济还是开放经济的情形均有较大区别。可以看到，在目前的中国经济规模下，小国模型的设定符合中国实际，在目前中国对世界市场的商品没有定价权和影响力的情况下，开放经济并不会相对于封闭经济带来根本性的结构变化。在货币政策冲击下，只要对外开放度和商品替代弹性不足够大，放松信贷约束与黏性价格和工资等条件对于经济模型的冲击响应反馈没有本质区别。在同一个货币政策规则下，不同的货币政策目标权重也只是使冲击路径的波动变得陡峭和平缓的区别。

第四节　利率市场化的路径选择与制度建设

一　利率市场化路径选择的理论基础

20 世纪 70 年代开始，金融自由化越来越引人注目，很多国家依据本国经济金融条件着手进行金融自由化改革。金融自由化就是打破金融管制格局，其中最主要的就是利率市场化。利率市场化是指利率（包括利率水平、利率风险结构、利率期限结构等）不由中央银行直接决定，而是由市场自发调节，形成以中央银行基准利率为基础、由市场资金供求决定的利率市场化体系和利率形成机制。利率市场化包括利率的决定方式市场化和管理方式市场化。利率的决定方式市场化是指利率水平、利率风险结构、利率期限结构等由市场自主决定。利率管理市场化是指中央银行不通过行政手段直接管理利率，而是运用央行所拥有的金融资产以市场参与者的身份通过市场交易改变金融市场的供求状况来影响利率，从而实现对市场利率的间接调控。利率市场化使利率能够及时准确地反映市场资金供求状况、金融风险结构变化、金融资产收益率变化，因而中央银行通过调控市场化的利率作为价格信号，可以优化金融资源配置。

利率市场化是一国金融深化重要的质的标志，后者则是由麦金龙（1973）和肖（Shaw，1973）首先提出来的用以衡量一国金融发展水平的一个核心概念。它们在分析发展中国家的金融发展与经济增长的关系时，指出发展中国家普遍存在金融抑制现象，这种由政府规定名义利率上限所引致的金融抑制，减少了资本积累，降低了实际经济增长和金融体制的规模，使技术选择不利于劳动密集型的经济行为，从而导致效率低下的资本密集型投资，因此，政府应实施金融自由化政策，使实际利率为正；同时，在发展中国家，由于货币与实物资本在很大范围内是一种互补关系，而非传统理论所认为的替代关系，实际利率在一定程度上与储蓄和投资呈正相关关系，所以，随着实际利率的提高，储蓄效应和投资效率效应会产生收入效应，最终促进经济增长。由于金融抑制主要是由政府对名义利率的直接干预从而实际利率为负所造成的，因此，当一国利率水平及其结构完全由市场供求、风险程度、通货膨胀程度以及经济性质等市场因素共同决定时，即实际利率水平恢复到市场均衡利率水平时，该国便实现了利率市场化，从而也就实现了金融自由化。为使实际利率上升到均衡水平，麦金龙和肖主张，政府应当废除一切对名义利率的干预和管制，同时积极抑制通货膨胀，使实际利率通过市场机制的作用自动趋于正的均衡水平，从而动员社会储蓄和提高整体投资效率，促进经济增长，而经济的进一步增长又会促进金融发展，结果形成金融深化与经济发展的良性循环。[①]

图 6-6 给出了金融深化理论模型。纵轴表示实际利率，横轴表示储蓄和投资，曲线 I 表示投资曲线，曲线 S 表示储蓄曲线，S_1、S_2、S_3 分别表示在国民收入为 Y_1、Y_2、Y_3 时的储蓄曲线，F 为金融抑制曲线，对应利率为政府管制的利率。假设社会储蓄全部转化为社会投资，则储蓄和投资曲线的交点决定均衡利率。假设中央银行将实际利率降低到 r_1 水平，相对应的储蓄水平为 S_1，实际投资水平为 I_1，在这种情况下，低利率下资本投资严重不足，而且投资效率较低，不利于经济发展。一定程度放松利率管制，实际利率提高到 r_2，利率上升促进储蓄行为，可用于投资的资金增加，使储蓄和投资增加为 S_2 和 I_2，同时国民收入也相应增加；再进一步放松利率管制，取消金融抑制，实现利率市场化，利率水平提高到 r_3，储蓄和投资分别增加为 S_3 和 I_3，对应的国民收入也会增加，从而使金融体系的发展和经济增长相互促进，共同提高。从这个过程可以看出，政府逐渐取消对利率的管制，使实际利率通过市场机制自动达到均衡水平，促进经济在最优的条件下发展。

在金融深化理论的影响下，市场经济国家和发展中国家都纷纷转向了利率市场化改革。然而，改革的进程却并非一帆风顺。美国的利率市场化改革从 1973 年开始，利用了短短十年的时间就使 50 多年来的严格控制存款利率的体制成为历史，虽然利率自由化的迅速实现促进了金融竞争和金融效率，但最终爆发了 80 年代和 90 年代国内银行业的危机；韩国 1988 年 12 月一次性开放除政策性贷款以外的所有贷款利率和两年以上的存款利率，结果在 1989 年因引起利率飞涨而被迫中断；智利于 1977 年 6 月一次性放开全部利率管制，由于随后的银行危机，中央银行以公布指导性利率的形式而宣布了第一轮自由化改革产生的市场化利率暂时废止；日本、中国台湾和泰国所采用的渐进自由化方式是利率市场化较为成功的典范，

---

① 较高的实际存款利率通过投资效率的提高而产生的影响，比通过投资或储蓄占 GDP 份额的增长率产生的影响更大；为促进经济增长，一点一滴地降低通货膨胀率，通过实际利率，比简单地提高名义利率以抵消不断上升的通货膨胀更有效（Mckinnon，1973）。

但随后爆发的亚洲金融危机同时也给这种渐进自由化的道路蒙上了阴影。凡此种种，无不迫使经济学家开始重新思考金融深化和金融抑制孰优孰劣、利率市场化的路径选择以及利率市场化的制度建设问题。

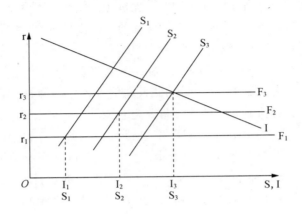

图 6 - 6　金融深化理论模型

　　斯蒂格利茨是利率自由化的激烈批评者。斯蒂格利茨和韦斯（1981）认为，由于信贷市场的信息不对称会产生道德风险和逆向选择，因此高利率不能对项目进行有效筛选，金融自由化政策会导致市场失灵，所以实践中的金融自由化政策很难达到预期的政策目标，因而发展中国家应当实施利率管制。但赫尔曼、默多克和斯蒂格利茨（2000）通过研究也发现，在某种程度上，有效的金融监管手段会克服道德风险和逆向选择的缺陷，从而利率市场化配合有效的金融监管与利率管制相比较而言，至少是一种不差的价格形成机制。由于发展中国家的金融监管能力有限，因此对这些国家而言，维持一种垄断性的金融制度安排，即"金融约束"政策，比竞争性的制度安排，即金融自由化政策，更有利于经济增长。如果从租金的角度来看，在金融抑制下，政府通过将名义利率保持在远低于通货膨胀率的水平直接从民间攫取租金；而在金融约束下，政府通过一系列金融政策将实际利率维持在低于竞争性均衡利率的正的水平上，因此，不是直接向民间部门提供补贴，而是在民间部门创造租金，从而为民间机构经营提供了有效的激励机制，推动了金融深化和经济增长。

　　图 6 - 7 给出了金融约束理论的租金效应。图中，Q 表示贷款量，S、D 分别表示贷款资金供给与需求，在金融约束下，市场贷款利率 r_1 低于

均衡贷款利率，其差额为银行所获取，即租金。银行获得租金，会增加组织规模、增设机构、改善存款设施，使贷款资金的供给增加，因而贷款供给曲线 S_1 右移至 S_2，S_2 与贷款需求曲线的交点所对应的贷款利率进一步下降，贷款量进一步增加，结果贷款利率从 r_1 下降到 r_2 产生的全部租金由银行和企业共同分享。

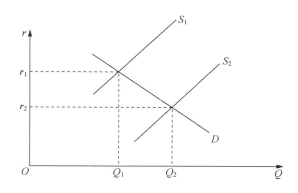

图 6 - 7　金融约束理论的租金效应

　　因此，对发展中国家而言，金融约束政策是一种比金融抑制政策和金融自由化政策更有吸引力的模式，如果利率市场化是一国长期经济发展的必然选择，而金融抑制只是权宜之计，那么斯蒂格利茨的金融约束观点恰恰为我们利率市场化路径的选择提供了有力的现实方案和理论基础。然而仅仅选择一条合适的市场化路径并不能解决所有的问题，由于金融约束相对于金融抑制具有租金效应[①]，因此，如果在完全竞争存款市场条件下或存款工具的替代资产品种丰富的情况下，银行部门将难以得到任何"专属权保护"，银行部门拥有的"特许权价值"的租金机会也就会大大削弱或完全消失，租金效应也就难以发生，因此，控制利率的金融约束政策若要发挥其金融深化的政策效应，则必须要有相应辅助性政策安排才能实现。正是基于此，斯蒂格利茨提出了以限制竞争、限制信贷资产替代和信贷配给等作为辅助性政策，以实际利率水平为正、宏观经济环境稳定和可

---

　　① "租金效应"是指金融机构为将金融约束政策所提供的租金机会转变为现实租金而增设储蓄机构，以增强吸收储蓄存款能力的现象和企业部门为将其转变为现实租金而扩大贷款需求，增加投资的现象。

预期的、较低水平的通货膨胀率等作为前提条件，来确保金融约束政策得以顺利实施。

二 利率市场化的路径选择

从利率市场化改革的起点到实现利率市场化不可能一蹴而就，这一过程是复杂的也是艰难的，因此中国根据实际经济情况采取了渐进式利率市场化改革方式，先从简化利率种类开始，然后逐渐推进利率市场化。在中国计划经济时期，利率是高度集中于中央的，随着改革开放，计划经济体制开始改革，对利率的管制体制也开始改革。从1978年开始，中国就开始逐步改变之前央行一直维持的低利率，允许商业银行在中央银行直接控制的基准利率的一定范围内可以自行调节存贷款利率水平。1993年十四大提出，中国利率改革的长远目标是建立以市场资金供求为基础，以中央银行基准利率为调控核心，有市场资金供求决定各种利率水平的市场利率体系的市场利率管理体系。十四届三中全会提出，中央银行按照资金供求状况及时调整基准利率，并允许商业银行存贷款利率在规定幅度内自由浮动。2003年2月，人民银行提出利率市场化的改革目标：建立有市场供求决定金融机构存贷款利率水平的利率形成机制，中央银行通过运用货币政策供给调控，引导市场利率，使市场机制在金融资源配置中发挥主导作用。十六届三中全会《中共中央关于完善社会主义市场经济体制若干问题的决定》中明确"稳步推进利率市场化，建立健全由市场供求决定的利率形成机制，中央银行通过运用货币政策工具引导市场利率"。中国利率市场化改革的基本思路为：先外币改革后本币改革，贷款先于存款改革，存款中大额长期先于小额短期改革，逐步建立由市场供求决定的利率形成机制，中央银行调控和引导市场利率，使市场机制在金融资源配置中发挥主导作用。中国利率市场化改革的前期方针为央行调控利率，市场决定利率。对利率管理、利率传导、利率结构分步改革。

（一）货币市场利率市场化

早在1984年，中国货币市场就开始建立同业拆借市场，只是由于当时金融、经济的发展水平比较落后，同业拆借的规模很小，1986年明确提出要发展中国银行间同业拆借市场，规定专业银行可以进行同业拆借，随后几年，同业拆借市场一直在缓慢发展。1996年，中国正式启动利率市场化。1996年1月，全国性的银行间同业拆借利率CHIBOR形成，同时中央银行取消了对同业拆了利率按同档次再贷款利率加点形成的同业拆借利率上限。1996 年 6 月 1 日，中国人民银行发布《关于取消同业拆借利率上限管理的通知》，银行间同业拆借利率由拆借双方自行决定，由此实现了同业拆借利率的市场化。1998 年，人民银行对贴现利率的生成机制进行改革，贴现率和转贴现率在再贴现率的基础上加点生产，由商业银行在不超过同期贷款利率的约束下自行确定。2006 年 10 月 1 日，上海银行同业拆借利率（SHIBOR）试运行，2007 年 1 月 4 日起开始正式运行。目前，上海银行间同业拆借利率的品种包括隔夜、7 天、14 天、1 个月、3 个月、6 个月、9 个月和 1 年期同业拆借利率，本书在实证研究中采用的就是 7 天上海银行间同业拆借加权利率。

（二）债券市场利率市场化

1995 年，中国开始国债发行利率市场化的改革，1996 年一年期记账式国债正式以招标的方式发行，一年期内的国债以市场招标贴现方式发行，一年期以上的以利率摘编的方式发行。1997 年 6 月 5 日，中国人民银行下发《关于银行间债券回购业务有关问题的通知》，决定放开银行间债券回购利率，同时放开了对现券交易价格的管制，交给交易方自主确定。1998 年，国家开发银行、中国进出口银行也开始通过市场化的方式发行金融债券。1999 年 10 月，财政部在银行间债券市场通过市场招标的方式发行国债。国债、银行间市场利率、政策性金融债券发行实现了利率市场化。

（三）存贷款利率市场化

2000 年 9 月，人民银行对境内外币利率管理的改革，外币贷款利率开始不直接由人民银行决定，还放开了大额外币存款利率①，由金融机构或金融机构和客户根据各方面因素自主协商确定，300 万美元以下的小额外币存款利率依然由人民银行统一管理。2002 年 3 月，中资和外资金融机构在外币利率政策上实现了统一。2003 年 7 月，放开了英镑、加元、瑞士法郎的小额存款利率，11 月，放开了美元、欧元、日元及港元的小额存款利率下限，实行上限管理，商业银行在不超过上限的约束下自主确定。2004 年 11 月，人民银行放开了 1 年期以上小额外币存款利率，商业银行拥有更大的外币利率决定权。1998 年，人民银行开始扩大金融机构

---

① 此处的大额外币指 300 万（含 300 万）美元以上及等额其他外币。

贷款利率的浮动幅度，金融机构贷款利率浮动区间不断扩大①，商业银行贷款利率市场化的程度不断提高，同时，放开了人民币各项贷款的计息、结息方式以及5年期以上贷款利率上限。1998年1月1日起，取消了对贷款规模的直接控制，通过利率手段来调控贷款规模。1999年，人民银行开始进行大额长期存款利率市场化的尝试，人民银行批准中资商业银行法人对中资保险公司法人试办由双方协商确定利率的大额定期存款。②2003年11月，商业银行和农村信用社可以开办邮政储蓄协议存款。③2004年10月，人民银行对人民币存款利率放开下限，只实行上限管制，金融机构人民币存款利率可以下浮。2013年7月20日，中央银行宣布全面放开金融监管贷款利率管制，由金融监管自主确定贷款利率水平，但存款利率浮动区间并未调整。

因此，中国目前已经有一定程度的市场化利率体系，但利率市场化还没有真正实现。从1978年开始，中国逐步改变了过去长期维持较低利率水平的做法，转而实行由中央银行直接调控基准利率、各商业银行在基准利率一定百分比范围内自行调节存贷款利率的有管理的浮动利率形成机制，并随着市场经济的发展不断完善。这表明，中国所选择的渐进式利率市场化路径呈现出二重特征：一方面，正的实际利率在一定范围内可以按照市场供求自由浮动，即出现了金融深化；另一方面，名义基准利率仍然由中央银行直接控制，即存在金融抑制。从以上对中国利率市场化改革进程的简短回顾可以看出，利率市场化改革遵循金融约束的路径，然而，在金融约束政策下的金融深化仅仅是量上的扩张，而非质的变化，这主要是因为中国金融约束政策的金融深化效应和经济增长效应是以制约中小商业银行、非国有经济以及金融市场的快速发展来维持低效的国有经济部门垄断为代价的。因此，金融约束政策只是中国为全面实现利率市场化而实行的一项过渡型政策安排，在其对金融深化的净负效应显现之前，应为利率市场化创造良好的制度基础。

---

① 商业—银行及城市信用社贷款利率浮动区间扩大为0.9—1.7，农村信用社贷款利率浮动区间扩大为0.9—2.0。
② 3000万元起，5年以上期限的大额定期存款。
③ 同上。

表 6 - 10　　　　　　中国中央银行调整利率的时间（年利率）　　　　单位:%

调整时间	定期贷款					定期存款						
	六个月以内（含六个月）	六个月至一年（含一年）	一至三年（含三年）	三至五年（含五年）	五年以上	活期存款	三个月	半年	一年	二年	三年	五年
1990 年 4 月 15 日						2.88	6.30	7.74	10.08	10.98	11.88	13.68
1990 年 8 月 21 日	8.64	9.36	10.08	10.80	11.16	2.16	4.32	6.48	8.64	9.36	10.08	11.52
1991 年 4 月 21 日	8.10	8.64	9.00	9.54	9.72	1.80	3.24	5.4	7.56	7.92	8.28	9.00
1993 年 5 月 15 日	8.82	9.36	10.8	12.06	12.24	2.16	4.86	7.2	9.18	9.90	10.80	12.06
1993 年 7 月 11 日	9.00	10.98	12.24	13.86	14.04	3.15	6.66	9	10.98	11.7	12.24	13.86
1995 年 1 月 1 日	9.00	10.98	12.96	14.58	14.76							
1995 年 7 月 1 日	10.08	12.06	13.50	15.12	15.30							
1996 年 5 月 1 日	9.72	10.98	13.14	14.94	15.12	2.97	4.86	7.20	9.18	9.90	10.80	12.06
1996 年 8 月 23 日	9.18	10.08	10.98	11.70	12.42	1.98	3.33	5.40	7.47	7.92	8.28	9.00
1997 年 10 月 23 日	7.65	8.64	9.36	9.90	10.53	1.71	2.88	4.14	5.67	5.94	6.21	6.66
1998 年 3 月 25 日	7.02	7.92	9.00	9.72	10.35	1.71	2.88	4.14	5.22	5.58	6.21	6.66
1998 年 7 月 1 日	6.57	6.93	7.11	7.65	8.01	1.44	2.79	3.96	4.77	4.86	4.95	5.22
1998 年 12 月 7 日	6.12	6.39	6.66	7.20	7.56	1.44	2.79	3.33	3.78	3.96	4.14	4.50
1999 年 6 月 10 日	5.58	5.85	5.94	6.03	6.21	0.99	1.98	2.16	2.25	2.43	2.70	2.88
2002 年 2 月 21 日	5.04	5.31	5.49	5.58	5.76	0.72	1.71	1.89	1.98	2.25	2.52	2.79
2004 年 10 月 29 日	5.22	5.58	5.76	5.85	6.12	0.72	1.71	2.07	2.25	2.70	3.24	3.60
2006 年 4 月 28 日	5.40	5.85	6.03	6.12	6.39							
2006 年 8 月 19 日	5.58	6.12	6.30	6.48	6.84	0.72	1.80	2.25	2.52	3.06	3.69	4.14
2007 年 3 月 18 日	5.67	6.39	6.57	6.75	7.11	0.72	1.98	2.43	2.79	3.33	3.96	4.41
2007 年 5 月 19 日	5.85	6.57	6.75	6.93	7.20	0.72	2.07	2.61	3.06	3.69	4.41	4.95
2007 年 7 月 21 日	6.03	6.84	7.02	7.20	7.38	0.81	2.34	2.88	3.33	3.96	4.68	5.22
2007 年 8 月 22 日	6.21	7.02	7.20	7.38	7.56	0.81	2.61	3.15	3.60	4.23	4.95	5.49
2007 年 9 月 15 日	6.48	7.29	7.47	7.65	7.83	0.81	2.88	3.42	3.87	4.50	5.22	5.76
2007 年 12 月 21 日	6.57	7.47	7.56	7.74	7.83	0.72	3.33	3.78	4.14	4.68	5.40	5.85
2008 年 9 月 16 日	6.21	7.20	7.29	7.56	7.74							
2008 年 10 月 9 日	6.12	6.93	7.02	7.29	7.47	0.72	3.15	3.51	3.87	4.41	5.13	5.58
2008 年 10 月 30 日	6.03	6.66	6.75	7.02	7.20	0.72	2.88	3.24	3.60	4.14	4.77	5.13
2008 年 11 月 27 日	5.04	5.58	5.67	5.94	6.12	0.36	1.98	2.25	2.52	3.06	3.60	3.87
2008 年 12 月 23 日	4.86	5.31	5.40	5.76	5.94	0.36	1.71	1.98	2.25	2.79	3.33	3.60
2010 年 10 月 20 日	5.10	5.56	5.60	5.96	6.14	0.36	1.91	2.20	2.50	3.25	3.85	4.20
2010 年 12 月 26 日	5.35	5.81	5.85	6.22	6.40	0.36	2.25	2.50	2.75	3.55	4.15	4.55
2011 年 2 月 9 日	5.60	6.06	6.10	6.45	6.60	0.40	2.60	2.80	3.00	3.90	4.50	5.00
2011 年 4 月 6 日	5.85	6.31	6.40	6.65	6.80	0.50	2.85	3.05	3.25	4.15	4.75	5.25
2011 年 7 月 7 日	6.10	6.56	6.65	6.90	7.05	0.50	3.10	3.30	3.50	4.40	5.00	5.50
2012 年 6 月 8 日	5.85	6.31	6.40	6.65	6.80	0.40	2.85	3.05	3.25	4.10	4.65	5.10
2012 年 7 月 6 日	5.60	6.00	6.15	6.40	6.55	0.35	2.60	2.80	3.00	3.75	4.25	4.75

资料来源：Wind 经济数据库（EDB）。

三　利率市场化的制度建设

（一）逐步建立利率管理的货币政策框架体系，稳定通胀预期

本书第三章和第四章的研究结论表明：在以非线性货币政策规则行事的货币政策框架内，货币当局应依据稳定产出缺口和稳定通货膨胀的意愿程度，以管理通胀预期形式进行合理的阈值管理。在人民银行加强通胀调控，日益强调通胀调控和通胀预期管理背景下，为降低货币政策的不确定性效应，应当加快利率市场化，特别是存款利率市场化，提高短期名义利率对当期通胀率和预期通胀率的反应程度。这表明，在以菲利普斯曲线为特征的货币政策传导机制中，通胀预期对当期通胀率的影响至关重要，因而在利率市场化过程中，为增强货币政策的利率传导效应，中央银行要控制和合理引导通胀预期。控制和引导通胀预期就要逐步建立以利率管理为核心的货币政策框架体系。代表性货币政策框架体系有两类：一类是以泰勒规则等利率规则为主的货币政策规则的框架体系，例如前瞻性货币政策规则、时变货币政策规则等；另一类是以通胀目标规则等目标规则为主的货币政策框架体系，例如通胀目标制等。

1. 货币政策规则的货币政策框架体系

泰勒认为的货币政策规则就是指货币政策工具，例如货币供给或者利率政策工具应怎样调整来应对经济行为的变化使其有利于经济运行的一般性要求。根据泰勒理论，实际利率比其他影响物价水平和经济发展的因素更能与物价水平和经济增长保持长期稳定的相关关系，因此中央银行应通过控制利率水平来调控经济。泰勒（1993）根据美国货币政策的经验，提出了一种简单的以利率为政策工具的货币规则——泰勒规则。泰勒规则是根据产出和通货膨胀与目标产出和目标通货膨胀水平之间的偏差来调节短真实利率水平的。泰勒规则可以描述为：

$$r_t = r^* + \pi_t + h(\pi_t - \pi^*) + \alpha y_t \tag{6.22}$$

式中，r_t 为短期名义利率水平，在泰勒规则中，它表示联邦基金利率；r^* 为均衡的名义利率水平，π_t 为前四个季度的平均通胀率，π^* 为目标通胀率，y_t 为实际 GDP 偏离潜在 GDP 的产出缺口。泰勒规则假设：位于潜在产出水平或者自然失业率水平的通胀率与均衡的实际的联邦基金利率相对应，当通胀率高于目标通胀率时，联邦基金利率就会上升，当实际GDP 超过潜在 GDP 时，联邦基金利率也会上升。泰勒（1993）通过对联邦基金利率的实证研究，认为美国的货币政策可以表示为如下具体形式的

泰勒规则：$r_t = 0.02 + \pi_t + 0.5\ (\pi_t - 0.02)\ + 0.5y_t$，这一规则表示，如果通胀率超过目标通胀水平或者产出缺口增大，中央银行应相应提高短期名义利率。当实际通胀率上升时，中央银行应以更高的幅度（反应系数为1.5）提高短期名义利率，即积极的泰勒规则；当产出缺口上升时，中央银行应以较小的幅度（反应系数为0.5）提高短期名义利率；当实际通胀率稳定在目标通胀水平上，同时实际产出位于潜在产出水平上时，短期名义利率应调整为0.02的目标水平。泰勒认为，中央银行实行积极的利率规则会稳定产出和通胀。

传统的泰勒规则仅考虑当期通胀率，使用的是前四个季度的平均通胀率和通胀率的目标值，由于公众存在理性预期和货币政策存在时滞等问题，短期名义利率仅对当期通胀率和当期产出缺口进行反映在实际货币政策操作中是不理想的，因而中央银行在制定货币政策时更应考虑通胀预期和产出缺口预期。在传统的泰勒规则中引入通胀预期和产出缺口预期等预期变量，泰勒规则就演变为前瞻性货币政策规则，它可以表示成如下形式：

$$r_t = r^* + h(E_t(\pi_{t+k}, \Omega_t) - \pi^*) + \alpha E_t(y_{t+k}, \Omega_t) \tag{6.23}$$

式中，r^* 为短期名义利率目标水平，π^* 为通胀率目标水平，π_{t+k} 为 $t+k$ 期的通胀率，Ω_t 为中央银行在 t 期制定货币政策时所掌握的信息集合，$E_t(\pi_{t+k}, \Omega_t)$ 为依据 t 期信息集合对未来 $t+k$ 期的通胀预期，y_{t+k} 为 $t+k$ 期的产出缺口，$E_t(y_{t+k}, \Omega_t)$ 为依据 t 期信息集合对未来 $t+k$ 期的产出缺口的预期。

经济学家对传统的泰勒规则不断进行扩展修正，不断将前瞻性、惯性、利率平滑、汇率、失业率、资产价格、长期利率引入泰勒规则，其中很多扩展的泰勒规则和修正的泰勒规则都比传统的泰勒规则的政策效果好，但不同国家有着不同的经济背景，泰勒规则应用会不尽相同。泰勒规则对中国中央银行的货币政策实施也具有重要的政策含义。中国学者通过研究泰勒规则或前瞻性货币政策规则在中国货币政策操作中的可行性发现，泰勒规则或前瞻性货币政策规则可以反映中国中央银行货币政策的操作方式（谢平、罗雄，2002；陆军、钟丹，2003；杨继生，2009 等），在中国实行货币政策规则的货币政策框架体系，可以有效引导市场化利率的形成机制（赵进文、高辉，2004），可以稳定通货膨胀和产出缺口，进而稳定通胀预期和提高利率传导效应。

2. 通胀目标制的货币政策框架体系

20 世纪 90 年代，世界上一些国家的货币政策实践开始出现新的变化，有些国家打破了以往使用中间目标的传统，相继宣布放弃货币供应量、汇率和利率等中介目标，开始将目标直接放在通货膨胀率身上，实行一种所谓"通胀目标制"的新型货币政策框架。新西兰被公认为是实行"通胀目标制度"的先锋和典范，之后，许多工业化国家（新西兰、加拿大、英国、瑞典、爱尔兰、澳大利亚和瑞士），新兴市场经济国家和地区（智利、巴西、韩国、中国台湾和南非），经济转轨国家（捷克、波兰和匈牙利）都纷纷采用了通胀目标制。

根据实践中实行通胀目标制的各国的做法，通胀目标制的基本含义是中央银行制定并向公众公布一期或几期的通胀目标值（点目标或区间目标），明确承认货币政策长期的主要目标是稳定低通胀目标率，在评估大量影响未来通胀率的相关信息基础上，对未来通胀率进行预测，并将其与目标值相比较，根据差距，中央银行可以灵活运用各种工具对货币政策进行调整以保证通胀预期目标的实现。

首先，实施通胀目标制要有明确的目标框架设计，包括目标测量、目标定位、目标期限和形式以及免责条款等。目标测量是选择何种指标来衡量通胀率。在各种反映通胀率的指标中，消费价格指数（CPI）的优势比较明显，这是因为消费价格指数编制合理，更新最快，是经济预测的核心，公众容易理解且不易为货币当局操纵。目标定位是通胀目标制的对外核心，即货币当局向公众承诺的具体的通胀率目标值或目标区间。经验研究发现，所有通胀目标制国家的通胀目标都确定在零通胀率以上，其中，发达国家的通胀目标中间点落在 2%—3% 之间，新兴市场经济国家的目标中间点则较为分散。通胀率目标值或目标区间是一个预测值，目标期限给出了这个预测值的预期期限，大部分通胀目标制国家（除韩国、新西兰、秘鲁、波兰、罗马尼亚等）都有明确的通胀目标预测期限，通常会提前一两年或者是几个季度。在条款主要是当经济受到货币当局无法控制的冲击导致目标发生偏离时，如汇率、石油价格、贸易条件等冲击，货币当局重新设定通胀目标以避免担负不必要的责任。

其次，实施通胀目标制还需要"一揽子"配套政策的支持，主要包括对货币政策操作的详细说明、对货币政策透明度与货币当局责任性的制度安排以及治理结构等，这些要素为货币当局提供了追求通胀目标的权力、激励机制和制度保障。央行独立性可以保证短期政治干预的最小化和央行责任的最大化，承认货币政策操作的法律地位，不仅是货币政策发挥其调控作用的内在要求，也是市场经济条件下国家进行宏观调控的一种合理制度安排，典型的通胀目标制法律框架会赋予央行维持本币稳定的使命，并给予央行独立制定政策的权利。明确有效的货币政策操作工具对通胀目标制的顺利实施也至关重要，由于货币政策传导时滞一般为6—8个季度甚至更长，因此，在这一时期内，货币政策可以根据通胀预期值与目标值的偏离来调整货币政策工具，避免短期经济冲击的影响，尽可能地减少货币政策的过度变动，同时又保持了一定的灵活性，大多数通胀目标制国家货币当局采用短期名义利率，如同业银行间的隔夜利率，而不是信贷控制或者货币供给作为政策工具的操作目标。通胀目标制的实施还要伴随相应的货币政策透明度，透明的货币政策有助于引导合理的通胀预期，从而减少不确定性通胀冲击和由此带来的各种成本，提高货币政策透明度的可行做法包括：定期发布通胀形势报告，并让公众参加政策讨论；在报告中预先公布通胀目标值或目标区间，包括通胀目标及其决策依据、价格指数、目标期限和目标区类型；定期进行通胀预测，向政府和公众解释当前的通胀状况及应对措施，从而形成央行、政府与公众三者之间的一种开放透明的沟通与监督机制。通胀目标制的顺利实施还需要增强央行责任感和提高货币政策信誉度，通胀目标制通过盯住其透明的、压倒一切的通胀目标以及与公众建立良好的沟通机制，可以有效抵制政府的政治压力，约束央行的相机抉择，使公众形成与央行一致的通胀预期，提高货币政策信誉度，同时为增强央行责任感，还应建立责任追究制，使货币政策免受外部政治压力的影响。

（二）有序推进金融体系改革，逐步放松信贷管制，加强货币市场金融监管与协调

积极、稳步推进利率市场化改革，在利率市场化过程中，要把货币传导机制与利率市场化结合起来，找到与市场化程度不同的利率体系相适应的货币政策传导机制，逐步引入利率调控机制，最终建立形成与中国利率市场化相适应的货币政策利率传导机制。本书第四章实证研究的结论表明，尽管信贷管制对货币政策利率传导途径具有负效应，但这种消极影响非常有限，因而中国金融市场存在一定程度的信贷管制，但信贷管制程度尚不太高，就为中国利率市场化提供了一个良好的市场基础。因此，为更

有效推动中国利率市场化改革，提高中国货币政策的利率传导效应，应从金融体系改革、放松信贷管制、加强货币市场金融监管与协调三个方面的制度建设入手。

1. 有序推进金融体系改革

推进利率市场化，首先要有序推进金融体系改革。这包含三方面的内容：逐步放开存款利率管制（中国目前贷款利率已完全放开），扩大金融机构利率自主定价权；完善银行间同业拆借市场，培育银行间同业拆借利率和贷款基础利率，完善市场利率体系；健全反映市场供求关系的国债收益率曲线，充分发挥其在金融资源配置中的重要作用。

中国金融机构真正拥有利率自主定价权必须克服金融市场中广泛存在的"道德风险"和"逆向选择"问题。首先，应当为金融市场努力创造公开、公正、合法的竞争环境，避免无序竞争；其次为避免无序竞争和大型金融机构对利率定价权的垄断，必须尽快出台存款保险制度，保证存款人的利益，有效化解中小型金融机构因存款利率过高导致的挤兑行为；再次，完善金融机构的退出机制，维护金融体系的稳定；最后，应提高金融机构对利率自主定价的能力，包括提高金融机构的成本分摊能力、风险防范能力和市场分析与响应能力，从金融机构组织结构、管理制度、决策流程、内部控制等方面来构建精细化的利率定价管理体系。

贷款基础利率是商业银行对其最优质客户执行的贷款利率，其他贷款利率可在此基础上加减点生成。培育银行间同业拆借利率和贷款基础利率的关键是逐步形成市场利率定价的自律机制。首先，不断推进金融市场基准利率体系建设，促进定价基准由中央银行确定向市场决定的平稳过渡；其次，不断提高金融机构信贷产品定价效率和透明度，增强金融机构对利率的自主定价能力；再次，完善贷款基础利率集中报价和发布机制；最后，规范市场的非理性定价行为，维护信贷市场公平有序的定价秩序。

健全反映市场供求关系的国债收益曲线是十八届三中全会提出的有序推进金融体系改革的战略部署之一，这一部署旨在强调利率期限结构在利率市场化和利率传导机制中的基础作用，并指出发展多层次债券市场的必然方向。尽管自1999年以来，中债、路透、万得、彭博等相继研发国债基准收益率曲线，并广泛应用于银行、保险、证券、基金等金融机构的定价分析和风险监控，但中国国债收益率曲线仍无法完全反映市场资金的供求关系，从而影响同业拆借利率为基准利率定价。制约中国国债收益率曲线发挥效用的主要原因在于：国债交易主体结构不合理、国债发行机制不完善、国债收益率与定期存款利率倒挂、银行间国债交易和交易所国债交易分割并行、做市商制度不完善等方面。因此，为使中国国债收益率曲线能够准确反映市场供求关系：首先，扩宽银行间债券市场的准入标准，适时允许证券机构、保险公司、社保基金、债券基金、理财产品以及国外投资者参与到银行间债券市场；其次，有序对接银行间债券交易和交易所债券交易，进而形成全国统一的债券市场；再次，完善扩大国债期货交易，适时推出更多期限的国债期货合约，使国债期货与现货市场价格能够有效反映中长期利率的无风险价格水平；最后，完善做市商制度，增加做市商数量，规范做市商的融资融券交易行为，提高国债现货市场的流动性。

2. 逐步放松信贷约束

逐步放松信贷约束，从对信贷调控过渡到对利率的调控，增强间接调控的有效性。信贷约束一般具有监管的特征，可能会激化中央银行与金融机构之间的矛盾：一方面，中央银行通过信贷约束对各个金融机构的信贷行为进行指标管理，超出信贷指标约束的就可能面临中央银行的处罚；另一方面，金融机构为追求利润最大化而千方百计寻求信贷约束的漏洞进行超额信贷行为。随着金融市场改革不断深化，银行贷款的替代性金融工具不断衍生，企业的融资渠道日益扩大，信贷约束对货币政策的影响不断下降，通过信贷约束来降低信贷规模的增长速度以抑制投资需求的政策效果越来越有限，同时，信贷约束还会引发信贷结构性风险，促使影子银行和非正规金融的信贷融资，因而提高了企业融资成本，增加了金融监管机构对信贷行为的监管难度。更主要的问题是，在信贷约束下实施以调控利率为核心的利率传导机制，会形成利率双轨制，一方面是中央银行制定的基准利率，另一方面是信贷约束引起的非正规金融的民间借贷利率，其中后者要高于基准利率，且不易为中央银行所控制，因而不仅不能对企业进行有效的信贷约束，而且还扰乱了市场化利率的形成机制，中央银行实行货币政策通过调控短期名义利率来控制长期名义利率的做法就会失效，利率传导机制的政策效果就会下降。

3. 加强货币市场金融监管与协调

从金融监管方面来说，目前的金融监管存在很多不足，缺乏监管效率，监管成本与监管效果不成正比，监管机构的信息更新不够及时，导致监管部门与被监管企业、机构的发展不同步，监管滞后，监管效果不好。

建成中国的利率市场化就要建设适合中国利率市场化和金融、经济发展特点的金融监管体制。及时更新健全金融监管机构的监管信息和法律制度，改善相关金融监管条件，删除不必要的监管程序和监管分支。

除了要对金融监管进行制度和程序上的改善，还应该协调统一以利率管理为核心的货币政策和金融监管政策。理论上而言，货币政策与金融监管之间存在显著差异：货币政策运用利率等货币政策工具实现经济增长和通胀稳定，金融监管则依赖强制性的法律法规来规定微观金融主体必须达到的标准和要求，以此规范和约束金融机构的行为；货币政策强调整个宏观经济形势，其最终目标是保持经济增长和币值稳定，金融监管则着眼于金融体系，在审慎原则下，尽可能避免金融体系出现流动性危机，防范系统性金融风险；货币政策实施往往与经济周期逆方向操作，在经济繁荣时实行紧缩性货币政策，在经济下滑时实行扩张性货币政策，金融监管则往往与经济周期顺方向操作，在经济繁荣时企业和金融机构运行良好，市场流动性充裕，金融监管比较宽松，在经济下滑时企业和金融机构经营恶化，市场流动性偏紧，金融监管趋于严厉。

因此，在当前中国经济金融体制转轨过程中，要提高货币政策利率传导机制的有效性，需要进一步加强货币政策与金融监管的协调运行，既能够促进经济增长和稳定通胀，又能够防范金融风险。要明确中央银行与金融监管机构的机构分设和职能分工，寻求两者政策目标的一致性，加强两者之间的协作；通过建立金融稳定机制来协调金融机构风险与金融系统风险之间的关系，建立中央银行与金融监管机构都能参与的金融稳定机构；要增强货币政策的透明度和金融监管的透明度，定期公布货币政策与金融机构运行情况，合理引导金融机构与公众预期；同时，可以将货币政策是否有效实施作为金融监管的内容之一，对金融机构的新增贷款、利率执行、公开市场工具操作等进行监管，以金融监管促进货币政策利率传导机制的有效性。

附　　录

附录 F.1：数据

表 F.1　季度名义利率、实际利率与信贷管制程度（2004 年 3 月至 2012 年 4 月）

时间	名义利率（%）	实际利率（%）	信贷管制程度（LR）
2004 年第三季度	2.3100	−0.8567	1.7285
2004 年第四季度	2.1700	−0.6633	2.1258
2005 年第一季度	2.1000	0.3667	1.9033
2005 年第二季度	1.6667	0.3334	2.7017
2005 年第三季度	1.5533	0.1866	2.1749
2005 年第四季度	1.6033	0.4033	1.8602
2006 年第一季度	1.7400	0.3733	1.7319
2006 年第二季度	1.9700	0.7033	1.8470
2006 年第三季度	2.4300	0.3967	1.7978
2006 年第四季度	2.7367	0.0034	1.7860
2007 年第一季度	2.3500	−1.2500	1.6251
2007 年第二季度	2.9267	−3.1733	1.5112
2007 年第三季度	3.4100	−3.2233	1.6795
2007 年第四季度	3.4767	−4.5566	1.5977
2008 年第一季度	3.0867	−4.6800	0.9657
2008 年第二季度	3.3367	−1.9300	1.3892
2008 年第三季度	3.1500	0.6167	1.5172
2008 年第四季度	2.4400	3.0400	1.4706
2009 年第一季度	1.0100	2.5433	1.0355
2009 年第二季度	1.0200	2.2867	1.0632
2009 年第三季度	1.5600	0.8933	1.2274
2009 年第四季度	1.5100	−0.6900	1.2079
2010 年第一季度	1.6633	−1.2700	1.4196
2010 年第二季度	2.0967	−1.3700	1.3399
2010 年第三季度	2.1700	−2.5300	1.4664

续表

时间	名义利率（%）	实际利率（%）	信贷管制程度（LR）
2010 年第四季度	2.8733	−2.1934	1.4760
2011 年第一季度	3.6867	−2.0466	1.8471
2011 年第二季度	4.2267	−2.0400	2.1152
2011 年第三季度	4.3700	−0.2300	2.5982
2011 年第四季度	3.5233	−0.2386	2.4488
2012 年第一季度	3.4433	0.6045	2.8228
2012 年第二季度	2.7200	0.8078	2.6711
2012 年第三季度	2.8100	0.7235	2.6097
2012 年第四季度	3.2381	—	2.2889

　　说明：①2004 年 3 月至 2012 年 3 月的短期名义利率选取银行间 7 天内同业拆借加权平均利率，2012 年 4 月的短期名义利率数据采用银行间 7 日质押式回购加权平均利率，数据起止时间为：2012 年 10 月 8 日至 12 月 31 日；

　　②季度实际利率 1 = 季度短期名义利率 − 季度理性通胀预期；

　　③信贷管制程度为"金融机构基准利率上浮贷款占比"与"金融机构基准利率贷款占比"的比率。

第七章　结论与政策建议

　　本书试图基于 LRE 模型框架分析与检验逻辑平滑转移的非线性货币政策规则效应、信贷约束的货币政策传导效应及其不确定性。首先，本书针对中国货币政策非线性、非对称性、不确定性的特征背景，以逻辑平滑转移的非线性货币政策规则为前提，运用拉格朗日最优化方法，逆向构建逻辑平滑转移的非线性 LRE 模型。其次，本书在非线性 LRE 模型框架内，分析了逻辑平滑转移的非线性货币政策规则与确定性参数区域和不确定性参数区域，进而综合运用贝叶斯方法、GMM、SVAR、NLS 以及校准等方法实证检验逻辑平滑转移的非线性货币政策规则与不确定性，包括实证分析中国逻辑平滑转移的货币政策规则的非线性与非对称性特征，还基于阈值和转移速度，在阈值两侧分别考察不同转移机制下中国逻辑平滑转移的货币政策规则的广义冲击响应路径。最后，从中国货币政策传导机制的实际考虑，在 LRE 模型框架内，本书还进一步考察了信贷约束对货币政策效应的不确定性影响，以及放松信贷约束的货币政策效应。在此基础上，本书从路径选择和制度建设两个层面提出了加快中国利率市场化改革和加强中国利率传导效应的政策建议。

　　本书从中得出的结论和政策建议是：

一　基于逆序建模法构建逻辑平滑转移的非线性 LRE 模型

　　本书试图基于逻辑平滑转移函数构建一个非线性非对称理性预期模型。这一非线性理性预期模型包括一个二次累加折旧损失目标函数（对央行而言），线性化的 IS 曲线方程（对消费者而言），非线性的菲利普斯曲线方程（对垄断竞争厂商而言），以及带逻辑平滑转移函数的非线性货币政策反应规则。

　　这一非线性模型与传统线性模型建模方法的区别在于：线性模型采用顺序的建模方法，即目标函数→约束条件→最优化拉格朗日一阶方程→最优解，这一方法在线性化的货币政策规则研究中是可行的，因为对二次损失函数而言，无论约束条件形式如何，但只要是线性的，最优解就是线性的。但对非线性模型而言，顺序建模方法则不可行，因为对二次损失函数而言，只要最优解是非线性的，约束条件就是非线性的，如果最优解的非线性形式发生改变，约束条件的非线性形式也必然改变。恰当的做法是以经验事实为基础，逆向推导出与经验规则相一致的约束条件，这就是非线性理性预期模型的逆序建模方法。即目标函数→最优解→最优化拉格朗日一阶方程→约束条件。

本书基于逆序建模方法构建逻辑平滑转移的非线性 LRE 模型分五步来进行。进而，本书得出关于逻辑平滑转移的非线性 LRE 模型的非线性菲利普斯曲线形式的定理，这一定理表明：对于逻辑平滑转移的非线性LRE 系统，若使最优非线性货币政策规则的形式应与逻辑平滑转移的非线性货币政策规则的形式相一致，则非线性菲利普斯曲线的非线性函数具有指数函数形式。

二 逻辑平滑转移的非线性货币政策规则与不确定性

（一）理论方面

一般 LRE 模型的均衡确定性标准。首先，利用最小状态变量法（MSV）和待定系数法（UC）将原有理性预期均衡的带预期算子的差分系统转化为普通差分系统，这是因为 MSV 是将目标内生变量作为其部分滞后值的自回归过程，如果这个自回归过程是平稳的，那么目标内生变量就可以转化为一系列随机外生冲击的无限阶移动平均过程，这样，目标内生变量与其预期值之间的差便服从一个独立的白噪声过程，将这一关系式代入带预期算子的差分系统，就可以消除预期算子，而不会影响原有差分系统的基本结构；其次，给出了普遍差分系统的确定性判别标准：若绝对特征根小于 1 的个数等于先决变量的个数，则差分系统是确定性的，若绝对特征根小于 1 的个数大于先决变量的个数，则差分系统是不确定性的，若绝对特征根小于 1 的个数小于先决变量的个数，则差分系统或者无解，或者是爆炸性的。

逻辑平滑转移的非线性货币政策规则的确定性参数区域与不确定性参数区域。（1）低机制逻辑平滑转移的货币政策规则的参数确定性区域与阈值变量预期通胀率正相关，低机制逻辑平滑转移的货币政策规则的参数不确定性区域与阈值变量预期通胀率负相关。（2）高机制逻辑平滑转移货币政策规则的参数确定性区域与阈值变量预期通胀率正相关，高机制逻辑平滑转移的货币政策规则的参数不确定性区域与阈值变量预期通胀率负相关。（3）低机制逻辑平滑转移的货币政策规则的参数确定性区域与机制转移速度负相关，低机制逻辑平滑转移的货币政策规则的参数不确定性区域与机制转移速度正相关。（4）高机制逻辑平滑转移的货币政策规则的参数确定性区域与机制转移速度正相关，高机制逻辑平滑转移的货币政策规则的参数不确定性区域与机制转移速度负相关。

（二）实证方面

对逻辑平滑转移的货币政策规则的 NLS 实证分析结果表明：货币政策规则的反应系数是变化的，反应系数值与预期通胀率、阈值和平滑转移速度相关，这不仅表明了逻辑平滑转移的货币政策规则是非线性的，而且反应系数在阈值两侧会有高低之分，因而逻辑平滑转移的货币政策规则阈值两侧也是非对称的。阈值右侧反应系数值大约是阈值左侧反应系数值的 2 倍，这意味着如果经济体的预期通胀率超过 3.44%，则中央银行应该加倍提高短期名义利率对当期通胀率的反应系数。

合理的预期通胀率目标或目标区间对于中央银行而言至关重要。如果中央银行制定的预期通胀率目标或目标区间低于最优阈值，当预期通胀率低于最优阈值但高于央行公布的目标区间时，货币政策应当位于低机制，但实际操作时却可能按高机制调控短期名义利率，因而可能导致货币政策规则反应过度；如果中央银行制定的预期通胀率目标或目标区间高于最优阈值，当预期通胀率高于最优阈值但低于央行公布的目标区间时，货币政策应当位于高机制，但实际操作时却可能按低机制调控短期名义利率，因而可能导致货币政策规则反应不足。在人民银行加强通胀调控，日益强调通胀调控和通胀预期管理背景下，为降低货币政策的不确定性效应，应当加快利率市场化，特别是存款利率市场化，提高短期名义利率对当期通胀率和预期通胀率的反应程度。

基于阈值和转移速度的广义冲击响应路径表明：中国逻辑平滑转移的非线性货币政策规则的不确定性效应受阈值影响较大，而受转移速度影响较小。在高机制状态下，逻辑平滑转移的非线性货币政策规则更易稳定产出缺口，却更易导致通货膨胀的不确定性；在低机制状态下，逻辑平滑转移的非线性货币政策规则不仅有较长的滞后期，而且在滞后一段时期后，容易导致产出缺口的不确定性，但却更易稳定通货膨胀。这就体现了产出缺口与通货膨胀的权衡特征。在以非线性货币政策规则行事的货币政策框架内，货币当局应依据稳定产出缺口和稳定通货膨胀的意愿程度，以管理通胀预期的形式进行合理的阈值管理。如果货币当局更趋向于稳定产出缺口，则应使阈值维持在一个较低的水平，以使货币政策处于高机制状态；如果货币当局更趋向于稳定通货膨胀，则应使阈值维持在一个较高的水平，以使货币政策处于低机制状态。

三　信贷约束、货币政策效应与不确定性

在基准货币政策分析框架中，IS 曲线构成了货币政策利率传导机制的总需求方程。对于有效的 IS 曲线而言，当实际利率上升时，产出缺口下降；反之，实际利率下降时，产出缺口上升。信贷约束对货币政策利率传导效应的影响主要体现为 IS 曲线中产出缺口与短期名义利率的相关系数的变化。如果带信贷约束的 IS 曲线的相关系数相对于无信贷约束的 IS 曲线的相关系数显著，则表明信贷约束对货币政策利率传导途径具有正效应，即信贷约束对利率传导效应具有积极影响；反之，则表明信贷约束对货币政策利率传导途径具有负效应，即信贷约束对利率传导效应具有消极影响。信贷约束利率传导效应具有积极影响还是消极影响，决定了在利率市场化过程中，货币当局对信贷约束的态度以及如何规范信贷约束。

通过构建 LS 计量模型和 GMM 计量模型，通过引入金融机构贷款占比比率来刻画信贷管制指标，本书在理性通胀预期基础上，实证分析了中国信贷约束的利率传导效应。

金融机构贷款占比比率表明：中国信贷管制程度总体适中；虽然中国金融市场存在一定程度的信贷管制，但信贷管制程度尚未太高，信贷占比仍以基准利率贷款占比和基准利率上浮 30% 以内贷款占比为主，这也就为中国利率市场化提供了一个良好的市场基础。实证分析结论表明：无论是 LS 计量模型还是 GMM 计量模型，信贷约束下的产出缺口和短期实际利率仍存在负相关关系；无论是 LS 计量模型还是 GMM 计量模型，信贷约束对货币政策利率传导途径具有负效应，即信贷约束对利率传导效应具有消极影响；尽管信贷约束对货币政策利率传导途径具有负效应，但这种消极影响非常有限，这与中国金融机构不同利率下的信贷占比结构是一致的。也就是说，虽然中国金融市场存在一定程度的信贷约束，但信贷约束程度尚未太高，从而为中国利率市场化提供了一个良好的市场基础。

四　放松信贷约束、货币政策效应与不确定性

本书将黏性价格和工资封闭模型扩展到小国开放经济模型，并在此基

础上放松了信贷约束的设定。通过观察冲击的脉冲相应函数发现，放松的信贷约束并未明显改变模型的基础结构。各项指标的冲击响应函数与封闭经济情形下类似。本书所设定的模型表现和带有习惯和惯性的封闭经济模型所取得的结果相似，和灵活价格下的不管是封闭经济还是开放经济的情形均有较大区别。可以看到，在目前的中国经济规模下，小国模型的设定符合中国实际，在对世界市场的商品没有定价权和影响力的情况下，开放经济并不会相对于封闭经济带来根本性的结构变化，在货币政策冲击下，只要对外开放度和商品替代弹性不足够大，放松信贷约束与黏性价格和工资等条件对于经济模型的冲击响应路径没有本质区别。在同一个货币政策规则下，不同的权重也只是使冲击的波动变得陡峭和平缓的区别而已。

五 中国利率市场化路径选择与制度建设

从利率市场化改革的起点到实现利率市场化不可能一蹴而就，中国应根据实际经济情况采取了渐进式的利率市场化改革方式。中国利率市场化改革的可行路径为：外币优先改革、后本币，贷款先于存款改革，存款中大额长期先于小额短期改革，逐步建立由市场供求决定的利率形成机制，中央银行调控和引导市场利率，使市场机制在金融资源配置中发挥主导作用。

在中国利率市场化制度建设方面，首先，应逐步建立利率管理的货币政策框架体系，稳定通胀预期。在利率市场化过程中，中央银行应控制和引导通胀预期。控制和引导通胀预期就要逐步建立以利率管理为核心的货币政策框架体系。一是构建以货币政策规则为主的货币政策框架体系，例如实行泰勒规则、前瞻性货币政策规则，有效引导市场化利率的形成，稳定通货膨胀和产出缺口，进而稳定通胀预期和提高利率传导效应。二是构建以通胀目标制为主的货币政策框架体系，通过公开对外宣称通胀目标、加强与公众信息沟通、提高货币政策透明度、提高中央银行的独立性和可信度，来稳定通胀预期和利率传导效应。

其次，应有序推进金融体系改革，逐步放松信贷管制，加强货币市场金融监管与协调。有序推进金融体系改革，应逐步放开存款利率管制（中国目前贷款利率已完全放开），扩大金融机构利率自主定价权；完善银行间同业拆借市场，培育银行间同业拆借利率和贷款基础利率，完善市场利率体系；健全反映市场供求关系的国债收益率曲线，充分发挥其在金融资源配置中的重要作用。放松信贷约束，应逐步从对信贷调控过渡到对利率的调控上，增强间接调控的有效性，让市场利率成为民间借贷利率的标杆，促进了民间借贷行为的规范合理。在当前中国经济金融体制转轨过程中，为提高货币政策利率传导机制的有效性，需要进一步加强货币政策与金融监管的协调运行：要明确中央银行与金融监管机构的机构分设和职能分工；通过建立金融稳定机制来协调金融机构风险与金融系统风险之间的关系；要增强货币政策的透明度和金融监管的透明度；将货币政策是否有效实施作为金融监管的内容之一，对金融机构的新增贷款、利率执行、公开市场工具操作等进行监管，以金融监管促进货币政策利率传导机制的有效性。

参考文献

爱德华·肖：《经济发展中的金融深化》，上海三联书店 1998 年版。

艾洪德、郭凯：《一般均衡中的利率、确定性与最优规则》，《财经问题研究》2008 年第 2 期。

艾洪德、郭凯：《完全时间一致性、确定性与稳健最优货币政策规则——基于 LRE 模型的分析与扩展》，科学出版社 2011 年版。

艾洪德、郭凯：《流动性过剩、利率期限结构与最优货币政策规则》，《财经问题研究》2010 年第 5 期。

艾洪德、郭凯：《理性预期、完全时间一致性与最优货币政策规则——一个基于无穷远视角的分析》，《财经问题研究》2007 年第 8 期。

彼得·纽曼、默里·米尔盖特、约翰·伊特韦尔：《帕尔格雷夫金融学大辞典》，经济科学出版社 2000 年版。

陈昆亭、龚六堂：《黏性价格模型以及对中国经济的数值模拟——对基本 RBC 模型的改进》，《数量经济技术经济研究》2006 年第 8 期。

陈彦斌：《中国新凯恩斯菲利普斯曲线研究》，《经济研究》2008 年第 12 期。

程卫红：《评述信贷配给论》，《金融研究》2003 年第 11 期。

范从来：《菲利普斯曲线与中国现阶段的货币政策目标》，《管理世界》2000 年第 6 期。

范志勇：《中国通货膨胀是工资成本推动型的吗？——基于超额工资增长率的实证研究》，《经济研究》2008 年第 8 期。

格哈德·伊宁：《货币政策理论——博弈论方法导论》，社会科学文献出版社 2002 年版。

戈德史密斯：《金融结构与金融发展》，上海三联书店 1994 年版。

郭凯、邢天才、谷富强：《外部冲击、输入型通胀与国内物价》，《财政研究》2011 年第 10 期。

郭凯、孙音：《流动性过剩、最优货币政策规则与通胀目标制：对中国货币政策的检验与冲击响应分析》，中国社会科学出版社 2012 年版。

郭凯、孙音、艾洪德：《基于资产期限结构的流动性过剩的内涵、测度与因子分析》，《金融研究》2012 年第 1 期。

李昊、王少平：《中国通货膨胀预期和通货膨胀黏性》，《统计研究》2011 年第 1 期。

刘斌：《最优货币政策规则的选择及在中国的应用》，《经济研究》2003 年第 9 期。

刘斌：《中国 DSGE 模型的开发及在货币政策分析中的应用》，《金融研究》2008 年第 10 期。

刘斌、张怀清：《中国产出缺口的估计》，《金融研究》2001 年第 10 期。

刘金全、涂正革、李子奈：《预期增广的菲利普斯曲线及其对中国适用性检验》，《中国社会科学》2001 年第 4 期。

刘金全、金春雨、郑挺国：《中国菲利普斯曲线的动态性与通货膨胀预期的轨迹：基于状态空间区制转移模型的研究》，《世界经济》2006 年第 6 期。

刘尧成：《供求冲击与人民币汇率的波动：基于 DSGE 两国模型的模拟分析》，《南方经济》2010 年第 9 期。

吕林、蒋成林：《中国产出缺口与通货膨胀的动态关系》，《四川理工学院学报》（社会科学版）2011 年第 4 期。

陆军、钟丹：《泰勒规则在中国的协整检验》，《经济研究》2003 年第 8 期。

马宏：《转轨经济条件下的信贷配给分析》，《经济评论》2007 年第 2 期。

欧阳志刚、王世杰：《中国货币政策对通货膨胀与产出的非对称反应》，《经济研究》2009 年第 9 期。

彭方平：《中国货币政策的微观效应——基于非线性光滑转换面板模型的实证研究》，《金融研究》2007 年第 9 期。

彭兴韵：《黏性信息经济学——宏观经济学最新发展的一个文献综述》，《经济研究》2011 年第 12 期。

盛天翔、范从来：《信贷调控：数量型工具还是价格型工具》，《国际金融研究》2012 年第 5 期。

石柱鲜、黄红梅、石庆华：《关于中国潜在 GDP 与景气波动、通货膨胀率的经验研究》，《世界经济》2004 年第 8 期。

王胜、邹恒甫：《开放经济中的货币政策》，《管理世界》2006 年第 2 期。

王志强、贺畅达：《时变货币政策规则对利率期限结构的动态影响分析》，《宏观经济研究》2012 年第 10 期。

谢平：《中国货币政策分析：1998—2002》，《金融研究》2004 年第 8 期。

王少平、涂正革、李子奈：《预期增广的菲利普斯曲线及其对中国适用性检验》，《中国社会科学》2001 年第 4 期。

王少平、王津港：《中国通货膨胀的惯性变化及其货币政策含义》，《统计研究》2009 年第 5 期。

王煜：《中国的产出缺口与通货膨胀》，《数量经济技术经济研究》2005 年第 1 期。

文远华：《中国经济转型时期信贷配给问题研究》，上海人民出版社 2005 年版。

奚君羊、刘卫江：《通货膨胀目标制的理论思考——论中国货币政策中介目标的重新定界》，《财经研究》2002 年第 4 期。

谢平、罗雄：《泰勒规则与其在中国货币政策中的检验》，《经济研究》2002 年第 3 期。

许召元：《中国的产出缺口与通货膨胀》，《数量经济技术经济研究》2005 年第 12 期。

闫思：《NOEM 框架下货币政策的福利效应及经验检验》，《东北财经大学学报》2012 年第 5 期。

杨继生：《通胀预期、流动性过剩与中国通货膨胀的动态性质》，《经济研究》2009 年第 1 期。

殷波：《中国经济的最优通货膨胀》，《经济学（季刊）》2011 年第 4 期。

曾利飞、徐剑刚、唐国兴：《开发经济条件下中国新凯恩斯通胀惯性约束的菲利普斯曲线》，《数量经济技术经济研究》2006 年第 3 期。

张成思：《中国通胀惯性特征与货币政策启示》，《经济研究》2008

年第 2 期。

张成思:《通货膨胀目标错配与管理研究》,《世界经济》2011 年第 11 期。

张鸿武:《中国通货膨胀与产出缺口变异性替代关系的研究》,《统计研究》2009 年第 12 期。

张凌翔、张晓峒:《通货膨胀率周期波动与非线性动态调整》,《经济研究》2011 年第 5 期。

张小茜、汪炜、史晋川:《利率市场化与信贷配给———一个基于 IRR 的实物期权模型》,《金融研究》2007 年第 3 期。

赵博、雍家胜:《菲利普斯曲线研究在中国的实证分析》,《管理世界》2004 年第 9 期。

赵进文、高辉:《中国利率市场化主导下稳健货币政策规则的构建及应用》,《经济学(季刊)》2004 年第 3 期。

赵进文、黄彦:《中国货币政策与通货膨胀关系的模型实证研究》,《中国社会科学》2006 年第 2 期。

赵进文、闵捷:《央行货币政策操作效果非对称性实证研究》,《经济研究》2005 年第 2 期。

赵进文、闵捷:《央行货币政策操作政策拐点与开关函数的测定》,《经济研究》2005 年第 12 期。

中国人民银行赣州市中心支行课题组:《市场分割与信贷配给:利率市场化的体制及经济效应》,《金融研究》2006 年第 1 期。

Adolfson, M., Laseen, S. and Linde, J., "Evaluating an Estimated New Keynesian Small Open Economy Model", *Journal of Economic Dynamics and Control*, Vol. 32, No. 8, 2690 – 2721, 2008.

Amisano, Gianni and Carlo Giannini, Topics in Structural VAR Econometrics, Berlin: Springer – Verlag, 1997.

Assenmacher – Wesche, K., "Estimating Central Banks' Preferences form a Time – Varying Empirical Reaction Function", *European Economic Review*, Vol. 50, 1951 – 1974, 2006.

Barro, T. J. and Gordon, D. B., "Rules, Discretion and Reputation in a Model of Monetary Policy", *Journal of Monetary Economics*, Vol. 12, No. 1, 101 – 121, 1983b.

Bartosz Mackowiak and Mirko Wiederholt, "Business Cycle Dynamics Under Rational Inattention", *Working Paper Series*, No. 1331, European Central Bank, 2011.

Ben S. Bernanke and Alan S. Blinder, "Credit, Money and Aggregate Demand", *American Economic Review*, Vol. 78, No. 2, 1988, 435 – 489.

Bergin, P. R., "How Well Can the New Open Economy Macroeconomics Explain the Exchange Rate and Current Account?", *Journal of International Money and Finance*, Vol. 25, No. 5, 675 – 701, 2006.

Bernanke, B. S. and Blinder, A. S., "The Federal Funds Rate and the Channels of Monetary Transmission", *American Economic Review*, Vol. 82, 901 – 921, 1992.

Bill Dupor, "Investment and Interest Rate Policy", *Journal of Economic Theory*, Vol. 98, 85 – 113, 2004.

Blanchard, O. and Quah, D., "The Dynamic Effects of Aggregate Supply and Demand Disturbances", *American Economic Review*, Vol. 79, 655 – 673, 1989.

Calvo, Guillermo A., "Staggered Prices in a Utility Maximizing Framework", *Journal of Monetary Economics*, Vol. 12, 383 – 398, 1983.

Ca'Zorzi, M., E. Hahn, M. Sanchez, "Exchange rate pass – through in emerging markets", *European Central Bank Working Paper Series*, No. 739, 2007.

Christiano, L. J., Eichenbaum, M. and Evans. C. L., "Monetary Policy Shocks: What have We Learned and to What End?", *NBER Working Paper*, No. 8403, July, 1998.

Christiano, L. J. and Gust, C. J., "Taylor Rules in a Limited Participation Model", *NBER Working Paper*, No. 7017, January, 1999.

Christiano, Lawrence J. and Harrison, Sharon G., "Solving Linear Rational Expectations Models", *Computational Economics*, Vol. 20, No. 1, 1 – 20, October, 2002.

Christiano, L. J., Eichenbaum M. and Evans, C. L., "Nominal Rigidities and the Dynamic Effects of a Shock to Monetary Policy", *Journal of Political Economy*, Vol. 113, No. 1, 1 – 45, 2005.

Clarida, R., J. Gali and M. Gertler, "The Science of Monetary Policy: A New Keynesian Perspective", *Journal of Economics Literature*, Vol. 37, 1661 – 1707, 1999.

Clarida, R., J. Gali and M. Gertler, "Monetary Policy Rules and Macroeconomic Stability: Evidence and Some Theory", *Quarterly Journal of Economics*, Vol. 115, No. 1, 147 – 180, 2000.

Clarida, R., J. Gali and M. Gertler, "A Simple Framework for International Monetary Policy Analysis", *Journal of Monetary Economics*, Vol. 49, No. 5, 879 – 904, 2002.

Dupor, B., T. Tsuruga, "Sticky Information: A Positive Theory of Monetary Policy in a Natural – rate Model", *Journal of Political Economy*, Vol. 91, No. 4, 589 – 610, 2005.

Eastwood, Robert and Kohli, Renu, "Directed Creditand Investment in Small – scale Industry in India: Evidence from Firm – level Data 1965 – 78", *The Journal of Development Studies*, Vol. 35, Iss. 4, 1999.

Eichenbaum, M., "Comments: Interpreting the Macroeconomic Time Series Facts: The Effects of Monetary Policy by Christopher Sims", *European Economic Review*, Vol. 36, 1001 – 1011, 1992.

Eric Schaling, "The non – linear Phillips Curve and Inflation Forecast Targeting", *Journal of Money, Credit, and Banking*, Vol. 36, No. 3, June, 2004.

Fischer, Stanley, "Long Term Contracts, Rational Expectations, and the Optimal Money Supply Rule", *Journal of Political Economy*, Vol. 85, 163 – 190, 1977.

Frank Schorfheide, "Loss Function – Based Evaluation of DSGE Models", *Journal of Applied Econometrics*, Vol. 15, No. 6, 645 – 670, 2000.

Frank Smets, Raf Wouters, "An Estimated Dynamic Stochastic General Equilibrium Model of the Euro Area", *Journal of the European Economic Association*, Vol. 1, No. 5, 1123 – 1175, 2003.

Fuhrer, J. C. and Moore, G. R., "Inflation Persistence", *Quarterly Journal of Economics*, Vol. 110, 127 – 159, 1995.

J. Gali and M. Gertler, "Inflation Dynamics: A Structural Econometric Analysis", *NBER Working Paper*, No. 7551, February, 2000.

Giannoni, Marc P. and Woodford, M., "Optimal Interest Rate Rules: General Theory", *NBER Working Paper*, No. 9419, January, 2003a.

Giannoni, Marc P. and Woodford, M., "Optimal Interest Rate Rules: Applications", *NBER Working Paper*, No. 9420, January, 2003b.

G. Gorsetti, Pesenti and P., "International Dimensions of Optimal Monetary Policy", *NBER Working Paper*, No. 8230, 2001.

Guido Ascari, "Staggered Prices and Trend Inflation: Some Nuisances", *Review of Economic Dynamics*, Vol. 7, No. 3, 642 – 667, 2004.

Hodgman, Donald R., "Credit Risk and Credit Rationing", *The Quarterly Journal of Economics*, Vol 74, No. 2, 1960.

Jesus Fernandez – Villaverde, "The Econometrics of DSGE Models", *NBER Working Paper*, No. 14677, January, 2009.

Keen, B. D., "Sticky Price and Sticky Information Price – Setting Models: What is the Difference?", *Economic Inquiry*, Vol. 45, No. 4, 770 – 786, 2007.

King, Robert G., Plosser, Charles I. and Rebelo, Sergio T., "Production, growth and business cycles: I. The Basic Neoclassical Model", *Journal of Monetary Economics*, Vol. 21, No. 2, 195 – 232, 1988.

King, Robert G., Plosser, Charles I. and Rebelo, Sergio T., "Production, Growth and Business Cycles: II. New Directions", *Journal of Monetary Economics*, Vol. 21, No. 3, 309 – 341, 1988.

King, Robert G., Plosser, Charles I. and Rebelo, Sergio T., "Production, Growth and Business Cycles: Technical Appendix", *Computational Economics*, Vol. 20, 87 – 116, October, 2002.

Kydland, F. E. and Prescott, E. C., "Rules Rather Than Discretion: The Incosistency of Optimal Plans", *Journal of Political Economy*, Vol. 85, No. 3, 473 – 492, June, 1977.

Lawrence J. Christiano, Martin Eichenbaum, Charles L. Evans, "Nominal Rigidities and the Dynamic Effects of a Shock to Monetary Policy", *Journal of Political Economy*, Vol. 113, No. 1, 1 – 45, 2005.

Leeper, E. and Sims, C. A., "Toward a Modern Macro Model Usable for Policy Analysis", *Macroeconomic Annual*, 81 – 117, 1994.

Leiderman, L. and Lars E. O. Svensson, 1995, "Inflation Targets", London: Centre for Economic Policy Research.

Lucas, R. E., "Economeric Policy Evaluation: A Critique", *Carnegie – Rochester Conference Series on Public Policy*, No. 1, 19 – 46, 1976.

Malin Adolfson, Stefan Laséen, Jesper Lindé et al., "Evaluating an Estimated New Keynesian Small Open Economy Model", *Journal of Economic Dynamics and Control*, Vol. 32, No. 8, 2690 – 2721, 2008.

Mankiw, N. G., "The Inexorable and Mysterious Tradeoff between Inflation and Unemployment", *Economic Journal*, Vol. 111, 45 – 61, 2001.

Mankiw, N. G. and R. Reis, "Sticky Information: A Model of Monetary Non – Neutrality and Structural Slumps", *NBER Working Paper*, No. 8614, 2001.

Mankiw, N. G. and R. Reis, "Sticky Information versus Sticky Prices: A Proposal to Replace the New Keynesian Phillips Cureve", *Quarterly Journal of Economics*, Vol. 117, No. 4, 1295 – 1328, 2002.

Mankiw, N. G. and R. Reis, "Pervasive Stickiness", *American Economic Review*, Vol. 96, No. 2, 164 – 169, 2006.

McCallum, B. T. and Nelson, E., "An Optimizing IS – LM Specification for Monetary Policy and Business Cycle Analysis", *NBER Working Paper*, No. 5875, January, 1997.

McCallum, B. T., "The Present and Future of Monetary Policy Rules", *NBER Working Paper*, No. 7916, September, 2000.

Mishkin Frederic, "Can Inflation Targeting Work in Emerging Market Countries?", *NBER Working Paper*, No. 10646, 2004.

Mishkin, F. S., "Exchange Rate Pass – through and Monetary Policy", *NBER Working Paper*, No. 13889, 2008.

Obstfeld, M. and Rogoff, K., "Exchange Rate Dynamics Redux", *Journal of International Economics*, Vol. 103, No. 3, 624 – 660, 1995.

Obstfeld, M. and Rogoff, K., "New Directions for Stochastic Open Economy Models", *Journal of Political Economy*, Vol. 50, No. 1, 117 – 153, 2000.

Paul R. Bergin, "How Well Can the New Open Economy Macroeconomics Explain the Exchange Rate and Current Account?", *Journal of International Money and Finance*, Vol. 25, No. 5, 675 – 701, 2006.

Rabanal, P., "Monetary Policy Rules and the U. S. Business Cycle: Eviedence and Implications", *IMF Working Paper*, No. 164, 2004.

Richard Clarida, Jordi Gali, Mark Gertler, "A Simple Framework for International Monetary Policy Analysis", *Journal of Monetary Economics*, Vol. 49, No. 5, 879 – 904, 2002.

Rotemberg, J. J. and Woodford, M., "An Optimization – Based Econometric Framework for the Evaluation of Monetary Policy: Expanded Version", *NBER Working Paper*, No. 0233, 1998.

Rotemberg, J. J. and Woodford, M., "Interest Rate Rules in An Estimated Sticky Price Model", *NBER Working Paper*, No. 6618, 1998.

Sargent, T. J. and Wallace, N., "Rational Expectations, The Optimal Monetary Instrument, and The Optimal Money Supply Rule", *Journal of Political Economy*, Vol. 83, No. 2, 241 – 254, April, 1975.

Sekine, T., "Time – varying exchange rate pass – through: Experiences of some industrial countries", *BIS Working Papers*, No. 202, 2006.

Sims, C. A., "Money, Income and Causality", *American Economic Review*, Vol. 62, No. 4, 540 – 542, September, 1972.

Sims, C. A., "Interpreting the Macroeconomic Time Series Facts: The Effects of Monetary Policy", *European Economic Review*, Vol. 36, No. 5, 975 – 1000, June, 1992.

Sims, C. A., "Chaos, Sunspots and Automatic Stabilizers", *Journal of Monetary Economics*, Vol. 44, No. 1, 3 – 31, August, 2002.

Sbordone, A., "Price and Unit Labor Costs: A New Test of Price Stickiness", *Journal of Monetary Economics*, Vol. 49, No. 2, 265 – 292, 2002.

Scheibe, J. and D. Vines, "A Phillips Curve For China", *CAMA Working Paper*, February, 2005.

Smets, F. and Wouters, R., "An Estimated Dynamic Stochastic General Equilibrium Model of the Euro Area", *Journal of the European Association*, Vol. 1, No. 5, 1123 – 1175, 2003.

Sungbae, A. N. and Frank Schorfheide, "Bayesian Analysis of DSGE Models", *Econometric Reviews*, Vol. 26, No. 2, 113 – 172, 2007.

Svensson, Lars E. O., "Inflation Targeting as A Monetary Policy Rule", *Journal of Monetary Economics*, Vol. 43, No. 3, 607 – 654, 1999.

Svensson, Lars E. O. , "Optimal Inflation Targeting: Further Developments of Inflation Targeting", *NBER Working Paper*, October, 2005.

Taylor, John B. , "Aggregate Dynamics and Staggered Contracts", *Journal of Political Economy*, Vol. 88, 1 – 23, 1980.

Taylor, J. B. , "Macroeconomic Policy in a World Economy", From Econometric Design to Practical Application, 1993a.

Taylor, J. B. , "Discretion versus Policy Rules in Practice", *Carnegie – Rochester Conference Series on Public Policy*, 39, 195 – 214, 1993b.

Taylor, J. B. , "Staggered Price and Wage Setting in Macroeconomics", *NBER Working Paper*, No. 6754, October, 1998.

Thomas A. Lubik and Frank Schorfheide, "Computing Sunspot Equilibria in Linear Rational Expectations Models", *Journal of Economic Dynamics and Control*, Vol. 28, No. 2, 273 – 285, November, 2003.

Thomas A. Lubik and Frank Schorfheide, "Test for Indeterminacy: An Application to U. S. Monetary Policy", *The American Economic Review*, Vol. 94, No. 1, 190 – 217, March, 2004.

Tybout, James R. , "Credit Rationing and Investment Behavior in a Developing Country", *The Review of Economics and Statistics*, Vol. 65, Iss. 4, 1983.

Walsh, C. E. , *Monetary Theory and Policy*, Cambridge MA, MIT Press, 1998.

Woodford, M. , *Interest and Prices: Foundations of a Theory of Monetary Policy*, Princeton University Press, 2003.